# L'HOMME
# SPIRITVEL

## II. PARTIE.

# SECONDE PARTIE DE L'HOMME SPIRITVEL

## LES PRINCIPES GENERAVX de la Vie Spirituelle.

### CHAPITRE I.
Premier principe general de la Vie Spirituelle.

*Qu'il faut auoir quelques Principes dans la vie spirituelle.*

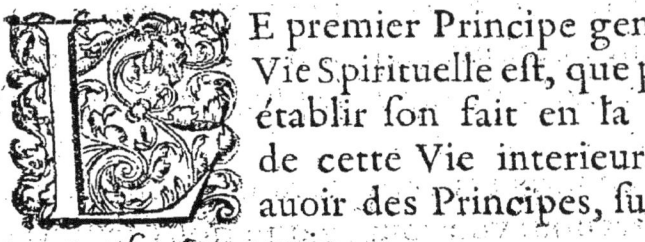E premier Principe general de la Vie Spirituelle est, que pour bien établir son fait en la conduite de cette Vie interieure, il faut auoir des Principes, sur lesquels tout pose & appuie.

Nous appellons icy Principes, comme dans

II. Part.   a ij

les Sciences, certaines propositions qui tiennent le premier rang d'estime & d'autorité, & certaines grandes & importantes veritez qui sont comme les Origines & les Matrices des autres. Principe, dit Aristote, est ce qui est le premier au regard d'vne chose, d'où elle découle comme de sa source, ou dont elle est composée, ou par où elle est connuë. Le Principe est-ce par quoy vne chose commence, & qui sert de fond, de baze & de soustien à tout ce qui la concerne, & en suite, comme dit le mesme Philosophe, ce qui est de principal & de plus grande consequence en elle.

Suiuant cela les Principes dans la Science du salut & dans la vie spirituelle sont certaines veritez fondamentales du Christianisme, qui contiennent toutes les autres, & qui sont les plus capables pour faire impression sur nos esprits & toucher nos cœurs, pour les retirer du vice & les porter à la vertu. Comme sont qu'il y a vn Dieu Createur du Ciel & de la terre; qui nous a faits pour sa gloire; qui recompense les bonnes œuures & chastie les mauuaises; qui a vn soin non seulement vniuersel, mais encore particulier de tout ce qui se passe dans l'vniuers, & specialement de l'homme, comme du plus noble de ses ouurages & de la chose qui luy est la plus chere; qu'il est present par tout, ayant toujours les oreilles attentiues pour écouter tout ce que nous disons, & les yeux ouuerts pour voir tout ce que nous faisons; Que le fils de Dieu est venu icy bas se reuestir de

*5. Metaph. cap. 1.*

*1. Elench. cap. 8.*

oftre Nature pour nous sauuuer, & nous ruir de patron pour le reglement de nore vie ; comme sont les quatre fins dernieres, l'eternité bien-heureuse ou mal-heureuse qui ous atrend & qui nous est ineuitable, qu'il n'y a u'vne seule affaire importante en ce monde, à auoir l'affaire de son salut, & semblables.

Quiconque desire de s'adonner à la Vertu, come il faut, & faire de grands progrez dans la ie spirituelle, doit sçauoir ces Principes, & les sçauoir bien, au moins quelques-vns : Pour cela il ut qu'il les considere attentiuement & qu'il les tudie auec grand soin iusques à ce qu'il les possee autant qu'il en est capable, & qu'ils soient pleiement expliquez & fermement établis dans son sprit : & qu'il ne plaigne point le temps qu'il nettra à les apprendre & à se les bien imprimer, arce qu'il ne peut les sçauoir trop bien ny les penetrer trop auant, puisque tout depend de là, que ce sont les racines d'vn arbre qui luy doit orter des fruits de vie, les fondemens du bastinent spirituel qu'il proiette, & les sources de humilité, de la patience, de la charité & de toue la perfection qu'il pretend d'acquerir. Comme n Philosophie & aux sciences speculatiues on ne çauroit trop parfaitement comprendre les principes d'vne question, ny par consequent les trop tudier & examiner, d'autant que plus clairement, plus solidement & plus foncierement vous les entendrez, plus clairement aussi & auec plus de faci-

a iij

lité vous verrez toutes les conclusions qu'ils tiennent renfermées dans leur sein, & qu'on en peut tirer, & vous serez plus fermes & plus inebranlables pour les soûtenir contre tous ceux qui les voudront attaquer: où autrement vous y serez aisement renuersé & mis hors de combat. Il en va de mesme de ces grands principes pour les choses du salut.

Quand quelcun est tenté & attaqué du diable, du monde, ou de la chair, s'il n'a quelqu'vne de ces Veritez excellentes & de ces grádes maximes de nostre Religió, sur laquelle il iette incontinét les yeux & à laquelle il ait aussi-tost son refuge,& d'où, comme d'vn arsenac, il tire des armes pour se defendre, il sera facilement blessé & ietté par terre, parce que tandis qu'il regardera où il doit se retirer & ce qu'il doit prédre pour se couurir, si ce sera la pensée de la presence de Dieu, ou celle de sa prouidence, ou celle de l'exemple & de l'amour de N. S. ou bien celle de la mort ou de l'eternité, il est cependát touiours battu, parce qu'il est touiours desarmé : & mesme apres qu'il s'est determiné à quelqu'vne particuliere, elle ne luy sert pas beaucoup, ny donne grand secours, dautant qu'elle ne luy est pas assez conniüe, & qu'il n'est pas fait à son vsage, mais quand il en a vne grande connoissance, & qu'elle luy est fort familiere,il la prend au mesme poinɕt de l'attaque, comme vne épée qu'il porte toujours à son costé, & vn bouclier qu'il a pendu au col, & s'en aide

Tout ainsi que celuy qui se voit poursuiuy à bride abbattüe de ses ennemis, sans pouuoir courir, en est pris aisement & mis à mort, s'il n'a quelque lieu de retraite bien proche où il puisse se sauuer: mais aussi il se moque d'eux, s'il est à deux pas d'vne forte citadelle, dont la porte luy est toujours ouuerte.

C'est donc vn auis tres-important dans nos tentations & dans nos combats pour vaincre nos aduersaires, d'auoir touiours prestes quelques-vnes de ces veritez principales du Christianisme, qui nous seruent de refuge & d'asyle & nous fassent office de bouclier & d'épée. Celuy qui agit de cette façon est semblable à cét homme sage de l'Euangile, de qui nostre Seigneur dit qu'il a basti sa maison sur le roc, & qu'apres, *descendit pluuia, & venerunt flumina, & flauerunt venti, & irruerunt in domum illam & non cecidit; fundata enim erat super petram*, ny l'abondance des pluies, ny le debord des riuieres, ny la furie des vens venans à la battre & en haut, & en bas, & par les costez ne l'ont pû renuerser, parce qu'elle estoit bastie sur le rocher: où au contraire celuy qui ne se gouuerne pas de cette sorte & n'a rien d'asseuré, fait comme ce fou & cet insensé, qui n'a fondé son logis que sur le sable mouuant, & que pour cela les pluies, les riuieres & les vents ont bien-tost ruinée & iettée par terre. *Illuminans tu mirabiliter à montibus æternis*, dit le Prophete Royal, *turbati sunt omnes insipientes corde*: Dieu illumine, échauffe & fortifie les ames du

Matth 7. 24.

Psal. 75. 5.

sommet des montagnes eternelles, c'est à dire, de ces hautes & sublimes veritez, quand elles en ont vne bonne connoissance, mais ceux qui en sont priuez, sont comme de pauures foux aisement troublez & inquietez, qui ne sçauent ny où aller, ny quoy faire, ny de quoy se defendre: partant *fundamenta eius in montibus sanctis*, comme il nous dit ailleurs, iettons les fondemens de nostre salut sur ces sainctes montagnes, établissons le dessein de nostre perfection sur ces grandes & importantes veritez.

Psal. 86 1.

Le mesme Prophete nous fait entendre elegamment cecy au psalme premier, lors qu'il compare l'homme, qui pense iour & nuit à la Loy de Dieu, & qui emploie soigneusement son esprit à pezer ses mysteres, à l'arbre, lequel planté le long des eaux & arrousé autant qu'il est necessaire, ne máque iamais de porter son fruit en son temps, & de se cóseruer tout le long de l'année en vne belle & agreable verdure: Où les autres qui n'eclairét point leurs ames de ces lumieres, *tanquam puluis, quem proijcit ventus à facie terræ*, ressemblét à la poussiere de la terre, dont le vent se ioüe & qu'il souffle de costé & d'autre, parce qu'ils n'ont aucune fermeté, pour estre destituez de ces considerations, qui seules peuuent donner du plomb & la vraie constance à vn esprit, & ainsi ne sçachant ny à quoy se prendre, ny a quoy se tenir, ils sont aisement emportez au gré de tous les obiets qui se presentent.

V. 4.

I'adiouste

J'adiouste à ce propos vn autre conseil fort vtile que pour acquerir la vertu & atteindre à la perfection, nous deuons nous conduire par raison & non par sentiment, pource que celle là dure & celuy-cy passe ; Car si vous haïssez auiourd'huy le peché, si vous auez auersion du monde & méprisez ses vanitez ; si vous aimez Dieu, parce qu'il vous donne des consolations, demain que ces consolations se conuertiront en tristesses, que ces douceurs se changeront en amertumes, que ces lumieres viendront à s'eclipser & ces eaux des graces sensibles à se secher, vous n'aimerez donc plus Dieu, vous vous porterez au peché, & le monde vous semblera agreable ; mais si vous aimez Dieu, si vous haïssez le peché & meprisez le monde par raison, pource que le monde est veritablement digne de mépris, le peché de haine, & Dieu de tout l'amour de vostre cœur, vous ferez cela & auiourd'huy & demain & toujours, dautant que ces raisons sont toujours les mesmes & contiennent des veritez eternelles qui ne changent iamais. Il faut donc agir par raisons & par les plus fortes, c'est à dire, par ces Principes, dont nous parlons, qui estans de plus grande consequence que les autres, sont aussi plus puissantes pour nous toucher & nous contenir dans les termes de nostre deuoir.

II. Part.                                          b

## CHAPITRE II.

Second Principe general de la Vie Spirituelle.

*La Consideration des choses de son salut.*

A cause la plus vniuerselle de tous les maux qui sont au monde & la plus grande source, d'où découlent tous les pechez que les hommes commettent, est l'ignorance des choses de Dieu. Ce que le Soleil est à la terre auec sa presence & sa lumiere pour luy faire du bien, & ce que son absence dereglée & les longues tenebres luy apporteroient de mal, le mesme est à l'homme la connoissance & l'ignorance des choses de son salut.

Ierem. 11. 11.

*Desolatione desolata est omnis terra*, dit le Prophete Ieremie, *quia nullus est qui recogitet corde*. Toute la terre, c'est à dire, tous les hommes, qui en leur premiere origine ont esté formez de terre, & qui y doiuent retourner, est tombée en vne desolation extreme, parce qu'il n'y a persone qui considere attentiuement l'affaire de son salut. Et Dauid deuant luy,

Psalm. 81. 5.

*Nescierunt neque intellexerunt, in tenebris ambulant*. Ce sont des ignorans, ils n'ont point connu l'importance de leur bon-heur ny de leur malheur eternel, parce qu'ils n'ont pas voulu y

## SPIRITVEL.

appliquer leur esprit; c'est pourquoy ils marchent dans vn point de telle consequence, enueloppez de tenebres & comme des aueugles, & ainsi à chaque pas ils choquent de la teste, ils heurtent du pied, ils bronchent & tombent à se rompre bras & iambes. Et Iob deuant Dauid, *Quia nullus intelligit, in æternum peribunt*; pource qu'ils n'examinent & n'entendent point ce que c'est de se sauuer ou de se perdre, ils ne se trauaillét pas en suite de faire ce qu'il faut pour acquerir l'vn & pour euiter l'autre, & par ce moien ils s'abandónent sans retenüe à tous vices, qui les precipiterót infailliblement dás la dánation eternelle. *Iob. 4. 20.*

Le Prophete Osée parle de cecy auec grande energie en ces termes. *Audite verbum Domini, filij Israel, Non est veritas & non est scientia Dei in terra, maledictum & mendaciũ, & homicidium, & furtum, & adulterium inundauerunt, & sanguis sanguinem tetigit. Propter hoc lugebit terra & infirmabitur omnis qui habitat in ea. Populus non intelligens vapulabit.* Ecoutez les paroles du Seigneur, Enfans d'Israël. La Connoissance de la Verité & la science de Dieu est bannie d'entre les hommes: & que s'ensuit-il de là! c'est que les medisances, les mensonges, les homicides, les larcins, les adulteres ont inondé parmy eux en forme de deluge, & ils ont adiousté pechez sur pechez, accumulé crimes sur crimes, & se sót veautrez en toutes sortes d'ordures. L'ignorance de mon peuple fera qu'il sera battu, affligé & miserable. Voila les maux que le defaut *Osee cap. 4. v. 1. 2. 4. & 14.*

b ij

de connoiſſance des choſes de noſtre ſalut apporte.

Et la raiſon eſt, dautant que l'homme par vn mouuement, qui luy eſt commun auec toutes les creatures, mais qui eſt encore plus grand en luy, pour ce qu'il tient le premier rang de nobleſſe & d'excellence entre elles, a vne forte & violente inclination pour ſe conſeruer, à cauſe de l'amour extreme qu'il ſe porte : d'où vient qu'il fait tout ce qu'il peut & emploie toutes ſes inuentions pour n'auoir point de mal, parce qu'il luy peut nuire & qu'il le regarde comme la cauſe de ſa ruine, & pour ſe procurer du bien comme le moyen de ſa conſeruation.

En effet perſone, ny homme ny femme, ne voudroit de ſang froid s'enfoncer ſeulement vne épingle dans le bras, ny ſe coupper le bout du doigt; & nous experimentons lors qu'il faut endurer quelque choſe, que noſtre nature apprehende & voudroit bien l'éuiter, comme ſon contraire, dont elle a de l'auerſion: beaucoup moins donc pourroit elle ſe reſoudre de ſe coupper le bras, ou ſe ietter dans le feu. De meſme l'experience nous fait voir tous les iours, combien les hommes prennent de peine pour vn petit plaiſir & pour vn bien fort leger : d'où il faut inferer que ſans doute ils en prendroient dauantage pour vn plus grand s'ils en auoient connoiſſance : pour quoy donc ne la prennent ils, & ne trauaillent il point pour acquerir les threſors imméſes, les ſou uerains honneurs & les inexplicables delices de l'ame & du corps que Dieu leur prepare là haut au Ciel, mais que tout au rebours ne s'en souciâts point, ils vont par leur mauuaise vie se precipitans dans les horribles maux & les epouuentables supplices de l'enfer? La vraye cause de cét effroiable malheur est l'ignorance qu'ils ont de l'vn & de l'autre.

Pourquoy est-ce qu'vn enfant met le doigt sur la flamme d'vne chandelle, & que vous ne l'y mettez pas? C'est pource qu'il ne sçait point qu'elle brusle, & que vous le sçauez. Si vous cónoissiez quel mal vous vous faites & quel dommage vous encourez de dire seulement vne parole oiseuse, il n'y a perte, il n'y a douleur, il n'y a tourment en ce monde que vous n'aimassiez mieux souffrir que de la proferer: Et au contraire si vous sçauiez quel bien & quel auantage vous reuiendroit d'obseruer les commandemens de Dieu, & pratiquer les bonnes œuures, il n'en est point de si difficile, ny s'y opposée à vostre esprit & à vostre humeur, que vous ne fissiez teste baissée & malgré tous les obstacles, quand tous vos parens & tous vos amis seroient à genoux deuant vous pour vous en diuertir. Pourquoy donc ne la faites vous point, ny mesme celles qui sont plus aisées, & que vous vous répandez en vn si grand flux de paroles inutiles, sans toucher les autres pechez? C'est par ce que vous auez les yeux bandez & que vous ne voyez goutte. Vous vous aimez trop pour faire ce qui vous doit mener en Enfer & mesme en Purgatoire, & pour ne pas pourchasser auec des soins extremes, & auec toutes les diligences imaginables les biens du Paradis, si vous sçauiez ce que c'est.

Dauantage outre cette raison prise de l'amour que nous nous portons, les veritez de nostre Religion sont si grandes, si admirables & si puissantes, qu'elles sont capables, pourueu qu'on les conçoiue d'vne bonne façon, de domter les esprits les plus rebelles & de briser des cœurs de rocher: & nous pouuons dire auec certitude qu'il n'y a point en France ny ailleurs homme si debauché, ny femme si perdüe, qui, s'il connoissoit vn seul mystere de son salut & non selon tout son merite & toute son importance, mais seulement d'vne bonne sorte, ne se conuertit & ne changeât de vie dans vn quart d'heure. *Viuus est*, dit sainct Paul, *sermo Dei & efficax, & penetrabilior omni gladio ancipiti, & pertingens vsque ad diuisionem animæ ac spiritus, compagum quoque ac medullarum.* Les Veritez, que Dieu nous reuele, sont viues & efficaces, plus tranchantes qu'vne épée de combat, qui auec vn fil aceré couppe des deux costez tout ce qu'elle rencontre, & porte son coup iusques au cœur, & à la moëlle, & à ce qui est de plus secret dans l'esprit. *Ignitum eloquium tuum vehementer*, dit Dauid: vos paroles sont toutes de feu. Et Dieu mesme par la bouche de Ieremie nous rend ce témoignage, *Numquid non verba mea sunt quasi ignis,*

Hebr. 4. 12.

Psal. 118. 140.

Ierem. 23. 29.

*dicit Dominus, & quasi malleus conterens petram ?* Mes paroles font elles pas comme du feu, & comme vn marteau qui brife les pierres? Or confiderez les effets du feu, comme il illumine, comme il échauffe, comme il brûle, détruit, reduit en cendres, réjoüit & fortifie : les Veritez diuines ont la mefme force fur les cœurs, & produifent les mefmes operations dans les ames.

En effet comme les Veritez Chreftiennes font des Emanations de la Verité premiere & des rayons du Verbe eternel, elles participent auffi à fa nature, qui le rend non feulement le Verbe de Dieu, la Parole du Pere & la Verité perfonelle en foy, mais encore Principe du fainct Efprit, & enfuite fource de bonté & de fainacteté dans les hommes. Dauantage ces Veritez ne peuuent qu'elles ne foient extremement fortes & n'ayent vne puiffance mérueilleufe, parce qu'elles côtiennent des chofes de fi grande confequence, comme de gagner ou de perdre Dieu pour iamais, d'eftre bien-heureux ou malheureux eternellement de corps & d'ame, que tout le refte, quand ce feroit le gain ou la perte de tous les Royaumes de la terre, ne font à comparaifon que des bagatelles & des jeux d'enfans.

Et de vray ce font-elles qui ont fait les Martyrs & les Confeffeurs, qui ont porté plufieurs Roys & plufieurs Monarques, & tant de Reines & tant de Princeffes à ietter leurs corones par terre, & fouler aux pieds leurs grandeurs; qui ont répli les

Monasteres d'hommes & de femmes, & les solitudes d'Anachoretes. Car si on demandoit à saincte Agnés, à saincte Catherine, à saincte Agathe, & à d'autres filles issües de tres-grande maison & tres-delicates, qui leur a donné tant de courage, pour mépriser, comme elles ont fait, les plaisirs de cette vie, pour souffrir si volontiers de tres-cruels tourmens, & aller plus gayement aux feux & aux roües qu'elles n'eussent fait à leurs nopces? Si on interrogeoit le tres-illustre Prince Iosaphat, qui luy a persuadé de quitter le Royaume des Indes, lequel apres le decez de son pere luy estoit assûré, pour suiure le sainct vieillard Barlaam dans vn desert, & y passer le reste de ses iours dans des austeritez tres-rigoureuses ; Et sainct Alexis le plus noble des Romains, comme l'Eglise l'appelle, d'abandonner son Epouse au temps & en la façon que nous sçauons ; ils répondroient tous que c'est la creance ferme & indubitable des Veritez Chrestiénes. *Super omnia vincit Veritas*, dit le Courtisan de Darius, dont parle Esdras, en cette fameuse dispute, quelle chose estoit la plus forte, c'est dit-il, la Verité.

Esdræ 3. 12.

Si donc les Veritez de nostre Religion ont vne force si grande & si merueilleuse pour toucher nos esprits & changer nos cœurs, pourquoy ne le font-elles pas, pourquoy n'operent elles pas sur nous? c'est par ce que nous ne les connoissons point. Et pourquoy ne les conoissons nous point C'est parce que nousne les considerons pas, employan ployans nos soins & appliquans nostre étude à toutes autres choses, qui pour l'ordinaire ne sont que tres-legeres, & iamais du prix de celles-là. *Populi meditati sunt inania,* dit Dauid : Et derechef, *Anni nostri sicut aranea meditabuntur,* les hommes s'amusent à penser à des sotises & à des niaiseries, & à filer des toiles d'araignées. Il n'est point d'animal qui trauaille auec tant d'ardeur comme l'araignée, qui fait son ouurage auec vne diligence, auec vne actiuité & vn empressement incroiable, le tirant mesme de ses entrailles, & que pourtant vn coup de balet iettera aussi tost par terre, & en defera plus en vne heure qu'elle n'en pourroit faire en dix ans: Il est de mesme des hommes qui emploient les iours & les nuits, qui consument leurs corps & tourmentent leurs esprits pour les choses de cette vie, pour acquerir des honneurs, des dignitez & des richesses, que la mort leur emportera ineuitablement, & plus en vn moment, qu'ils n'en sçauroient amasser auec tous leurs trauaux & toutes leurs industries en mille ans. Voila toutesfois les objets de leurs pensées & de leurs soins.

Ie ne desirerois qu'vne chose d'vn homme pour luy asseurer le Ciel, c'est qu'il se donnât le loisir de penser vn peu serieusement aux choses de son salut, parce que s'il en connoissoit seulement vne & en sçauoit l'importance, il n'y a teste d'homme pour dure qu'elle soit qui y pût resister, ny esprit si rebelle qui ne se changeât, & ne quittât bien tost tout le reste pour y vaquer, dautant

Psalm. 2. 1.

Psalm. 89. 9.

qu'après tout persone, comme nous auons dit, ne se veut perdre; & ce qui suit nous le fera toucher au doigt. Si on intentoit à quelqu'vn vn procez, où il s'agit de tous ses biens, de tous ses offices & de sa vie, y a-t'il apparence que ce procez estant déja distribué & en état d'estre iugé dans deux ou trois iours, cét homme, s'il auoit vn grain de iugement, ne se remuât point, & ne dit adieu bientost à ses ieus, à ses diuertissemens & à toutes ses autres occupations pour s'appliquer entierement à celle-cy ? Non sans doute, mais il le feroit, & si quelqu'vn de ses plus proches ou de ses amis le venoit prier de quelque chose qui demandât du soin & du temps, il s'en excuseroit, & se plaindroit mesme de son peu de discretion de ce que le voyant dans vne telle conionchure & en vne si mauuaise affaire, il l'en veut diuertir pour penser aux siennes.

Nous n'auons à proprement parler, qu'vne seule affaire de consequence en ce monde, qui est de nous sauuer, toutes les autres ne sont que de vrais amusemens & des emplois friuoles. Il y a déja vingt, trente, cinquante & soixante ans que vous viuez, pendant tout ce temps vous n'auez eu que cette seule affaire importante à manier & à conduire à chef, & toutefois c'est peut-estre celle à laquelle vous n'auez pas encore pensé du tout, ou ç'a esté beaucoup moins qu'aux autres, & si peu que rien: recherchez vous là dessus, examinez vous & considerez comme les hommes font faits, & vous treuuerez que la plufpart font femblables aux lethargiques, qu'on ne fçauroit reueiller iufques à ce qu'à force de mener du bruit à l'entour d'eux, leur crier aux oreilles & les tourmenter, ils ouurent enfin vn peu les yeux, & regardent d'vne veüe trouble & languiffante, ils écoutent imparfaitement & difent deux ou trois paroles à moitié étouffées dans leur bouche, & puis retombent dans leur affoupiffement: Ainfi les hommes ordinairement font endormis pour la confideration & pour la connoiffance des chofes de leur falut, ce n'eft qu'à fine force qu'ils y fongent, & encore fort legerement ; d'où auffi leur vie s'en reffent & va du pair auec cette ignorance, c'eft à dire, fort mal.

Dautant que fi les Veritez Chreftiennes font toutes-puiffantes pour operer de tres-grands effets en nous, cela s'entend fi elles font connües, parce que noftre volonté, comme porte la maxime receüe de tous les Philofophes & de tous les Theologiens, ne peut-eftre touchée d'vne chofe, dont elle n'a aucune connoiffance : la plus grande beauté du monde, fi elle eft inconnüe, ne fera pas plus d'impreffion fur les Efprits que fi elle eftoit encore dans les abyfmes du Neant ; mettez vn aueugle-nay au milieu d'vne fale remplie de toutes les merueilles de la nature & de l'art, elles n'agiront non plus pour luy donner de l'admiration, de l'amour, du defir & d'autres fentimens, que s'il n'y auoit rien du tout. Faites qu'vn

c ij

pauure villageois ait dans son iardin vn thresor caché, & qu'il ignore, il n'en sera ny plus accommodé ny plus content. Nous possedons des richesses immenses du Ciel, & nous sommes entourez des mysteres de nostre Religion, de la Presence de Dieu qui nous regarde, de sa Prouidence qui nous gouuerne, de l'Incarnation & de la Mort de Nostre Seigneur, de son sacré Corps, qui est sur nos Autels, de la Mort qui nous talonne, de l'Eternité qui nous attend, & d'autres, dont le moindre contient des secrets à rauir les esprits, ils n'operent pourtant rien sur nous ou fort peu, parce que nous ne les connoissons presque point. Aussi nostre Seigneur disoit, *cognoscetis Veritatem, & Veritas liberabit vos.* Vous connoîtrez la Verité, & la Verité vous deliurera. Elle vous deliurera du pouuoir de vos ennemis, & vous en fera remporter de glorieuses victoires, si vous estes tenté d'orgueil, de cholere, d'impureté, d'auarice, & des autres pechez, elle vous fortifiera puissamment pour y resister & n'y point consentir; si l'occasion ou la necessité se presente d'exercer l'humilité, la patience, l'obeïssance, la chasteté & les autres vertus, elle vous donnera vn courage inuincible pour en pratiquer les actes, & au plus haut degré de leur perfection, mais il est necessaire auparauant que vous la connoissiez, car à moins de cela elle ne fera rien.

Il faut donc connoître la Verité pour la mettre en état de deploier sa force; Et ie dis dauan-

*Ioan.* 8. 31.

tage qu'il la faut bien connoître, parce que si on ne la conoit que superficiellemét elle sera foible, comme il paroist par l'experience euidente, dauant qu'il n'est point de Chrestien qui ne sçache qu'il y a vn Dieu Createur de l'Vniuers, qui nous regarde par tout, qui prepare aux bons vne recompense infinie & aux méchans des epouuentables supplices, qui n'ait connoissance de l'Incarnation & de la mort de nostre Seigneur, & des autres principaux mysteres, & neantmoins ces Veritez si grandes & si fortes, qu'ils connoissent, & dont ils ne doutent point, ne les retirent pas de leurs vices & ne les portent à la vertu, parce qu'ils se les connoissent point assez pour produire en eux ces effets.

Il est bien facile de les connoître pour seruir d'objet à nostre creance, pource qu'il ne faut qu'entendre les termes, & puis y donner son contentement, mais pour les rendre principes de nos operations, il faut dauantage & entrer plus auant dans leur intelligence. Il en va tout ainsi comme d'vn arbre, que l'on plante aisement & en fort peu de temps, car vne heure & encore moins y suffit, mais il en faut beaucoup plus pour luy faire prendre racine, deux ou trois mois y sont necessaires; Et on sçait qu'il ne produit point de fruits, qu'entant qu'il est enraciné, & à moins de cela il demeureroit des siecles dans la terre qu'il ne porteroit pas seulement vne fueille, par ce que c'est par la racine qu'il succe son aliment

c iij

de la terre comme de sa nourrice, & qu'il tire la force qu'il a de produire. De mesme vne Verité Chrestienne est bien tost receüe & plantée pour ainsi dire dans nostre Entendement, car il n'est besoin pour cela que de sçauoir ce que signifient les paroles auec lesquelles on nous l'annóce; mais pour la rendre effectiue & luy faire porter des fruits de vie, il faut qu'elle y soit bien établie & fermement enracinée : Et pour cela elle doit estre bien connüe, & par consequent bien consideree, autrement elle ne produira rien, mais demeurera sterile.

Nous connoissons assez de choses de nostre salut, mais nous n'en connoissons pas vne assez pour nous changer & nous conuertir tout à fait: Nous deurions les connoître iusques au point qu'il faut pour nous persuader efficacement & toucher viuement nos cœurs. *Tanto tempore vobiscum sum*, disoit nostre Seigneur à sainct Philippe, *& non cognouistis me*. Il y a si long temps que ie suis auec vous, & vous ne me connoissez pas encore. Il y a tant d'années que nous sçauons qu'il y a vn Dieu tout bon, tout sage & tout puissant, que nous deuons honorer souuerainement & aimer de tout nostre cœur, à qui nous sommes infiniment obligez pour les biens qu'il nous a faits, qu'il y a vn Paradis & vn Enfer, & neantmoins nous ne luy rendons pas encore ces tres-iustes deuoirs, & ne viuons pas à beaucoup prez comme nous deurions. Pourquoy ce desordre? parce

*Ioan. 14. 8.*

# SPIRITVEL.

que nous ne sçauons ces choses qu'imparfaitement, & ne connoissons pas bien ces grandes veritez: il faut donc les bien connoître.

Mais aussi lors il n'est point necessaire pour faire de puissantes impressions sur nos esprits & pour nous metamorphoser en d'autres hommes d'en connoître plusieurs, car peu suffisent à cela, & mesme c'est assez d'vne. Tout ainsi que quand vn Seigneur se resout d'aller à la guerre & à vn siege fort dangereux, il n'a pour se determiner à dire adieu à sa femme & à ses enfans qu'il ayme vniquement, à quitter en la plus belle saison de l'année tous les plaisirs de sa maison, & aller exposer sa vie à vn euident peril de mort, plusieurs motifs, mais vn seul, à sçauoir le desir de la gloire, qui seul est bastant, mais il faut aussi qu'il en soit ardemment épris, & qu'il l'ait bien auant dans l'esprit; car s'il n'en estoit qu'vn peu échauffé & ne l'auoit que comme à l'entrée du cœur, il n'iroit guere loin, ou dans le combat tourneroit bien tost le dos. Ainsi vn seul mystere du salut, comme la Presence de Dieu par tout, comme les obligations infinies que nous auons d'aimer nostre Seigneur, comme l'Eternité ou quelque autre de ces grands principes, dont nous auons parlé au Chapitre precedent, seroit assez, si nous le comprenions d'vne bonne sorte, pour nous faire abandonner les choses qui nous sont les plus cheres, & surmonter toutes les difficultez qui nous retiennent de nous donner parfaitement à Dieu.

mais considerons d'abondant pour cela ce q[ui]
se passe en nous, encore que nous produisio[ns]
tous les iours vn tres-grand nombre d'actions [&]
tres-differentes, de la vie vegetatiue, de la sen[si]-
tiue & de la raisonnable, il n'y a pourtant en nou[s]
de cette multitude & diuersité d'operation[s]
qu'vne seule cause, qui est nostre ame anima[nt]
nostre corps ; de mesme vn seule Verité pos[se]-
dant & animant nostre ame, peut-estre source [en]
nous de plusieurs actions fort dissemblables.

Ie dis plus, que mesme c'est vn bon conseil [de]
ne s'arrester qu'à vne, ou à fort peu de ces Verit[ez]
fondamentales, afin de pouuoir par ce moy[en]
les mieux entendre, & s'en aider auec plus de fa[ci]-
lité & plus d'auantage; d'autant que nostre esp[rit]
n'est pas capable, outre que nous n'auons p[as]
assez de loisir, d'en penetrer tant, de les c[ul]-
tiuer, & de les retenir auec toute la force, [qui]
leur est necessaire afin qu'elles nous touchent;
l'experience nous monstre que mesme nous n'[en]
auons pas penetré, ny compris vne seule de c[et]-
te façon, puisque nous croupissons toujours d[ans]
nos vices & ne nous changeons point, ce q[ue]
nous ferions infailliblement auec la grace [de]
Dieu, si nous en auions la connoissance d[ont]
nous parlons. Puis donc que nous n'en conn[ois]-
sons pas seulement vne au poinct qu'il le f[aut]
pour faire vne forte impression sur nous, co[m]-
ment en connoistrons nous vne douzaine? C[ela]
est impossible, & mesme vne chasse l'autre &
efface les especes. Part[ie]

Partant c'est vn aduis fort falutaire & comme neceffaire de n'en prédre que tres-peu, vne, deux ou trois au plus, qui foient importantes & trainent apres elles vne grande fuite pour tout le reglement de voftre vie, & dont vous fentiez voftre efprit plus difpofé pour eftre touché, que vous tafcherez par tout moien de bien entendre & de bien poffeder, que vous aurez foin de regarder continuellement, d'en entretenir la penfée par tout, en public & en particulier, aux champs & à la ville, comme Moyfe difoit des Commandemens de Dieu, d'en conferuer inceffamment la memoire, & ne les perdre iamais de veüe, & de vous y affermir toujours de plus en plus, appuiant deffus & les rendant comme le premier mobile de tous vos mouuemens, le principal refsort de toute voftre conduite, & le principe vniuerfel de toutes vos actions.

Deuter. 6, 6.

Vous me demanderez maintenant pour le bout, comme quoy vous pourrez connoître vne verité de voftre falut au degré qu'il faut pour luy donner la force d'agir puiffamment fur vous, & la rendre principe de toutes vos operations. Ie vous répond que ce fera par l'vn de ces trois moiens. Le premier en la confiderant, pource que la confideration produit naturellement la connoiffance, comme la connoiffance les affections, & les affections les œuures: Nous ne connoiffons point en ce monde les chofes fi nous ne les confiderons auparauant; En quoy nous fom-

II. Part. d

mes differens des Anges, dautant que ces Esprits perçans connoissent les choses naturelles, & iusques au fond de leur essence, dés aussi tost qu'ils les regardét & dés la premiere application qu'ils y font de leur entendement. Mais nous autres enueloppez que nous sommes de la matiere, & chargez d'vn corps, comme d'vne masse de terre, nous ne pouuons pas y aller si viste : car, excepté quelque peu d'accidents qui frappent nos sens exterieurs, comme la couleur, la quantité & la figure, nous n'arriuons à la connoissance des choses que peu à peu & par degrez, nous n'y montons que par considerations & par discours, comme par échelons, vne chose nous conduisant à la notice d'vne autre, & portant le flambeau pour nous la faire voir ; Ainsi nous connoissons les causes par leurs effets, & les effets par leurs causes, la substance par leurs accidens, & les accidens par leur substance, la Nature par les proprietez, & les proprietez par la nature, & le feu par la fumée : C'est pourquoy si nous n'vsons de consideration, de discussion & de recherche sur ce que nous auons dessein de connoître, & particulierement sur les choses de nostre salut, qui sont plus éloignées de nos sens, & en suite plus difficiles, nous ne les connoîtrons point. Ce qui nous gaste, est que nous n'y pensons point du tout ou fort peu, & quand nous y pensons, nous voudrions les sçauoir tout d'vn coup, à la façon des Anges, dés la premiere veüe que nous iettons deſſus, & les découurir iuſques au centre dans leur nature, dans leur importance & dans leurs ſuites. Cela ne peut pas eſtre, mais il faut nous donner la patience de les regarder, de les tourner, les retourner, & les examiner à loiſir.

Il faut que nous les conſiderions, & par pluſieurs fois, car vne ſeule conſideration n'en viendroit pas à bout. Vne Verité ne peut agir ſur noſtre eſprit, ny luy faire ſentir ſa force, qu'alors & qu'autant qu'elle y entre, & elle n'y entre pas d'elle meſme, mais il la l'y faut faire entrer auec la conſideration, & plus on la conſidere & on la rumine, plus auant elle entre & ſe rend plus capable de faire impreſſion & porter ſon coup. Le Prophete Ieremie diſant que les hommes eſtoiét miſerables, n'en attribüe point la cauſe au defaut d'vne ſimple connoiſſance, d'vne conſideration legere, mais d'vne conſideration attentiue & redoublée, *quia nullus eſt qui recogitet corde*, dit-il. Et S. Paul exhortant les Fideles à ſouffrir & ne point perdre courage dans leurs maux, leur ſuggere pour lenitif & pour ſouuerain moien de la patience & de la force qu'ils deuoient auoir, la Paſſion & la Mort de Noſtre Seigneur, mais il leur dit, que pour cela il ne faut pas qu'ils ſe contentent d'y penſer ſuperficiellement & vne fois, mais qu'il faut y penſer & repenſer ſerieuſement & cent fois, *Recogitate*, car à force d'y penſer, la choſe ſans doute operera, c'eſt la continuation qui l'emporte.

Hebr. 12. 3.

d ij

*Gutta cauat lapidem, non vi, sed sæpe cadendo.*
Encore que la pierre soit bien plus dure que la goutte d'eau qui tombe dessus, si est-ce pourtant que la goutte creuse la pierre petit à petit, & ce que la premiere ny la dixiéme n'ont pas fait, la centiéme & plusieurs iointes ensemble l'executent: de mesme quoy que nostre esprit n'entende pas bien au commencement vne verité du salut, qu'on luy propose, que nostre nature y resiste & que nos sens y contrarient, neanmoins à la longue & apres plusieurs considerations souuent reïterées, il entre en elle, & elle en luy, elle le creuse & le penetre peu à peu, & le conuaint, & puis de l'entendement elle tombe goutte à goutte & decoule sur la volonté, qu'elle amollit & qu'elle brise pour dure qu'elle soit, & y tient lieu de principe de tout ce qu'elle veut, & opere en l'hôme.

Si vous me dites que vous n'auez pas assez d'esprit ny de capacité pour penetrer ces mysteres, ie vous diray que le second moien plus facile, plus court, plus efficace & beaucoup plus parfait est la Foy, croyant fermement la Verité que vous auez prise, & y entrant non point par vostre propre esprit & par la certitude que vous en pourriez acquerir auec vostre trauail & vostre industrie, mais par l'Esprit de Dieu & la connoissance infaillible qu'il en a, vous reposant & appuyant inebranlablement dessus, pour la tenir par ce moien, dont tout esprit est capable, & auquel tout esprit se doit soûmettre, indubitable & la

ndre effectiue & principe de vos actions. Mais
ous parlerons encore de cecy apres plus au
ong.

Le troisiéme moien est le Don du sainct Esprit,
que l'on appelle le Don d'Entendement, duquel
ous auons parlé cy-dessus, qui decouure les my-
eres de la Foy, & tire le voile qui les cache, pour
es faire voir auec toute la clarté qui peut-estre
n cette vie, & qui est necessaire pour vous tou-
her. Le Prophete Royal demandoit tres-souuent
e Don à Dieu, & nous deuons faire le mesme
uec luy, & vsans de ses termes luy dire :

*Da mihi intellectum & scrutabor legem tuam, & cu-*
*stodiam illam in toto corde meo.*
*Seruus tuus sum ego, da mihi intellectum vt sciam testi-*
*monia tua.*
*Intellectum da mihi, & viuam.*

Psalm. 118.
v. 34. 125, 144

Seigneur, donnez moy, s'il vous plaît, le Don
d'Entendement & éclairez mon esprit de vostre
diuine lumiere, qui me fasse connoître vostre loy,
& ie l'accompliray de tout mon cœur. Vous sçauez que ie suis vostre seruiteur, ie vous coniure de
m'allumer le flambeau d'Intelligence qui me
monstre vos mysteres & les choses de mon salut,
afin que ie viue.

d iij

## CHAPITRE III.

Troisiéme Principe general de la Vie spirituelle.

*La Fin de l'Homme.*

COMME il se trouue vn ordre naturel entre les facultez de nostre ame, qui fait que les vnes passent necessairement deuant les autres, & leur fraient le chemin; ainsi que l'experience nous le monstre dans nostre Entendement, qui marche toujours deuant nostre Volonté, & porte le flambeau deuant elle pour éclairer ses pas, & luy faire voir ce qu'elle doit aimer, & ce qu'elle doit hair : Il y a de mesme vne certaine disposition & vn arrangement naturel entre les objets de nostre connoissance, suiuant lequel les vns se presentent les premiers, & demandent d'estre considerés deuant les autres; dont celuy qui l'emporte par dessus tous en ce qui peut concerner vne chose, est sans doute sa Fin.

2. Physic. t. 31.
2. Metaph. t. 8.
1. Ethic. c. 2.

C'est pourquoy Aristote appelle la Fin, le premier de tous les Principes, dont la connoissance regle tout : comme il paroist en vn Archer, dit-il, qui au mouuement de ses yeux, de ses bras, & de tout son corps, au bandement de son arc, & au décochement de sa fléche, se conduit par la veüe du blanc qui luy est proposé. La Fin est la Cause des causes, dit le mesme, parce qu'elle les met en besogne, qu'elle les remüe toutes, & comme vn premier Mobile leur donne le bransle, & qu'elles s'emploient toutes pour son sujet. Dauantage, parce que l'intention efficace, & le dessein resolu que l'on a d'acquerir vne fin, enueloppe necessairement l'vsage de tous les moiens qui y sont requis : comme il se voit en vn malade, lequel ne refuse aucun remede, quand il s'est absolûment determiné de recouurer sa santé ; de là vient que la recherche & l'application des moiens vont tousjours de pair auec l'affection que l'on porte à la fin ; d'où il faut inferer que puis que la Fin tire ainsi tout apres soy, sa connoissance est d'vne consequence extreme, & que c'est ce que l'on doit, & premierement étudier & parfaitement bien sçauoir. Partant comme il n'est rien au monde qui nous touche de si pres que nous mesmes, & que nous n'auons aucune chose qui nous soit importante à l'égal de nostre fin, il faut examiner attentiuement quelle elle est, & par quels moiens nous y pouuons arriuer, pour éclaircir cette grande verité.

Ie dis que nostre Fin est Dieu & sa Gloire, mais pour déuelopper ce peu de paroles, & les mettre en leur iour, il faut sçauoir que Dieu nous a creés pour se donner à nous en cette vie & en l'autre, & nous rendre par ce moien en l'vne & en l'autre bien-heureux, & en suite nous mettre en état de luy procurer de la gloire, qui est la fin derniere pour laquelle il fait toutes choses, suiuant cette parole du Sage, *Omnia propter semetipsum operatus est Dominus.* Le Seigneur a produit tout ce qui est dans l'vniuers, pour soy-mesme, c'est à dire, pour sa gloire, comme pour la fin la plus noble qu'il peut se proposer, & à laquelle il est mesme necessairement determiné, parce que s'aimant infiniment par dessus tout ce qui est, & qui peut estre, comme estant aussi infiniment plus aimable, & que l'amour bien reglé commence par soy, il ne peut en toutes ses œuures auoir autre but que soy-mesme & sa gloire ; & encore sa gloire exterieure, & non l'interieure, de laquelle il n'est pas possible d'étendre les bornes, pour ce qu'elle n'en a point, n'estant autre chose que l'estime que Dieu fait de soy, & Dieu mesme. Dans cette pensée il dit par sainct Iean, *Ego sum alpha & omega, principium & finis.* Ie suis l'alpha & l'omega, le commencement & la fin ; le commencement pour créer les choses, & la fin pour les rapporter à moy ; & il auoit dit auparauant par Isaie, *Propter me, propter me faciam, & gloriam meam alteri non dabo, ego primus & ego nouißimus.* C'est pour moy, c'est pour moy que ie feray mes ouurages, & ie ne suis pas pour donner à vn autre la loüange qui m'en est deüe. Ie suis le premier, & ie suis le dernier ; le premier, pour conferer l'estre à mes creatures comme leur cause produisante, & le

Prou. 16. 4.

Apocal. 1. 8.

Ysai. c. 48. 11.

le dernier, pour les terminer & les referer à moy en qualité de leur fin. Et derechef: *Omnem, qui inuocat nomen meum, in gloriam meam creaui eum, formaui eum & feci eum.* I'ay creé tout homme qui inuoque mon nom, ie l'ay formé & ie l'ay fait pour mon honneur & ma gloire. Et sainct Augustin auec ces paroles rebatües, *Fecisti nos, Domine, ad te.* Seigneur, vous nous auez faits pour vous. De sorte que comme le fourreau est fait pour l'épée, & le gant pour la main, l'homme est formé pour Dieu, & pour luy procurer de la gloire.

Isaïæ cap. 47. 7.

Lib. 1. Conf. cap. 1.

La Fin donc & le dessein pour lequel Dieu a creé l'homme, a esté pour estre glorifié en luy & par luy; & à ce qu'il fut en état d'executer son dessein au point de son desir, il a resolu de le rendre bien-heureux en cette vie & en l'autre, & pour ce sujet de s'vnir intimement à luy. Certainement il n'estoit pas conuenable & il n'y auoit aucune apparence, que Dieu, qui est si sage & si auisé en tout ce qu'il fait, & qui le fait auec nombre, auec poids & mesure, cóme disent les sainctes lettres, fit l'homme, qui est la plus excellente & la plus parfaite de ses creatures, pour estre miserable; il l'a donc fait pour estre bien-heureux, & dés maintenant en la façon dont il est capable, & pour cela il veut s'vnir à luy. Car comme il n'est pas possible qu'vne chose, qui n'est pas blanche de soy, le deuienne si elle n'est vnie à la blancheur, ny qu'vn homme soit sçauant ou riche, s'il n'est pas doüé de science, &

Sap. 11. 21.

II. Part.        e

ne poſſede des richeſſes ; il ne peut non plus deuenir bien-heureux, ne l'eſtant pas de ſon chef, puiſque de ſoy il n'eſt rien, s'il n'eſt vny à ſa beatitude, qui eſt Dieu.

Or l'Homme peut-eſtre vny à Dieu en deux façons; la premiere, en cette vie, & la ſeconde en l'autre; Celle-là eſt par la grace,& celle-cy par la gloire; l'vnion auec Dieu par la grace ſe fait en l'aymant, & le ſeruant; celle de la gloire, en le voyant cóme il eſt. De ſorte que quand l'hóme aime, & ſert Dieu, il s'vnit à luy, parce que l'amour & les ſeruices qu'il luy réd, ſont les liens auec leſquels il ſe ioint & s'attache à luy, luy eſtant vny il le poſſede, le poſſedant il eſt bien-heureux, parce qu'il poſſede ſa beatitude comme il la peut auoir icy bas, & eſtant bien-heureux il le glorifie & luy rend l'honneur qu'il pretend de luy & pour lequel il l'a formé, qui eſt le dernier terme, où toutes les choſes aboutiſſent.

Demeurons-en donc là, que la fin de l'homme en cette vie eſt d'aimer & ſeruir Dieu, & par ce moien le glorifier, & voila ce grand principe, dont la connoiſſance eſt ſi neceſſaire à l'homme, & qui doit ſeruir de regle à toute ſa vie. Voila, où il doibt tendre de toutes ſes forces, & rapporter tout ce qu'il eſt & tout ce qu'il fait à ce but, parce qu'il n'eſt au monde que pour cela. *Deum time & mandata eius obſerua, hoc eſt enim omnis homo*, dit Salomon, Crain Dieu & obſerue ſes commandemens, car c'eſt pour cela que l'hóme eſt fait tout entier,

Eccl. 12. 13.

c'est ce qui le doit acheuer & le rendre parfait, & où consiste la felicité dont il peut iouïr en cette vie.

## SECTION I.

*Ce que signifie le mot de Fin.*

POur executer ce grand dessein & se prendre en vne affaire de telle consequéce d'vne bonne façon, il importe extremement de bien comprendre d'abord ce que signifie le mot de Fin.

Surquoy ie dis, que la Fin signifie necessairement & essentiellement deux choses, la premiere que c'est la perfection de la chose dont elle est la fin; & la seconde, que c'est sa beatitude. C'est sa perfection si asseurement, que hors de sa Fin il est impossible qu'elle soit iamais parfaite, quelque autre auantage ou quelque autre bien qu'elle possede; & que luy estant aussi vnie, elle ne le soit, encore que tout le reste luy manque. Si Dieu auoit étably la perfection de l'homme à estre peintre, & que l'accomplissement de sa nature dependit de cét art, il ne seroit iamais parfait ny accomply, à moins que d'estre peintre, quoy que d'ailleurs il eust des richesses immenses, qu'il fust tres-sçauant, qu'il fut grand Prince, Roy tres-puissant, & souuerain Pontife, si vous voulez; où au contraire dés qu'il auroit l'intelligence de cét

e ij

art, il deuiendroit parfait, & à proportion qu'il y, seroit plus habile, encore qu'il n'ût ny richesses, ny toutes ces autres qualitez glorieuses. Le nom de Fin nous conduit là par la main, & nous monstre euidément cette verité, parce qu'il exprime en sa signification que c'est là, où la chose finit, où elle s'acheue, où elle se consomme, & où elle acquiert sa perfection derniere, & les termes de son excellence, & que pour l'acquerir il faut par necessité qu'elle aille iusques-là ; & qu'aussi pour l'auoir, elle ne sçauroit passer outre, parce que ce sont là ses bornes & ses limites.

Dauantage la fin d'vne chose est sa beatitude & son repos; c'est là, où elle trouue sa felicité, sa paix, & tout son bien ; & hors de là elle ne peut auoir que des agitations, des troubles & des inquietudes continuelles : Aussi la Morale nous enseigne que la fin, le bien, & la beatitude s'vnissent d'intelligence & ne sont que des termes differens, qui signifient absolüment le mesme.

Or le pouuoir, que la Fin a de rendre vne chose bien-heureuse & de la mettre en repos, ne procede pas de ce que la fin est excellente, ou belle, ou riche, ou autrement qualifiée, mais precisément de ce qu'elle est la fin de cette chose. D'où vient que si Dieu nous auoit creés pour regarder le Soleil, ou pour viure en la compagnie d'vn Ange, nous serions plus contens & nous ressentirions plus de ioye dans ces actions, que de le contempler dans tout l'éclat de sa gloire, quoy qu'il ny ayt pas de comparaison pour tout de luy à eux pour la dignité & pour les attraits. Le Bœuf & l'Asne qui assistoient à la naissance de nostre Seigneur, & qui le voyoient dans la creche, encore qu'il fut les delices du Ciel & de la terre, & le plus rauissant objet sur lequel on pouuoit attacher les yeux, eussent esté pourtant plus aises de voir, celuy-là de l'herbe, & celui-cy des chardons, parce qu'ils ne sont point faits pour cela. Tant il est vray que la fin d'vne chose est sa felicité & la source de ses contentemens ; qu'elle va possedant d'autant plus qu'elle en joüit dauantage ; tout ainsi que plus on s'approche du Soleil plus on se remplit de lumiere, parce qu'il en est le principe, & plus on s'en éloigne plus on entre dans les tenebres.

## SECTION II.

*Puis que Dieu est nostre Fin, il est en suite nostre Perfection & nostre Beatitude.*

CEtte importante verité estant ainsi resoluë, que la fin d'vne chose est necessairement & sa perfection & sa beatitude, il faut inferer que puisque la fin de l'homme en cette vie consiste, ainsi que nous auons dit cy-dessus, à aimer & seruir Dieu, & par ce moien à s'vnir à luy, il sera parfait & content, s'il aime & sert Dieu, & le sera selon la mesure de l'amour, & du seruice qu'il luy

e iij

rendra; où s'il ne l'aime, & ne le sert pas, il sera toujours, quoy qu'il deuienne & quoy qu'il fasse, imparfait & miserable: comme il n'appartient qu'à la Fin d'acheuer & de perfectionner vne chose, si la nostre est d'aimer & honorer Dieu, rien autre ne nous pourra communiquer cette gloire.

Le sens commun & l'opinion de tous les hommes tire là, parce qu'vn pauure qui demande l'aumône & qui est denüé de tous les biens de cette vie, sera neanmoins iugé plus parfait, s'il est humble, patient & vertueux, qu'vn Prince riche, blasphemateur & vicieux. Et l'exemple des Demons monstre la mesme chose dans vn grand iour, parce qu'estans tres-sçauans, tres-forts & doüez de singuliers auantages pour la nature, ils ne laissent pas d'estre estimés horribles & abominables, & de passer pour les opprobres de l'vniuers, d'autât que s'éloignans de Dieu par leur peché, ils se sont éloignés en suite de leur fin, & consequemment de leur perfection, & sont par ce moien deuenus tres-imparfaits. C'est donc dans le seruice de Dieu & dans son amour, comme dans nostre fin, que nous deuons & chercher & treuuer nostre perfection.

C'est aussi là, que nous rencontrerons nostre contentement & nostre beatitude en cette vie, c'est là où est nostre Paradis & nostre paix en terre; hors de là n'attendez que des troubles & des amertumes. *Ecce*, dit Dauid comprenant l'vn &

SPIRITVEL. 39

l'autre, *qui elongant se à te, peribunt, perdidisti omnes qui fornicantur abs te; mihi autem adhærere Deo bonum est.* Voicy que ceux qui se retirent de vous, seront accablés de miseres & periront sans ressource; vous perdrez & ferez secher d'ennuis tous ceux, qui dans le monde ont quelque chose plus chere que vous. Mais moy, qui ay d'autres lumieres & d'autres pensées, i'estime que mon bien & tout mon bon-heur consiste à m'attacher inseparablement à Dieu. Dauid a grande raison de parler de cette sorte, parce que, comme dit sainct Paul, *Qui adhæret Domino, vnus spiritus est*, qui est vny à Dieu, se fait vn mesme esprit auec luy, & par la communication, que cette liaison luy donne de sa bonté, de sa sagesse, de ses richesses & de sa beatitude, il deuient bon, sage, puissant, riche, & bien-heureux.

*Cum inhæsero tibi ex omni me*, dit sainct Augustin à ce mesme propos, *omnino nusquam erit mihi dolor aut labor, & viua erit vita mea tota plena te: nunc autem quoniam plenus tui non sum, oneri mihi sum.* Quand ie vous seray entierement vny, & que tout ce qui est en moy, vous sera conioint, dès lors ie seray affranchi de douleur & de trauail, & toute ma vie sera viuante & pleine de ioye, parce qu'elle sera pleine de vous, mais pource qu'en beaucoup de choses ie suis vuide de vous, ie traîne vne vie languissante & suis pesant à moy-mesme. *Posuisti me contrarium tibi, & factus sum mihi metipsi grauis*, disoit Iob.

Psal. 72. 27.

Tabescere fecisti. Quidam vertunt.

1. Cor. 6. 17.

Lib. 10. Confess. cap. 28.

Cap. 7. 20.

En effet quand nous auons des peines, des ennuis & des fâcheries, considerons d'où elles viennent, & montons iusques à leur source, & nous treuuerons que c'est par ce que nous ne sommes pas bien auec Dieu en cela, que nous nous retirons de luy par quelque peché, ou par quelque resistance que nous apportons à ses volontez, & qu'en suite nous nous éloignons de nostre Fin, & par consequent de nostre Beatitude : où quand nous luy sommes vnis, & que nous viuons ensemble en liaison de grace & d'amour, nous auons des satisfactions nompareilles, & nous iouïssons d'vne abondance de tres-doux plaisirs; comme il arriue par fois à plusieurs, mesme fort imparfaits, lors qu'ils s'approchent du sainct Sacrement de l'Autel, que dans l'vnion qui se fait de leur ame à Dieu, ils sentent leur cœur bondir d'vne alegresse diuine & goûtent des delices, aupres desquelles ils auoüent qu'il n'y a rien de comparable icy bas. Or si vne si petite & si courte vnion auec Dieu peut produire des fruits si sauoureux, & rendre vn esprit si content, que ne fera point vne plus grande & plus longue, comme est celle des Saincts & des Ames parfaites, & quel torrent de ioye ne versera-t'elle pas dans leur cœur? C'est ce qui a donné sujet à ce dire commun & tres-veritable, que s'il y a des vraies ioyes & des contentemens solides en terre, ils sont en l'ame d'vn homme iuste.

*Lib. 10. Confess. cap. 22.*

*Absit Domine, absit à corde serui tui*, disoit encore
sainct

ainct Auguſtin dãs la meſme penſée, *vt quocúmq; audio gaudeam, beatum me putem; eſt enim gaudium quod non datur impijs, ſed ijs qui te gratis colunt, quorum gaudium tu ipſe es; & ipſa eſt beata vita gaudere ad te, de te, propter te; ipſa eſt enim, & non eſt altera.* Ià à Dieu ne plaiſe, que ie ſois ſi aueugle de croire que toute ſorte de contentements me puiſſe rendre content. Non, non, mais il y a vn certain contentement & vne certaine ioye, qui ne ſe donne point aux méchans, mais à ceux qui vous ſeruent de bon cœur, laquelle peut produire cét effet, & c'eſt vous meſme; car la vie bien-heureuſe, & la vraie felicité conſiſte à ſe réjoüir en vous, de vous, & pour vous; c'eſt là où elle eſt, & où l'on la treuuera, & non autre part.

*Dicite iuſto quoniam bene*, dit Dieu par Iſaïe, *væ impio in malum*, dites de ma part à l'homme iuſte qu'il ſera bien, & que ſes bonnes actions luy ouuriront la porte du vray contentement & du parfait repos. Oüy, mais, Seigneur, s'il eſt pauure, s'il eſt affligé, perſecuté, malade, que voulez vous que nous luy diſions? Dites-luy, qu'auec ſa pauureté, ſes afflictions, ſes perſecutions, ſes maladies, & tous ſes maux, il ſera bien-heureux & content: & au contraire faites ſçauoir au méchant, qu'encore qu'il ſoit riche, grand ſeigneur & puiſſant monarque, il ſera auec toutes ſes richeſſes, auec toutes ſes grandeurs & tout ſon pouuoir, triſte, mécôtent & malheureux. Parce que, *Tribulatio & anguſtia*, cóme dit l'Apoſtre, *in omnem ani-*

Iſaïe 3. 10.

Roman. 2. 9.

H. Part. f

*mam hominis operantis malum; gloria autem, & honor, & pax omni operanti bonum*, les tribulations & les angoisses sont le partage de tout homme qui fait mal, quel qu'il soit, où la gloire, l'honneur & la paix, sont l'heritage de tout homme qui fait bien.

Eccl. 11. 11.

*Via peccantium*, nous enseigne le sage fils de Sirach, *Complanata lapidibus, & in fine illorum inferi & tenebræ.* La voie des pecheurs, & le chemin, par où ils vont, est semé de pierres aigües & de cailloux taillés en pointe qui les percent & les ensanglantent, & qui encore apres les conduit aux Enfers & aux tenebres eternelles. Et Dauid deuant luy, *Contritio & infelicitas in vijs eorum, & viam pacis non cognouerunt.* Les remords de la conscience, les fraieurs & les infortunes sont leur apennage & les suites funestes de leurs actions mauuaises; ils ne sçauent ce que c'est de paix. *Non est pax impiis, dicit Dominus*, il n'y a point de paix pour les méchans, dit le Seigneur.

Psal. 13. 7.

Isaïe 57. 21.

Retournons à sainct Augustin, qui ayant dit ce que nous auons rapporté cy-dessus, *Fecisti nos Domine ad te*, adioûte comme vne consequence necessaire, *& inquietum est cor nostrum, donec requiescat in te.* Seigneur, vous nous auez creés pour vous, d'où nostre cœur souffre de continuelles inquietudes & n'est iamais en repos, iusques à ce qu'il ioüisse de vous: Et autre part fort elegamment *Væ animæ audaci, quæ sperauit, si à te recessisset, se aliquid melius habituram. Versa & reuersa in tergum, & i-*

Lib. 1. confess. cap. 5.

Lib. 6. confess. cap. 16.

*latera, & in ventrem, & dura sunt omnia; & tu solus requies.* Malheur à cette ame temeraire qui espere, que quittant Dieu, elle pourra estre mieux & rencontrer quelque chose qui luy donne plus de satisfaction que luy. Tourne & retourne toy, ame peruerse & aueugle, sur le dos, sur les costés & sur le ventre, i'entend sur les honneurs, sur les richesses, sur les plaisirs des sens, sur les sciences & sur tout ce que tu penseras te pouuoir contenter, & tu treuueras que tout est dur, que par tout il y a des épines & des ennuis, & qu'il n'y a point de vray repos qu'en Dieu seul.

Ainsi la colombe qui sortit de l'Arche, figure de l'ame, qui va rechercher sa felicité parmy les creatures, & qui ne treuuant pas où poser & reposer le pied; *Cum non inuenisset vbi requiesceret pes eius*, dit l'Ecriture, fut contrainte de retourner d'où elle estoit partie; & Noé, qui veut dire Repos & qui represente Dieu, la prit auec la main, & la remit dans l'Arche, luy faisant treuuer dedans ce qu'elle n'auoit peu rencontrer dehors: de mesme l'ame possede en Dieu son repos & sa paix, que la iouïssance de toutes les creatures ne sçauroit luy donner, & dont elle ne iouïra iamais sans déplaisir & sans dégoût.

Genes. 8. 9.

A vray dire vne coronne d'or ne guerira point la migraine, non plus qu'vne manche de brocatel n'apaisera pas la douleur que cause vn bras rompu: Antistene Prince des Sybarites se fit faire auec des frais excessifs & vne ambition prodi-

f ij

gieuse vne robbe de triomphe, sur laquelle il fit brocher tout le monde, l'Asie sur la manche droite, l'Afrique sur la gauche, l'Europe sur les bords, & les Cieux sur le corps. Les Carthaginois acheterent cette robbe deux millions d'or & la mirent en leur thresor. Cette robbe pourtant si riche & si precieuse n'ût pû guerir seulement vn froncle que ce Prince eust eu sur le dos. Les Elemens ne peuuent estre tranquilles ny paisibles que dans leur propre lieu; dehors, quelque part qu'ils soient, ils se remüent toujours & sont en des agitations perpetuelles: il en va ainsi de l'ame, il faut qu'elle soit en Dieu pour auoir son repos, parce qu'il est son lieu naturel ; *Deus tuus, locus tuus* ; c'est son centre, & le terme de ses mouuemens, qu'elle n'appaisera iamais, quoy qu'on luy fasse, & quoy qu'on luy donne, si elle ne luy est vnie.

Si Dieu vous donnoit les Cieux, la Terre & les Enfers, les Anges, les Hommes & les Demons, toutes les richesses, tous les plaisirs des sens, toutes les sciences, & tous les empires, de sorte que tout le monde absolûment fut à vous, autant qu'vne chose le peut estre, il ne sçauroit neantmoins auec cela, ny auec tous les autres mondes qu'il peut faire, & qu'il vous donneroit en propre, ny par aucun autre moien, quoy qu'il soit infiniment sage pour en inuenter, & tout puissant pour les executer, vous rendre content & bien-heureux, parce que tout cela n'est pas vostre

fin; & il y a de la contradiction & de l'impossibilité qu'vne chose treuue son contentement & son
bon-heur autre part, que dans sa Fin & dans la
ioüissance de ce pour quoy elle est faite; & Dieu
auec toute sa sagesse & tout son pouuoir ne sçauroit faire autrement, s'il ne changeoit la nature
de cette chose, & ne luy assignoit vne autre fin,
d'autant qu'il s'ensuiuroit que celle-cy seroit sa
fin, & ne le seroit pas, ce qui est euidemment impossible, parce que ces deux choses s'entrecho-
quent de front, & l'vne détruit necessairement
l'autre. Ainsi il en faut toujours reuenir là, que
quoy que l'homme possede tous les biens creés
& tout ce qui est possible, il sera neanmoins toujours infailliblement malheureux, s'il ne possede
Dieu, parce que Dieu seul est sa Fin, & en suite sa
Beatitude.

## SECTION III.

*Vne autre raison de cette Verité.*

DAuantage comme Dieu a creé l'ame de
l'homme à son image, & qu'il l'a faite d'vne
étenduë tres-vaste, & luy a donné vne capacité
immense, rien que luy ne la peut remplir, parce
qu'il est infini. *Minuisti eum*, dit le Roy Prophete, Psalm. 8. 6.
*paulominus ab Angelis*, & comme d'autres tradui-
sent de l'Hebreu, *à Deo*, vous auez rendu l'hom- Pagninus
me vn peu moindre que Dieu, pource qu'il n'y a מאלהים
vertit à Deo.
f iij

que Dieu seul qui luy soit proportionné, & que toutes les choses creées, pour grandes qu'elles puissent estre, ne luy sont point de mesure: de sorte que quoy que Dieu luy baille hors de soy, c'est comme s'il jettoit vn moucheron dans la gueule beante d'vn lyon affamé, ou vne goutte d'eau dans vn grand abysme.

*Eccl. 5. 9.* *Auarus non implebitur pecuniâ*, dit le Sage, l'auaricieux ne sera iamais content, quelque gain qu'il fasse, il en voudra toujours faire de nouueaux. L'or & l'argēt, qu'il amassera, pourrōt bien replir ses coffres, mais non pas remplir son cœur ny appaiser sa conuoitise: Il en est de mesme des ambitieux pour les honneurs, des voluptueux pour les plaisirs, des curieux pour les sciences, & de tous ceux qui cherchent leur satisfaction & leur rassasiement parmy les creatures, où ils ne le treuueront iamais, mais ce sera toujours à recommencer, & leur cœur souffrira perpetuellement des vuides. *Anima rationalis*, disoit sainct Bernard,

*Super: ecce nos reliquimus omnia.* *creatis rebus occupari potest, repleri non potest.* L'ame raisonable peut bien estre amusée & occupée des choses creées, mais non pas remplie.

*Lib. 13. Confess. cap. 8.* Et sainct Augustin, *In ipsa misera inquietudine defluentium spirituum satis ostendis, quàm magnam creaturam rationalem feceris, cui nullo modo sufficit ad beatam requiem quicquid te minus est, ac per hoc nec ipsa sibi.* Par les miserables inquietudes, que souffrent les esprits qui s'éloignent de vous, vous nous monstrés clairement comme vous auez fait la creature rai-

SPIRITVEL. 47

...able extremement grande & capable, puis...
...e rien moins que vous ne la peut contenter ny
...isfaire son desir, si que ny elle ny aucune autre
...ose n'est sa beatitude.

A la verité cette grande auidité, cét empresse-
...ent inquiet & cette curiosité insatiable que
...us auons de voir, d'oüir, de sçauoir, & de posse-
...er toujours quelque chose nouuelle, est vne
...arque euidente que ces choses veües, ouïes,
...onnües & possedées ne sont pas nostre fin, &
...ue par ces questes & ces recherches nous l'al-
...ons cherchans; parce que l'essence & le propre
...ffet de la Fin est de calmer le cœur, d'appaiser les
...esirs de l'ame, de la mettre en repos, & luy don-
...er vne assiete de tranquillité, ainsi que nous le
...oyons aux elemens, parmy lesquels les pesants
...ont plus de pesanteur quand ils sont dans leur
...entre, & les legers perdent leur legereté lors
...u'ils sont arriués à leur sphere.

Apres sainct Augustin adiouste dans le mesme
...entiment. *Hoc tantum scio quia male est mihi præter
...e, non solum extra me, sed & in meipso, & omnis mihi
...opia, quæ Deus meus non est, egestas est.* Ie sçay vne
chose auec toute sorte de certitude, que sans
vous ie suis tout mal, & ne puis treuuer de repos
non seulement hors de moy, mais encore dans
moy-mesme, & que toute l'abondance de quoy
que ce soit, qui n'est pas mon Dieu, m'est vne insupportable pauureté. Les Hommes appellent
bien à propos, sans toutefois y penser, les passe-

temps, les jeux, les ébats, des diuertiſſemens, par ce qu'ils ne font que diuertir & detourner la ſouuenance des amertumes & des chagrins, dont vne ame, qui s'eſt éloignée de Dieu, eſt tourmentée, & endormir pour vn peu le ſentiment des bleſſures dont elle eſt navrée, mais qui retournent bien-toſt apres; par ce que le cœur qui n'eſt pas bien auec Dieu, ne ſçauroit eſtre bien auec ſoy-meſme.

### SECTION IV.

#### Concluſion de ce Poinct.

Voila donc la fin de l'Homme, qui eſt d'aimer, honorer & ſeruir Dieu, & en l'aimant, l'honorant, & le ſeruant s'vnir à luy, en s'vniſſant à luy le poſſeder, & en le poſſedant eſtre parfait & bien-heureux, & par ce moyen le glorifier côme il le demande. Voila le deſſein pour lequel il l'a tiré du neant & l'a mis au monde, & pour lequel il l'y conſerue.

Qui eſt ſans doute le deſſein le plus noble, & la fin la plus auantageuſe & la plus parfaite de tout poinct, qu'il pouuoit luy dôner, attendu que c'eſt la ſienne propre, puis qu'il n'a point d'autre fin, ny d'autre felicité, que de s'aimer, de ſe glorifier, & iouïr de ſoy-meſme. Quand nous poſſederions tous les mondes imaginables, cette poſſeſſion ſeroit toujours infiniment au deſſous de

celle

elle de Dieu, par ce que les creatures ne sont elles mesmes que des neants & de miserables Cisternes creusées, pour parler auec Ieremie, qui *Cap. 2. 13.* ne sçauroient retenir leurs eaux; où Dieu est vne fontaine d'eau viue & la source inépuisable de tous biens. O que l'homme est heureux, & que ce luy est vn grand sujet d'vne ineffable ioye de n'auoir que Dieu seul pour sa Fin! de sorte que Dieu seul est sa gloire, sa richesse, son contentement & sa beatitude. Et à qui ne suffira-t'il, & de qui ne contentera-il les desirs, puis qu'il suffit bien à soy-mesme, estant neanmoins infiny, & ayant vne capacité qui n'a point de bornes?

Il faut donc imprimer profondement cette grande verité dans nos esprits, il faut nous la repasser souuent par la memoire, & nous inculquer continuellement & sans crainte de dégoût, que nostre fin en cette vie est d'aimer, honorer & seruir Dieu; que si c'est nostre fin, c'est necessairement nostre perfection & nostre felicité ; que hors delà nous serons toujours, quoy que nous deuenions & quoy que nous fassions, tachez de defauts & remplis de miseres. Qu'estans venus au monde pour ce sujet & pour cét employ, nous voulons nous y appliquer, & que n'y estans venus que pour cela, nous ne voulons nous appliquer qu'à cela, nous deliurans de cét aueuglement general, dans lequel la plusspart des hommes sont plongez, qui n'estans au monde precisement que pour vaquer au soin de leur salut, & se

II. Part. g

porter à la fin pour laquelle Dieu les a creés, c'est à quoy ils pensent le moins, mais s'emploiët à toutes autres choses, passans leur vie en des trauaux infructueux, en des occupations impertinentes & de vaines intrigues. *Solummodo hoc inueni*, dit le Sage, *quod fecerit Deus hominem rectum, & ipse se infinitis miscuerit quæstionibus*. Apres auoir bien cherché, i'ay treuué que Dieu auoit fait l'homme auec vne inclination de tendre droitement à sa fin, comme les Elemens & toutes les choses vont aux leurs par des lignes directes, & neanmoins qu'au lieu d'aller là, où seulement se trouue son salut & son bon-heur, il s'amuse inconsiderement à mille questions friuoles & s'embarasse l'esprit d'vne infinité de choses inutiles.

*Eccl. 7. 30.*

*Sebastianus Brant in sua Narragonia.*

Folie extreme, qu'vn certain auteur du siecle passé a fort bien representée dans vn bel embleme, où il fait voir vn homme, qui porte sur son dos le globe de l'vniuers, dans lequel il y a des villes, des chasteaux, des montaignes, des forests, des vaisseaux vogans sur la mer, & choses semblables, & qui chargé de ce fardeau tres-lourd & insupportable marche courbé, s'appuyant des deux mains sur ses deux genoux, & suant à grosses gouttes; mais au reste habillé en fol dans ce trauail auec vn robbe & vn chapperon de fol, & auec de grandes oreilles d'asne, & au pied du tableau, ces belles paroles de l'Ecclesiastique pour instruction. *Altiora te ne quæsieris, & fortiora te ne scrutatus fueris, sed quæ præcepit tibi Deus, illa cogita*

*Eccl. 3. 22.*

*temper.* Ne porte point tes pensées ny tes entreprises au delà de ta condition, arreste toy à ce que tu es, & renferme tes desirs & tes desseins dans les bornes que Dieu t'a marquées; considere ce qu'il te commande & pourquoy il t'a fait, & employe toy à cét ouurage: tu n'as que cela à faire.

*Porro vnum est necessarium*, comme dit nostre Seigneur, apres tout il n'y a qu'vne chose necessaire, qui est de faire nostre salut, & d'arriuer à nostre fin. Ie peins pour l'eternité, disoit cét ancien peintre, *Æternitati pingo*, comme nous sommes creés pour l'eternité, nous deuons penser, parler, & agir pour l'eternité, aussi bien tous les efforts, que nous ferions pour nous rendre bienheureux par la possession des creatures, seroient inutiles, & nos peines perdües; au lieu de tirer droit à nostre bon-heur, nous luy tournerions le dos, & pensans tenir le chemin de nostre repos, nous prendrions celuy de nostre trouble. Pour cette cause il faut nous resoudre tout à fait & nous determiner irreuocablement de tendre là, & d'employer tous nos soins pour y paruenir. Voions-en maintenant les moiens.

Luc 10. 42.

g ij

## SECTION V.

### Des Moiens pour arriuer à cette Fin.

COmme Dieu est infiniment sage en la production de ses Creatures, quand il leur a assigné leurs Fins, & leur a marqué où elles doiuent tendre pour treuuer leur perfection & leur beatitude, il leur donne toujours en suite les moiens propres & conuenables pour y ateindre. Ainsi faisant les oiseaux pour voler, & les animaux de la terre pour marcher, il a baillé à ceuxlà des aisles, & à ceux-cy des pieds, & en general il ne se treuuera pas vne creature, à qui il n'ait fourni tout ce qu'il luy faut pour paruenir cómodement & infailliblement à sa fin. Or comme la fin de l'homme, en ce monde est, ainsi que nous auons dit, d'aimer, honorer, & seruir Dieu, il faut conclure que Dieu l'aura pourueu des choses necessaires à ce dessein, & ne l'aura laissé pour l'execution manquer de rien.

A la verité ce seroit vne chose étrange & extremement hors de raison, que Dieu ayant dóné à vn cheual, à vne mouche & à vn serpent tout ce, dont ils ont besoin pour arriuer à leurs fins, & à la perfection dont leur nature est capable, il l'ût refusé à l'hóme qui est le plus riche de ses ouurages, & pour qui & le cheual, & toutes les creatures visibles sont produites ; il luy aura donc sans

toute distribué les moiens propres pour acque-
ir la sienne, & d'autant plus abondamment, qu'il
est plus excellent & plus noble.

Ces moiens sont de deux sortes, il en est de naturels & de surnaturels : les naturels sont les
Cieux, le Soleil, la Lune, les Etoilles, les Elemens,
les Pierres, les Mineraux, les Plantes, les Animaux, & toutes les Creatures de l'Vniuers, parce
que Dieu ne les a pas faites immediatemét pour
soy, puis qu'elles ne luy sont point du tout necessaires, attendu qu'il s'en est passé vne eternité; ny
pour les Anges, qui sont des Esprits purs, & qui
n'ont besoin pour leur conseruation & pour leur
felicité que de Dieu seul; ny aussi pour elles mesmes, veu qu'elles ne sçauent pas seulement si elles sont au monde ; c'est donc pour le bien des
hommes qu'il leur a donné l'estre & qu'il le leur
conserue. De plus ces moyens sont les richesses &
la pauureté, les honneurs & les deshonneurs, les
plaisirs & les déplaisirs, la santé & la maladie, la
vie & la mort, & generalement tout ce qui nous
arriue en cette vie, il n'y a que le peché seul, lequel n'est point de la partie, mais qui nous y sert
d'obstacle.

Les surnaturels sont Nostre Seigneur, comme
le principal, qui pour ce sujet est appellé par excellence, le Mediateur. Nostre Dame, les Sacremens, les Graces, l'habituelle, & les actuelles, les
sainctes Lettres, les bons liures, les predications,
les instructions particulieres, & tout ce qui entre

dans l'ordre de la grace. Voyla les moyens que Dieu nous a donez pour paruenir à noſtre fin, qui ſont tous fort propres & fort excellés; auſſi Moyſe dit que Dieu conſiderant tous ſes ouurages, apres qu'il les eut faits, treuua qu'ils eſtoient *valde bona*, fort bons ; apres qui l'Eccleſiaſtique leur donne encore ce témoignage, *Opera Domini vniuerſa bona valde*, tous les œuures de Dieu ſont tres-bons. Ce qui ſe doibt entendre non ſeulement de la bonté naturelle, qui eſt oppoſée au neant, mais encore d'vne certaine bonté morale, qui les rend tous tres-propres pour executer ce pour quoy Dieu les a faits, qui eſt de ſeruir à l'homme pour le ſauuer.

*Geneſ. 1. 31.*

*Cap. 39. 21.*

### SECTION VI.

*Ce que ſignifie le nom de Moyen.*

OR comme nous auons remarqué cy-deſſus, que pour bien entrer dans la connoiſſance & dás la pratique de cette importante verité, ſur laquelle noſtre ſalut, noſtre perfection, & noſtre beatitude eſt établie, il falloit bien entendre ce que ſignifie le nom de Fin & en penetrer l'intelligence, nous diſons maintenant de meſme qu'il eſt abſolument neceſſaire de comprendre ce que veut dire le nom de Moyen, & ſçauoir iuſques au fond ſa nature, & ce que c'eſt d'eſtre moyen d'vne fin: ſur quoy ie dis

Premierement, que le moyen d'vne fin eſt vn ayde & vn ſecours, auec lequel on peut arriuer à cette fin.

Secondement, que toute la bonté & toute l'ex-cellence du moyen eſt, comme enſeigne Ariſto-te, relatiue & non point abſoluë, c'eſt à dire, qu'il ne prend pas la bonté ny l'excellence, qu'il a en qualité de moyen, dans ſon propre fond, mais l'emprunte de ſa fin, & conſiſte en la vertu qu'il a d'y conduire; de ſorte qu'il eſt bon, entant qu'il conduit à la fin, & poſſede autant de degrez de bonté qu'il en a de force pour y porter; ſi qu'à proportion qu'il y porte plus droit & y fait arriuer pluſtoſt, plus aſſurément & plus parfaitement, il va croiſſant en eſtime de bonté & d'excellence. Ainſi diſons nous qu'vne medecine eſt bonne, encore qu'elle ſoit amere, parce qu'elle nous a rendu la ſanté; où vne autre, qui aura eſté douce & facile à prendre, eſt iugée mauuaiſe, quand el-le ne nous a point ſoulagez; parce qu'vn couteau eſt fait pour couper, l'on dit qu'il eſt bon quand il coupe bien, quoy que le manche n'en ſoit que de bois ſimple & vermoulu; mais s'il l'auoit de fin or, & qu'il ne coupaſt point, on diroit qu'il ne vaut rien, & on ne voudroit pas s'en ſeruir.

Ie dis en troiſiéme lieu, que le moyen n'eſt moyé que par rapport à l'vſage qu'on en fait; dont il a vne dependance ſi grande & ſi eſſentielle, qu'il peruertit ſa nature quand on s'en ſert mal, que le mauuais employ l'empoiſonne, & d'vn moyen en

*1. Ethic. c. 1.*
*3. Topic. c. 1.*

fait vn empeschement. Pour bonne & salutaire que soit vne medecine, si vous desirez qu'elle fasse son operation & vous remette en santé, il faut que vous la preniez, & qu'apres l'auoir prise, vous la gardiez selon les regles des medecins, à quoy, si vous manqués, au lieu de guerir voſtre maladie, elle sera pour l'empirer. Le meilleur pain du monde, qui peut eſtre vn excellent moyen de voſtre santé, ne le sera pas si vous ne le mangez comme la nature le demande, car le prenant autrement, & si vous l'aualez sans le maſcher, il vous sera tres-nuiſible. Voulez-vous que le couſteau, que vous trouuez sur la table, vous rende le seruice pour lequel on l'y a mis, prenez garde de le manier bien droit; car si vous le tournez de trauers, penſant couper voſtre pain il vous coupera le doigt; que meſme plus il eſt trenchant & affilé, & enſuite plus propre pour couper voſtre viande si vous en vſez bien, plus il eſt capable, si vous vous en seruez mal, de vous couper le doigt & de vous rendre apres inhabile à couper ce qu'il vous faut. Ainsi donc le moyen pour eſtre moyen & en état de produire son effet, depend abſolument du bon vſage.

SECTION VII

## SECTION VII.

*Toutes les Creatures nous sont des moiens de nostre salut.*

SViuant cela nous disons, que puisque Dieu a donné à l'homme toutes les creatures de l'vniuers, puis qu'il luy enuoie les richesses, la pauureté, les honneurs, les des-honneurs, la santé, la maladie, & generalement tous les accidens de bonne & de mauuaise fortune, ainsi qu'on les appelle, comme des moiens pour arriuer à sa fin, qui est de l'aimer, l'honorer & le seruir, il faut necessairement inferer qu'elles ont toutes la force de l'y conduire.

Il n'y a pas vne chose au monde, laquelle Dieu n'ait faite pour aider l'homme à se sauuer & à le rendre bien-heureux. Le Soleil n'est pas tant Soleil, ny la Rose tant Rose dans le dessein de Dieu, comme ils sont moiens à l'homme de son salut, & instrumens de sa perfection. Certainement nous ne pouuons douter que le Soleil & la Rose & toutes les Creatures ne soient ce qu'elles sont, & ne possedent l'essence & les proprietez dont Dieu le Createur les a assorties, mais pourtant sa premiere & principale intention n'a pas esté de les faire telles pour estre telles, mais pour seruir de moiens & d'aides à l'homme, afin qu'il pût se sauuer & luy estre côme des échelles pour mon-

II. Part. h

ter à sa felicité. Et la raison de cecy est, parce que, comme dit le Philosophe, *Deterius est semper gratiâ melioris*; les choses imparfaites se rapportent toujours à celles qui ont plus de perfection, en suite de quoy nous disons que les corporelles sont produites pour les spirituelles, & celles qui passent auec le temps pour les eternelles. Ainsi Dieu n'a pas creé le Soleil principalement pour estre Soleil & paroistre le matin à nos yeux auec tant de beauté & coroné de lumiere, ny la Rose pour nous monstrer son teint delicat & embaumer l'air de son parfum, mais pour porter l'homme à son salut & luy tenir lieu de moiens pour paruenir à sa fin; ne plus ne moins qu'vn Artisan ne fait iamais vn coûteau ny vne épée pour estre simplement épée & coûteau, mais premierement pour estre des instrumens à couper.

De cette sorte toutes les creatures & tout ce qui nous arriue en cette vie, à l'exclusion du peché seul, nous sont par l'institution de Dieu des moiens & des aides pour operer nostre salut. Rien en ce monde ne vient à nous auec vn visage d'ennemy, ny la faim, ny la soif, ny la disete, ny les mépris, ny les maladies, ny aucune chose de toutes celles qu'on estime contraires, mais toujours auec vn visage d'amy, parce qu'il vient auec vn visage de moien, & par consequent de secours. Il est vray que la maladie vous aborde & vous attaque auec vn visage d'ennemi de vostre santé, & la disete d'ennemi de vos richesses, mais non pas

*1. Polit. cap. 5.*

l'ennemi de voſtre fin & de voſtre beatitude, qui conſiſte en cette vie à aimer & honorer Dieu, à quoy elles peuuent contribuër beaucoup. C'eſt vne choſe douce à penſer que dans le Chriſtianiſme tout nous peut eſtre vtile, ſi nous voulons: noſtre vaiſſeau va auſſi bien au port par la tempeſte que par le calme, & vn vent contraire ne nous eſt pas moins fauorable qu'vn bon; la pauureté nous enrichit autant que les richeſſes, on monte à la gloire par les opprobres de meſme que par les loüanges, & les afflictions nous ouurent la porte de la felicité comme les plaiſirs: ſi ce n'eſt qu'elles le font encore mieux, & ainſi nous ſont plus auantageuſes.

Diſons encore vne fois. C'eſt vne tres-grande & tres-ſolide conſolation de conſiderer qu'il n'y a choſe aucune dans l'Vniuers, ny aucun accident qui nous arriue, ſoit pauureté, ſoit mépris, infamie, priſon, banniſſement, affliction d'eſprit, maladie, mort, ny quoy que ce ſoit, qui puiſſe nuire à noſtre ſalut ſi nous ne voulons; & bien plus, qui ne puiſſe y ſeruir extremement & nous eſtre vn excellent moien de noſtre perfection & de noſtre beatitude. Le Docteur Angelique parlant de Dieu nous donne cette belle lumiere pour nous faire voir vne verité fort remarquable, qui fait bien à ce propos; *Mos Dei, dit-il, quod omnia opera ſua in ſummo bene facit, vt melius excogitari non poſſit, & pro illo tempore melius fieri non poſſet.* Le procedé que Dieu tient en

Opuſcul. 62.

ses ouurages, est de les faire tous, quand ce ne seroit qu'vn grain de sable & vne goutte de pluye, auec toute la perfection possible; de sorte qu'on ne sçauroit, attendu la fin qu'il y pretend, faire mieux, ny mesme par pensée.

Partant toutes les aduersitez qui nous viennent, toutes les persecutions qu'on nous suscite, quand la faim, la guerre, la peste, & les autres maux nous assiegent, nous deuons regarder tout cela comme des moiens exactement aiustez au dessein de Dieu, & qui se tiennent auec des liaisons étroites, & des nœuds cachez à la Fin qu'il a de nous sauuer, quoy que non pas toujours à celle que nostre nature corrompüe se propose. La pluie n'est pas au gré du voyageur ny conforme à l'intention qu'il a de faire son voyage par vn beau temps, non plus que la gréle à celle du vigneron qui soûpire apres vne belle vendange, mais elles le sont toujours à celle de Dieu. La raison de cecy se doit tirer du mesme sainct Docteur qui dit, *Optimi agentis est producere totum effectum suum optimum.* C'est le propre d'vne cause parfaite d'agir parfaitemét, & de donner à sa besogne toute l'excellence dont elle est capable; comme vn peintre consommé, vn Michel l'Ange, ou vn Raphael d'Vrbin ne sçauroit faire vne mauuaise peinture, parce qu'il ne peut la faire, ny donner aucun trait de pinceau que selon les parfaites idées qu'il a de son art. Dieu de mesme ne peut errer dans les moiens qu'il nous baille pour nous conduire à

*,Part. q. 47.
art. 2. ad 2.
& 1. contr.
gent. cap 75.*

nostre fin, pource qu'il les choisit tous suiuant les regles de son infinie Sagesse, & de son extréme Bonté, de sorte que tout ce qui nous vient de sa part, pour incommode qu'il soit, ou pour étrange qu'il nous paroisse, est en soy tres-propre pour nous mener à luy, & nous deuons en auoir cette estime.

Oüy mais, direz vous, il combat directement mes interests, mon honneur, mes contentemens; cela peut-estre, mais il ne combat pas vostre salut. Si on nous commandoit de nous transporter à l'Orient, & que pour y aller, on nous fit luy tourner le dos & prendre le chemin du Couchât, il est vray que ce commandement seroit contraire à cette fin immediate d'aller à l'Orient, mais non pas à nostre fin derniere & principale, qui est de nous sauuer, à quoy ce chemin diametralement opposé, estant bien pris & fait pour l'amour de Dieu, peut beaucoup seruir.

Puis donc que tout ce qui est dans l'Vniuers, & en particulier tout ce que nostre nature estime d'affligeant, est en verité par l'institution & dans le dessein infaillible de Dieu vn moien pour nous faire arriuer à nostre fin, & en suite pour nous rendre bien-heureux, il faut que nous en formiós ce iugement & le regardions comme tel, & la premiere idée que nous deuons prendre de toutes les choses, & ce qui en elles nous doit frapper d'abord, est la qualité & la vertu qu'elles ont de nous faire operer nostre salut, & nous porter à

h iij

Dieu. Quand nous voyons le Soleil & les Astres, quand nous iettons les yeux sur les campagnes, sur les arbres, sur les fleurs, sur les riuieres & sur les animaux; quand on nous parle de guerres, de famines, de mortalités, de disgraces, & de toute sorte de maux, nous deuons dire, voila des moiés de me sauuer, si ie veux, voila des instrumens de ma perfection, & autant d'échelles que Dieu me dresse pour monter à luy.

De plus, comme toutes les choses nous peuuent porter à Dieu, & ont la vertu de nous faire operer nostre salut, nous deuons estre indifferens à toutes, & n'y auoir qu'vne application simple comme à des instrumens dont on se sert, parce qu'ils sont vtiles, & que l'on n'emploie qu'en tant & qu'autant qu'ils sont vtiles & qu'ils peuuent seruir. Certes si toutes les creatures ne nous sont données de Dieu que pour l'aimer & le benir, il n'y a aucune raison de les rechercher ny de prendre aucune liaison auec elles que dans cette veüe & ce rapport, qui seul les fait meriter nostre amour, & les rend dignes de nostre vsage.

## SECTION VIII.

*Il faut pourtant du discernement dans le choix de ces moiens.*

ENcore que ce que nous venons de dire soit vray, que toutes les creatures, les richesses, la pauureté, les hôneurs, les abbaissemens, la santé, la maladie, & generalement tout ce qui arriue dans le cours de la vie humaine, excepté le peché, soient autant de moiens, que Dieu a donnez à l'homme pour acquerir la fin, à laquelle il l'a destiné; il faut neanmoins auoüer, que toutes les choses n'ont pas vne égale bonté, ny vne force pareille pour l'y aider, mais que comme les dispositions du corps & de l'ame, les inclinations & les humeurs sont differentes parmy les hommes, qu'aussi ce qui peut estre fort profitable à l'vn ne le sera pas tant à l'autre, ou mesme luy sera nuisible. La santé est bonne à celuy-là pour son salut, elle ne vaudroit rien à celuy-cy pour le sien, il luy faut des maladies & vne complexion imbecille; Les aduersitez conduiront celuy-là en Paradis, que les prosperitez eussent mené en enfer; Les Richesses ont sauué sainct Louys, mais elles perdroient celuy que Dieu appelle à l'estat religieux; Les dignités & les hôneurs ont seruy de marches à sainct Gregoire le grand, pour l'éleuer au comble de la perfection & l'ont fait plus humble, où elles enfleroient plusieurs autres & les rendroiét insolens & contre Dieu & contre les hommes.

Sap. 14. 11.

C'est pourquoy le Sage dit que les creatures sont aux esprits foibles & peu rusez, *intentationem & in muscipulam*, des pieges & des souricieres, où par l'appas d'vn petit gain, d'vne fumée d'honneur, ou d'vn plaisir sensuel le diable les attrape.

Cap. 4. 11.

βεμβασμός ὀπιθυμίας ἰσχύει κακόν.

Et encore autre part, *Fascinatio nugacitatis obscurat bona, & inconstantia concupiscentiæ transuertit sensum sine malitiâ*. Que des choses tres-legeres & des bagatelles ont vn certain charme pour les ames mal-aduisées & qui ne se defient point, dont elles enchantent & ensorcelent leurs sens, & par les sens leur esprit, & qui par vne funeste magie & vne deplorable illusion leur fait paroître mauuaises les choses bonnes, & bonnes les mauuaises, mépriser celles qui meritent de l'estime, & estimer celles qui sont dignes de mépris; Apres quoy l'impetuosité de la concupiscence & l'ardeur d'vne passion déreglée tourne la teste à vn pauure homme, & puis le fait choir en des abysmes de malheurs. Il faut donc apporter du discernement & du choix aux moiens de nostre salut, & les pezer auec nostre naturel & nostre condition.

Et remarquer qu'y en ayant de meilleurs les vns que les autres, la Prudence, de qui l'action principale est de tendre à sa fin & à son bon-heur par les moiens les plus propres & les plus efficaces, nous enseigne de les prendre. De deux coûteaux

SPIRITVEL. 65

teaux également bons qu'on presente à vn homme sage, il ne se met pas en peine lequel des deux on luy baille, parce que comme il n'y a point de difference entre eux pour le seruice qu'il en pretend, il n'y a point aussi de fondement de choix; mais si l'vn est bien aiguisé & coupe plus nettement que l'autre, il le luy preferera sans doute & mettra incontinent la main dessus.

Nous deuons faire le mesme touchant les moiés de nostre salut, y emploians ceux que nous sçauons nous y pouuoir aduancer dauantage, encore que quelquefois ils soient plus fascheux; c'est assez pour les embrasser qu'ils y soient plus vtiles. Le malade bien auisé, & qui a vn vray desir de recouurer sa santé, ne s'arreste pas à l'amertume de la medecine qu'il luy faut aualer, il luy suffit de connoître qu'elle luy est necessaire, & qu'elle le guerira infailliblement. Le voiageur qui rencontre deux chemins, dont l'vn est plat & vny, tapissé d'vne agreable verdure, bordé d'vne belle riuiere, & sous des arbres touffus qui font vne ombre plaisante; L'autre au contraire fangeux, raboteux & fort malaisé, ne prend pas garde à cette diuersité, mais seulement à celuy qui le conduit à son but, parce qu'il n'a point d'autre raison pour tenir l'vn plutost que l'autre, sinon qu'il le méne au lieu où il veut aller. C'est aussi ce qui nous doit regler en l'vsage des creatures, & en la preference de l'vne à l'autre, qu'elles nous portent à nostre salut & à Dieu, & nous y portent

II. Part. i

plus promptement, plus feurement & plus parfaitement.

## SECTION IX.

*Le bon vsage est essentiel au moien.*

MAis ce qui reste à dire, & qui est le plus considerable en ces moiens de nostre salut, est leur vsage, parce que de l'vsage depend tout, & c'est l'vsage qui rend le moien propremét & effectiuemét moien, ou qui d'vn moien en fait vn empeschement. Comme il n'y a aucune chose au monde, ainsi que nous auons dit, qui ne puisse grandement seruir à nostre salut, i'adioûte maintenant qu'il n'y en a point aussi qui ne puisse y beaucoup nuire. Il n'est rien dás l'Vniuers qui ne soit capable de nous estre extremement vtile, & au contraire de nous deuenir tres dommageable, de nous faire beaucoup de biens & beaucoup de maux, & nous estre vn moien d'vnion & de des-vnion auec Dieu, c'est selon l'vsage que nous en ferons.

Dieu vous comble de richesses, il vous met dans les honneurs, & vous releue pardessus les autres en puissance, tout cela vous sanctifiera & vous sauuera, si vous en faites vn bon employ, où, si vous en abusez, il se tournera contre vous & sera la cause de vostre ruine. Vous estes affligé, vous estes persecuté, malade, prisonnier, les afflictiós, les persecutions, les maladies & la prison produiront en vous les effets que vous voudrez, conformes à l'application que vous en ferez & au tour que vous leur donnerez. Car si vous prenez ces maux du bon biais, auec patience, auec resignation & auec benediction de Dieu, ils auanceront notablement vostre salut, vous acquerront des thresors de biens celestes, & vous vniront étroitement auec Dieu, lequel se treuuera aussi bien dans la prison, puis qu'il est par tout, pour se donner à vous, que dans vne Eglise : Au contraire si vous les receuez de trauers, auec des impatiences, auec des murmures & des dépits, ils mettront le diuorce entre vous deux, & vous seront tres-preiudiciables.

*Omnia munda mundis*, dit sainct Paul, *coinquinatis autem & infidelibus nihil est mundum*. Tout est bon & net à ceux qui ont la conscience pure, & qui se seruent des choses dans l'ordre & selon les desseins de Dieu; mais tout est mauuais aux peruers, qui par leur attouchement & par l'vsage déreglé qu'ils en font, le gastent & le souillent; comme feroit celuy qui auec des mains pleines d'ordures saliroit vn beau vase d'or, qui estoit fait pour sa commodité & pour sa gloire. Et deuant luy l'Ecclesiastique. *Initium necessaria rei vitæ hominum, aqua, ignis, & ferrum, sal, lac, & panis similagineus & mel, & botrus vuæ, & oleum, & vestimentum: Hæc omnia sanctis in bona; sic & impijs & peccatoribus in mala conuertentur.* De toutes les choses, que Dieu a pro-

Tit. 1. 15.

Cap. 39. 32.

duites pour subuenir aux necessités de la vie des hommes, voicy les principales, l'eau, le feu, le fer, le sel, le froment, le miel, le fruit de la vigne, l'huile & le vétement: les Iustes, qui vsent de ces biens legitimement & suiuant la fin de leur production, en tirent de grands aduantages, non seulement pour la santé de leurs corps, mais encore pour celle de leurs ames; mais les impies & les pecheurs en abusans, les conuertissent à leur dommage, & en font des instrumens de leur perte temporelle & eternelle. Et deuant l'Ecclesiastique le Prophete Royal auoit dit: *Magna opera Domini, exquisita in omnes voluntates eius.* Et derechef auec vn esprit raui d'admiration il s'écrie. *Quàm magnificata sunt opera tua, Domine, nimis profundæ factæ sunt cogitationes tuæ; vir insipiens non cognoscet, & stultus non intelliget hæc.* O Seigneur, que vos œuures sont grandes, & qu'elles éclatent d'vne haute & brillante sagesse! que tout ce que vous faites est parfaitement bien ajusté à vos desseins, & qu'il est propre pour arriuer aux fins; pour lesquelles vous les produisez! L'homme toutefois sensuel & brutal, qui ne regarde les choses que dans sa passion, & le sage mondain lequel se conduit seulement par les regles de la prudence humaine, qui le rend vn vray fol en l'affaire de son salut, n'auront pas l'esprit de voir ce bel ordre, & de prendre les ouurages de Dieu dans cette droiture, mais ils s'en seruiront tout à rebours.

C'est aussi dans cette veuë, que le sainct vieil-

*Psalm. 110. 2.*

*Psalm. 91. 6.*

Iansenius ex Hebr.
בער
בסיל

lard Siméon parlant à Nostre Dame de son Fils Nostre Seigneur, qui est le plus grand moien que Dieu ayt donné, & qu'il ayt peu donner aux hômes pour les sauuer, luy dit: *Ecce positus est hic in* Luc. 2. 14. *ruinam & in resurrectionem multorum in Israël.* Voicy que cét Enfant sera la cause de la resurrection & du bon-heur de plusieurs en Israël, & aussi à plusieurs autres occasion de leur chûte & de leur damnation: non pas dans le dessein de Dieu, qui l'a enuoyé, ainsi que le mesme l'auoit dit auparauant dans son Cantique, en qualité de Sauueur Luc. 2. 30. 31. pour racheter tous les hommes, & qu'il auoit allumé comme vn grand flambeau au milieu du monde pour éclairer toutes les nations, mais dás l'euenement & par le mauuais vsage qu'ils en denoient faire. C'est donc l'vsage qui decide tout: ne plus ne moins qu'en la peinture l'application du pinceau fait les bonnes ou les mauuaises figures, & le maniement de la plume dans l'écriture donne à la lettre sa perfection ou son defaut.

Que mesme plus vne chose nous peut-estre salutaire, si nous nous en seruons bien & comme il est requis, plus elle nous sera nuisible, si nous en vsons mal, & d'vn grand moien de nostre salut, nous en ferons vn grand empeschement. Nous n'auons rien en cette vie, qui nous puisse apporter plus de biens, ny nous vnir plus intimement à Dieu que le tres-sainct Sacrement de l'Autel, lequel mesme pour ce sujet s'appelle, Cómunion. Il est vray, mais pourueu qu'on le prenne auec les preparatifs & les dispositions necessaires; Car autrement il n'est rien qui opere de si funestes effets dans vne ame, ny qui l'éloigne dauantage de nostre Seigneur, comme la bonne reception le luy rend vne viande tres-exquise pour conseruer & augmenter sa vie, la mauuaise le fait vn poison qui luy cause la mort.

Que si maintenant vous me demandés en quoy consiste le mauuais vsage d'vn moien, ie vous respond que c'est lors qu'on peruertit sa nature, & qu'on l'applique à d'autres ministeres qu'à ceux pour lesquels il est fait; car dés-là il se corrompt & s'aigrit, & deuient à l'homme vne source de troubles & d'inquietudes: parce qu'vne chose ne peut estre bonne ny donner de contentement, si elle n'est prise dans sa nature, comme le miel ne sçauroit estre doux, s'il est alteré & si sa constitution, d'où découle sa douceur, se treuue changée. Tout ce qui est dans l'Vniuers & tout ce qui nous arriue, est destiné de Dieu pour nous conduire à luy; mais quand nous le détournons ailleurs, & que nous le forçons de nous rendre d'autres seruices, comme il est contraint, gehenné, hors de son état naturel, il ne peut qu'il ne nous fasse de la peine, comme nous luy en faisons.

Dauantage toutes les attaches vicieuses, & toutes les affections desordonnées que l'on a aux creatures, & à quoy que ce soit, en font des empeschemens de nostre salut, & de nostre perfection, parce qu'elles nous font arrester là, & no-

SPIRITVEL. 71

[...]user à l'entour d'elles sans passer outre, au lieu
[qu]e nous deuriõs nous auancer par elles à nostre [fin]
, comme porte la nature du moien.
Partant pour faire que tous les moiens, tant [na]turels que surnaturels, que Dieu nous a don[nez] de nostre salut & de nostre beatitude, nous [soi]ent veritablement des moiens, & non point [de]s obstacles, regardons les toujours comme des [moi]ens, n'y prenons point d'autres liaisons, que [cel]les qui sont deües à des instrumens, & vsons-en [seu]lement pour les desseins, pour lesquels il les [a fa]its, & pour lesquels il nous en accommode.
Voila la Fin à laquelle Dieu nous a destinez, & [à] laquelle nous deuons tendre continuellement [pe]ndant tout le cours de nostre vie, à sçauoir [po]ur posseder Dieu dés maintenant, pour en le [po]ssedant estre bien-heureux, & estant bien-[he]ureux, le loüer & le glorifier en la façon qu'il [de]sire. Et voila en suite les moiens qu'il nous a [bai]llez pour acquerir cette fin. Voions à present [le]s tres-excellens & admirables effets, que cette [ac]quisition produira en nous, pour estre encore [de] nouueau encouragez & échauffez à faire tous [n]os efforts pour l'obtenir.

Reliure serrée

## SECTION X.

*Les Effets de l'acquisition de cette Fin.*

L'Acquisition de nostre Fin produira plusieurs effets tres-excellens en nous, & particulierement cinq, à sçauoir, la perfection & la saincteté dans nostre ame ; les lumieres dans nostre entendement ; la paix dans nostre volonté ; vn genereux & iuste mépris de toutes les choses creées, & vn exterieur bien composé. Voila ces cinq effets, qui sont comme cinq fruicts que portera cét arbre de vie, qui nous rendront parfaits & bien-heureux en ce monde, comme on l'y peut-estre, & en suite nous mettront en état d'y glorifier Dieu en toutes choses, & d'vne haute maniere.

### PREMIER EFFET.

*La Perfection & la Saincteté de l'Ame.*

LE premier & principal effet que la possession de nostre fin & l'vnion auec Dieu operera en nous, est la perfection & la saincteté de nostre ame, qui découle necessairement de cette vnion & de cette possession, comme le ruisseau de sa source, & va croissant & prenant ses mesures à mesme qu'elles.

*Qui*

*Qui adhæret Domino, vnus spiritus est*, dit sainct Paul, & nous l'auons déja rapporté cy-dessus, qui est vny à Dieu, deuient vn mesme esprit auec luy, & comme il est pur, sainct & parfait, & la Pureté, la Saincteté, & la Perfection essentielle, il n'est pas possible que l'ame, qui luy est vnie, ne soit pure, saincte & parfaite; non plus qu'vne chose, qui est vnie à la blancheur, ne soit blanche.

1. Cor. 6, 17.

L'ame dans cette vnion deuient belle, agreable & toute éclatante de lumiere par les irradiations qu'elle reçoit de la Diuinité, comme vne nuée transparente que le Soleil regarde, & laquelle il dore de ses rayons, ou pour mieux l'expliquer encore, ne plus ne moins que le fer, qui de soy est froid, obscur, grossier, chargé de roüille & d'ordures, mis dans la fournaise, y perd toutes ces laideurs & se dépoüille de tous ces defauts, & en leur place prend la chaleur, la clarté, la beauté, & les autres proprietez du feu; de mesme l'ame par le moien de cette vnion diuine, *quæ prius erat frigida*, dit fort bien le pieux Louys de Blois, *iam ardet; quæ prius erat tenebrosa, iam lucet; quæ prius erat dura, iam mollis est, plane tota deicolor; quia essentia eius essentiâ Dei perfusa est, vnusque spiritus cum eo effecta est, sicut aurum & æs in vnam metalli massam conflantur*. De froide, qu'elle estoit auparauant, deuient ardente, d'obscure lumineuse, de dure molle, & toute teinte en couleur diuine, parce que son essence est enuironnée, imbüe & percée de celle de Dieu, auec qui elle deuient vn mesme

Instit. spirit. cap. 12. §. 1.

II. Part.           k

esprit; tout ainsi que l'or & le cuiure fondus ensemble ne font qu'vne mesme masse de metal.

O qui pourroit raconter la rauissante beauté & la gloire souueraine de l'ame qui est arriuée à cét état? les sainctes Lettres disent d'elle; *Gloria Libani data est ei, decor Carmeli & Saron.* On luy a donné la gloire du Liban, & la beauté des agreables, fertiles, & odoriferantes montagnes de Carmel & de Saron. *Pulcherrima inter mulieres. Tota pulchra es; quasi Aurora consurgens; pulchra vt Luna; electa vt Sol. Ornata es auro & argento, & vestita es bysso, & polymito, & multicoloribus, decora facta es vehementer nimis.* Vous estes la plus belle de toutes les femmes; belle en perfection, comme l'Aurore quand elle paroît le matin sur nostre horizon auec son visage riant, & sa robbe de lumiere; comme la Lune, lors qu'elle marche pompeusement la nuit au milieu des Etoilles comme des Dames de sa Cour; & choisie & coronnée de clarté à la façon du Soleil. On voit briller sur vous l'or, l'argent, & tout ce qui est de riche & de precieux, de sorte que vous estes belle excessiuement, & par dessus tout ce que les creatures en peuuent dire & penser. Voila les magnifiques loüanges & les glorieux eloges, que le sainct Esprit donne à l'ame qui est vnie à Dieu.

Et voicy au contraire ce qu'il dit de celle, qui en est separée; *denigrata est super carbones, vilis facta est nimis, abominabilis.* Cette ame miserable est deuenüe noire plus que les charbons, elle s'est rendüe extremement vile, hideuſe, & abominable.

A la verité ſi l'ame iuſte eſt la plus excellente beauté & le plus grand ornement qui ſoit en terre, incomparablement plus accomplie & plus agreable, que la beauté des pierres precieuſes, des fleurs, des animaux, des hommes, & des femmes, & que meſme celle du Soleil : Et pour dire plus, ſi on ramaſſoit & vniſſoit en vn ſeul viſage toutes les beautez qui ſont éparſes en toutes les creatures corporelles de l'vniuers, & qu'on le cóparât auec celle de la moindre ame iuſte qui eſt ſur la terre, & qui meſme eſt ſoüillée de pluſieurs pechez veniels, & entachée de beaucoup de grands defauts, toute cette admirable & exceſſiue beauté corporelle ne ſeroit pourtant qu'vne ombre & vn phantoſme de beauté aupres de celle de cette ame. Car en effet quelle comparaiſon y a t'il de la chair à l'eſprit, & de la beauté, que peut produire la viuacité d'vne douce couleur, & les proportions bien obſeruées entre quelques membres auec les vertus ſurnaturelles, & principalement auec la grace, qui eſt vne qualité diuine, & vn rayon de la beauté infinie de Dieu ? certes il n'y en a point.

Platon diſoit que ſi la vertu ſe fuſt faite voir comme elle eſt, & qu'elle eut deployé ſes attraits & ſes charmes aux yeux des hommes, elle les eut rauy d'admiration, & eut embrazé leurs cœurs de ſon amour. Ce qui porta ſon maiſtre Socrate, à ce qu'il raconte, à faire cette celebre priere ; O

In fine Phædri.

k ij

L'HOMME

Ω φίλε Πὰν τε
& ἄλλοι ὅσοι
τῇδε θεοὶ, δοίη-
τέ μοι καλῷ
γενέσθαι τ'
ἔνδοθεν.

Epift. 85. ad
Confen-
tium.

Pan, grand Dieu, qui estes Tout, & tous vous autres Esprits Bien-heureux, qui auez l'honneur d'estre en sa compagnie, faites-moy cette faueur que ie sois beau au dedans de moy-mesme. Entendant par cette beauté du dedans celle des vertus, dont sainct Augustin dit, *Quid aliud est iustitia in nobis, vel quælibet virtus, quam interioris hominis pulchritudo?* Qu'est-ce que la Iustice & toute autre vertu, sinon la beauté & l'ornement de nostre homme interieur ? Socrate la demandoit comme celle qu'il estimoit la principale, & la seule vraie beauté de l'homme, au prix de laquelle toute celle des corps n'est pas considerable : Et si pourtant il ne parloit que de la beauté des vertus morales, dont seulement il auoit connoissance, & non de celle des vertus surnaturelles, & encore plus de celle de la grace, qui luy estoit inconnuë, & qui la passe presque infiniment.

Voilà à quel point d'excellence & d'honneur monte l'ame qui est vnie à Dieu, voila comme cette vnion la rend saincte, parfaite & admirablement belle. Ce qui sans doute nous oblige de trauailler puissamment pour l'acquerir, afin que nous puissions voir en nous ces precieux ornemens & ces qualitez glorieuses. Combien souhaite-t'on la beauté corporelle ? quel soin ne prend-t'on pas pour la conseruer ? que ne fait-on pour l'acroistre ? & de quel déplaisir n'est-on pas touché, quand on l'a perduë? si elle estoit à vendre, & qu'on la pût acheter à prix d'argent, les hommes riches amoureux d'eux-mesmes, & encore plus les femmes aisées donneroient de grosses sommes, & mesme quelques-vnes ne feroient point de difficulté de bailler la moitié de leurs biens pour en auoir, & toutefois ce n'est qu'vne rose qui passe, vn rayon qui éblouït vn peu les yeux, & qui apres s'éuanouït, & vne qualité qui ne rend pas la persone meilleure, mais souuent pire. Combien les bossus, les borgnes, & tous les contre-faits souhaiteroient-ils d'estre deliurez de leurs difformitez, & auoir la beauté conuenable à leur nature? que ne donneroient-ils pour cela s'ils le pouuoient? faisons donc tous nos efforts pour acquerir la beauté de nostre ame qui est en nostre pouuoir, & qui est incomparablement plus grande.

Dauantage si sans l'vnion auec Dieu il est impossible que nous soyons iamais parfaits, si nous ne serons toujours que des hommes à demy & ébauchez, nous deuons à la verité apporter toutes les diligences possibles pour l'obtenir. Toutes les creatures de l'vniuers nous apprennent en cela nostre leçon, car il n'y en a pas vne qui n'ait vne inclination violente d'acquerir sa perfection, & qui ne tende pour ce sujet continuellement à sa fin, comme au lieu, où seulemēt elle la peut trouuer, sans se reposer iamais qu'elle n'y soit paruenüe. Tout ce qui est imparfait, desire, cherche & procure sa perfection, & ce qui n'est point acheué, demande naturellement & semble comme

k iij

78　L'HOMME

prier qu'on l'acheue & qu'on ne le laisse pas comme il est, *omne imperfectum appetit perfectionem*, dit la maxime; ainsi la matiere souhaite la forme; les riuieres coulent de toutes leurs forces à la mer; la pierre fond auec roideur en bas, & le feu s'élance auec vne extreme legereté en haut; les herbes, les arbres, les animaux croissent toujours, & mesme nostre corps, qui fait la moitié de nous mesmes, va profitant sans cesse iusques à ce qu'il ait atteint ses iustes dimensions de grandeur & de grosseur. Nostre ame donc, qui est l'autre partie & la plus noble, que deura-t'elle faire? *si pecora essemus*, dit S. Augustin, *carnalem vitam, & quod secundum sensum eius est, amaremus, idque sufficiens esset bonum nostrum, & secundum hoc cum esset nobis bene, nihil aliud quæreremus*. Si Dieu nous auoit faits des bestes, nous aymerions la vie du corps & les plaisirs des sens, & nous les rechercherions, & les ayás treuuez nous ne poursuiurions rien dauantage, parce que nous serions contents: si nous estions des arbres, continuë ce sainct Docteur, si nous estions des pierres, si des eaux, du vent, ou vne flamme, il est vray que nous serions priuez de sentiment, mais non pas de pente pour nous porter à nostre fin, & à ce qui nous deuroit donner l'accomplissement de nostre estre. *Quoniam igitur*, conclud-il, *homines sumus ad nostri creatoris imaginem creati, in nobis eius imaginem contuentes, tanquam minor ille Euangelicus filius, ad nosmetipsos reuersi surgamus, & ad illum redeamus, à quo peccando recesseramus*. Mais parce que nous som-

Arist. 1.
phys. t. 81.
S. Thom.
lect. 1. in 1.
Metaphys.

Lib. 11. de
Ciuit. cap.
28.

mes hommes, formez à l'image de nostre createur, iettons les yeux sur cette image que nous portons dans nous mesmes, & retournons à nous, comme l'enfant prodigue, leuons nous pour aller à celuy, de qui nous nous estions separez par nos offenses.

Quand nous voyons descendre la pierre d'vne telle impetuosité à son centre, monter le feu si viste à sa sphere, rouler les eaux si rapidement vers l'ocean, nostre corps croistre toujours iusques à ce qu'il ait atteint le point de sa consistance naturelle, & toutes les choses tirer incessamment à leurs fins, & ne s'arrester iamais qu'elles n'y soient arriuées, n'auons nous point de honte que nostre ame, qui est la plus excellente creature de l'vniuers, le chef-d'œuure des mains de Dieu, & qui est creée pour la plus noble fin qui puisse estre, à sçauoir pour s'vnir à Dieu, demeure en chemin, & se tienne engourdie, sans se remüer pour y paruenir.

C'est pourquoy appliquons nous à ce tres-digne & tres-glorieux employ; faisons par raison ce que les cailloux, & les moucherons font par nature, & par instinct; allons à Dieu à grands pas, courons y, volons y, & procurons nostre vnion auec luy, & en suite nostre perfection par tous les moyens possibles.

## SECTION XI.

### SECOND EFFET.

*Les lumieres de l'Entendement.*

CE second effet, que produit l'vnion auec Dieu, sont les lumieres dans nostre Entendement, parce qu'il est vny à Dieu, à la Sagesse eternelle, & au principe de toutes les vraies lumieres & de toutes les bonnes & sainctes connoissances ; *Implebit splendoribus animam tuam*, dit Isaye, Dieu remplira ton ame, quand elle luy sera vnie, de splendeurs & de clartez : & derechef *erit tibi Dominus in lucem sempiternam*, il sera dans ton Esprit comme vn Soleil pour t'illuminer toujours & conduire tes pas. Aussi Nostre Seigneur dit de soy, *Ego sum lux mundi, Qui sequitur me, non ambulat in tenebris, sed habebit lumen vitæ* : ie suis le flambeau du monde ; celuy qui me suit, & en termes plus forts, celuy qui m'est vny, ne marche point en tenebres, mais il ira toujours dans la clarté d'vn beau iour, & sera éclairé de la lumiere de vie.

Ces lumieres, que l'vnion auec Dieu communique à vn Entendement, sont sans comparaison plus belles, plus pures & plus sublimes, que toutes celles que les Esprits humains les plus releuez peuuent auoir ; tant à raison du principe d'où elles viennent, qui est Dieu, qu'à cause de leur

*objet,*

*Isai. 58. 11.*

*Isai. 60. 19.*

*Ioan. 8. 12.*

## SPIRITVEL. 81

objet, qui sont les choses eternelles & diuines, & de leur fin, à sçauoir, la gloire de Dieu & nostre beatitude. Adioutons-y encore la façon, parce qu'elles entrent auec facilité, & auec contentement. Sainct Leon nous dit pour la facilité, *Vbi Deus magister est, quam citò discitur quod docetur!* O que l'on apprend bien-tost quand Dieu est le maistre, & qu'on n'a pas grand' peine de sçauoir ce qu'il enseigne par soy-mesme. Sous vn tel Maistre on ressent vn contentement singulier, & on gouste vne manne cachée, laquelle, *Non eruditio*, nous dit sainct Bernard, *sed vnctio docet; non scientia, sed conscientia comprehendit*, l'onction donne, & non pas l'erudition, & laquelle non la science, mais la bonne conscience peut comprendre. Où il faut & bien du temps & bien de la peine pour acquerir le peu de connoissances naturelles & le peu de lettres que nous auons, estant veritable ce, dont Salomon nous a auertis il y a plusieurs siecles, *In multa sapientia, multa est indignatio; & qui addit scientiam, addit & laborem.* La grande doctrine est accompagnée ordinairement de beaucoup de promptitude, d'impatience & de chagrin, & qui veut auoir de la science, il luy faut du trauail.

De plus ces diuines lumieres monstrent à l'homme la grandeur, la bonté, la misericorde, & les autres perfections de la Diuinité; elles luy font voir son neant & la dependance continuelle & extreme qu'il a de Dieu pour tout; elles luy font toucher au doigt la vanité & la fragilité de tou-

*Serm. 1. de Pentecoste.*

*Serm. de Conuers. ad clericos cap. 25.*

*Eccl. 1. 18.*

II. Part. I

tes les creatures, & l'impuissance absolüe quelles ont de le contenter; elles luy découurent les mauuais pas, où il pourroit broncher; les perils dont il doit faire rencontre, & les embûches que ses ennemis luy preparét, & en mesme temps luy marquét les détours & les routes pour les euiter; parce que ce maistre secret & diuin l'instruit de tout cela, & luy fait lire dans le liure de grace, qu'il luy a ouuert en son interieur, où ce disciple fortuné a recours en tous ses doutes, & d'où il tire toutes ses resolutions, suiuant cette belle promesse, que son maistre luy fait par Dauid. *In-* Psalm. 31. 8. *tellectum tibi dabo & instruam te in via hac, quâ gradieris; firmabo super te oculos meos.* Ie te donneray de mon esprit, ie te feray part de mes lumieres, & ie seray ton Guide au chemin de ton salut, & ton Directeur en toutes les rencontres où tu te trouueras; i'attacheray mes yeux dessus toy pour te conduire, afin que tu ne te fouruoies. Ainsi l'ame vnie à Dieu deuient sans tant de peine & sans tant de lecture fort sçauante, & en bien peu de temps.

Instit. spirit. cap. 1. *Quando spiritus hominis*, dit à ce propos Louys de Blois, *attingit vnionem diuinam, iam lumine æterna veritatis de super illustratur, fides eius certa redditur, spes roboratur, & inflammatur charitas.* Lors que l'ame de l'homme est arriuée à l'vnion auec Dieu, elle se voit éclairée des rayons de la verité eternelle, elle sent sa foy dans sa parfaite certitude, son esperance dans sa plus haute force, & sa charité dans ses plus viues ardeurs. C'est pourquoy quand tous les sages & tous les sçauans du monde luy diroient: Pauure miserable, tu te trompes, ta foy n'est qu'illusion, il leur répondroit auec fermeté d'esprit & de parole; Non, ie ne me trompe point, mais c'est vous mesmes qui vous trompez, d'autant que ie suis tres-asseuré & irreuocablement conuaincu de la verité de ma creance. Voila la réponce qu'il leur feroit, appuié non tant sur les discours de sa raison, que sur l'vnion qu'il a auec Dieu, laquelle luy donne vne persuasion inébranlable de nos mysteres.

*Melius sane*, continuë-t'il, *talis Diuinitatem cognoscit, quàm cognoscant plerique eruditi magistri, qui in Sancta sanctorum, & in secretum regis æterni cubiculum nondum admissi, nondum lumine gratiæ excellenter illustrati sunt.* Vn tel homme a plus de connoissance de la Diuinité, que plusieurs grands Maistres & sçauans Docteurs, qui n'estans point encore entrez dans le Sanctuaire du Dieu viuant, ny admis dans le cabinet du Roy de gloire, ne sont pas hautement illuminez des lumieres de la grace. *Deus ei virtutem diuinarum Scripturarum aperit, gustúmque Euangeliorum donat. Ipse ergo veram sapientiam ex influentia Spiritus sancti magis, quam ex multorum librorum lectione acquirens, clare videt & intelligit quid sibi, vel alijs agendum, quidque dimittendum sit.* Dieu luy donne l'intelligence des Ecritures & le goût des Euangiles, & luy faisant acquerir la vraye sagesse plus par les irradiations & par l'onction du

l. ij.

sainct Esprit, que par la lecture de beaucoup de liures, il luy monstre clairement, comme quoy il se doit gouuerner tant enuers soy comme enuers les autres, soit pour faire les choses, ou pour les laisser.

Ainsi il deuient plus capable non seulement pour sa propre conduite, mais encore pour celle du prochain, à qui auec deux mots, & mots communs, il causera plus de bien & fera de plus puissantes impressions sur son esprit, que d'autres auec de longs discours de choses bien étudiées & bien rares ; comme on lit dans les Histoires de plusieurs Saincts, qui n'ayans ny eloquence, ny aucune science humaine, auec peu de paroles & de choses fort ordinaires ont produit des effets merueilleux, & comme le fils de Sirach rapporte d'Elie, *Verbum eius, quasi facula ardebat*, ce qu'ils disoient, estoit plein de lumiere & de feu pour illuminer les esprits, & embrazer les volontez. Et Salomon deuant luy : *Verba sapientum sunt stimuli, & quasi claui in altum defixi*. Les paroles des Sages, de ces vrais Sages qui tirent leur sagesse de la liaison qu'ils ont auec la premiere & essentielle Sagesse, sont des pointes & des aiguillons, qui percent les entrailles, & comme des clous fichez profondement dans les ames; parce que la parole ne prend pas sa force de la bouche qui la prononce, mais du cœur qui la conçoit, & du principe qui l'anime; Et comme c'est Dieu, le tout puissant, le tout sage, & la cause vnique de nostre

*Eccl. 48. 1.*

*Eccl. 12. 11.*

salut, qui reside dans ces ames diuinement illuminées, & qui parle par leur bouche, leurs paroles se ressentent de cette noble origine, & pour cela sont capables de toucher, d'allumer, d'enflammer & de sanctifier ceux qui les écoutent; où comme celles des autres sages viennent d'vne source bourbeuse & morte, à sçauoir, de l'esprit humain ou de quelque passion, elles ne peuuent porter aucun effet de grace ny de vie. Pour faire du fruict parmy les hommes, il ne faut pas tant se soucier de ce que l'on dit, comme de la disposition auec laquelle on le dit, & de l'esprit qui pour lors nous possede.

Aspirons donc & soûpirons continuellement apres l'vnion auec Dieu, puisqu'elle nous doit causer vn si grand bien; car ce que dit Dauid, est tres-vray. *Beatus homo, quem tu erudieris, Domine, & de lege tua docueris eum.* Seigneur, que l'homme est heureux, à qui vous daignés seruir de maistre & l'enseigner vous mesme sur les choses, qui regardent vostre loy & son salut.

Psalm. 93. 12.

## SECTION XII.

## TROISIEME EFFET.

*La Paix de la volonté.*

APres les lumieres de nostre Entendement, vient pour le troisiéme effet de l'acquisi-

tion de nostre Fin & de l'vnio de nostre ame auec
Dieu la paix de nostre Volonté, à laquelle ces lumieres seruent de grande disposition, parce que
comme sainct Augustin dit, *contemplatio veritatis*
*pacificat totum hominem*, la contemplation de la verité pacifie tout l'homme, & bannissant de son
cœur les troubles & les inquietudes le remplit
d'vne douce & delicieuse tranquillité.

*Serm. Domi-*
*ni in monte*
*cap. 3.*

*Deus in medio eius : non commouebitur.* Nous apprend le Prophete roy, Dieu est au milieu de son
cœur, il ne sera donc point agité ny secoüé, mais
il sera en repos & iouira d'vne profonde paix.

Psal. 45. 6.

*Fructus spiritus*, dit sainct Paul, *est charitas, gaudium,*
*pax*, les fruits, que le sainct Esprit fait cueillir à
l'ame qui luy est vnie, sont la charité, la ioie & la
paix. *Ecce*, porte la riche promesse que Dieu luy
fait par Isaye. *Ego declinabo super eam fluuium pacis:*
*gaudium & lætitia inuenitur in ea, gratiarum actio &*
*vox laudis.* Voicy que i'inonderay cette ame d'vn
torrent de paix, & on n'entendra chez elle que
des iubilations, des chants d'allegresse, des can-
tiques de loüanges, & des actions de grace.

Galat. 5. 22.

Isai. 66. 12.
& 51. 3.

*Quies est apud te valde*, dit sainct Augustin, *& vita*
*imperturbabilis. Qui intrat in te, intrat in gaudium Do-*
*mini sui, & non timebit, & habebit se optimè in Optimo.*
*Defluxi abs te ego & erraui, Deus meus, nimis deuius in*
*adolescentia mea à stabilitate tua, & factus sum mihi re-*
*gio egestatis.* C'est en vous que l'on possede le repos parfait, & que l'on mene vne vie affranchie
de tout trouble. Quiconque entre en vous, entre

Lib. 2. con-
fess. cap.
vltimo.

en la ioie de son Seigneur, il sera à couuert de toutes les craintes, & se treuuera tres-bien est à ioint au tres-bon. Mais pour moy, mon Dieu, pendant le deplorable aueuglement de ma ieunesse ie me suis fort égaré de vous, & m'écoulant de desir en desir, & passant d'vne creature à l'autre, ie suis deuenu à moy-mesme vn champ remply d'épines & vne terre d'indigence.

Et le mesme sainct Docteur ayant rapporté ces paroles de Dauid tirées du psalm. 4. *Multi dicunt, quis ostendit nobis bona? à fructu frumenti, vini, & olei sui multiplicati sunt: in pace, in idipsum dormiam & requiescam.* Les hommes font vne question importâte & demandent, qui nous découurira les vrays biens, & qui nous fera connoistre en quoy cósiste la paix de nostre cœur & le repos de nostre esprit? surquoy la plus-part s'abusans l'establissent en vne abondance de froment, de vin, d'huile, & d'autres cómoditez temporelles; mais moy ie le mets en Dieu, & constitüe ma paix en celuy qui est immüable, & toujours le mesme: c'est en luy, que ie dors doucement & que ie me repose; il s'écrie là dessus: *O in pace! ô in idipsum! Tu es idipsum valde, qui non mutaris, & in te Requies,* O Paix! ô toujours le mesme! veritablement vous estes toujours le mesme, puisque vous ne changez iamais; & pour cela c'est en vous seul que ie puis treuuer mon repos. En effet pour faire qu'vne chose mouuante ne se remüe point, il la faut necessairement attacher à vne immobile.

*A versu 6.*

*L. b. 9. confess. cap. 4.*

L'HOMME

*Instit. spirit. cap. 3.*

Les hommes vnis à Dieu, dit Louys de Blois, *iucunda tranquillàque mentis libertate gaudent, eleuati supra omnes curas, supra omnem perturbationem,* iouïssent d'vne douce & agreable liberté d'esprit, eleuez bien haut par dessus tous les soins, par dessus toutes les frayeurs, & par dessus tous les vents qui pourroient causer quelque tempeste dans leur cœur, où regne toujours vn calme que rien ne sçauroit alterer, car selon la parole de Dauid,

*Psal. 118, 165.*

*Pax multa diligentibus legem tuam, & non est illis scandalum.* Ceux qui ayment vostre loy, qui les oblige de vous aimer, honorer, & seruir, & qui par ce moyen les conduit à la fin pour laquelle vous les auez créez, possedent vne grande paix, que chose aucune ne peut troubler, parce qu'ils ne se scandalizent, ne s'offensent & ne s'empeschent de rien.

La raison sur laquelle est fódée cette paix inalterable est, pour ce qu'vne chose est necessairemét contéte, & tous ses desirs fascheux & penibles sót accoizés, quand elle est paruenüe à la fin pour laquelle elle est faite, ou qu'elle s'employe dás l'exercice des moyés qui l'y menét, & il est impossible qu'elle le soit autrement; c'est pourquoy l'hóme, qui est bien auec Dieu, ne peut qu'il ne soit bié auec soy, qu'il ne soit satisfait & cótent, parce qu'il est vny à sa fin, qui est Dieu. *Quanto homo perfectius Deo vnitus est,*

*Tauler. ser. a. in festo SS. Sacramenti.*

dit vn Docteur mystic, *tanto abûdantiori pace gaudet; quantóq, extra Deum est, tanto & minus pacis habet. Quicquid illius in Deo est, hoc pacem*

*habet,*

*habet, quicquid extra Deum, hoc perturbationi subiacet.* Plus vn homme est vny à Dieu, plus grande est la paix dôt il iouit, & plus il est hors de Dieu, moins il a de paix. Tout ce qui en luy est côioint à Dieu, est en repos; tout ce qui en est separé, est sujet au trouble. Ne plus ne moins qu'vn seau d'eau ne peze point, tandis qu'il est dâs la riuiere, mais dehors il fait aussi-tost sentir son poids, & à mesure qu'on le tire, les parties tirées de l'eau sont pesantes, & celles qui y demeurent sont legeres.

De plus l'homme qui est vny à Dieu, sera toujours content & aura le cœur tranquille, parce qu'il fait bon vsage de toutes les choses qui luy arriuent. Il regarde tous les accidens de cette vie, pour contraires qu'ils soient à sa nature, comme des moiens excellens de son salut, & de son vnion auec Dieu, ainsi qu'effectiuement ils le sont, qui estans pris dans cette veüe ne le troublent pas, mais plûtost luy causent de la ioie. Il considere que les vns luy fournissent vn sujet de patience, les autres d'humilité, quelques-vns luy sont des occasions d'obeïssance, quelques autres de foy, d'esperance en Dieu, d'autres de charité, & enfin que tous contribüent grandement à son auancement, & à sa perfection, & en suite à sa beatitude, d'où il tire vne consolation tres-solide, & vne viue source de plaisirs. Côme tout ce qui est au monde, nous tient lieu ou de fin ou de moiens pour nous y conduire, l'ame qui enuisage les choses dans cette liaison & dans cét enchaine-

II. Part. m

90 L'HOMME

ment, ne peut qu'elle ne iouïsse toujours d'vn profond & inébranlable repos. Il n'y a que le peché seul qui n'entre pas dans cét ordre; encore quand nous l'auons commis, nous deuons le faire seruir à nostre salut par la repentance qu'il en faut conceuoir, & tirer de cette vipere, qui nous a mordus, la theriaque pour nous guerir.

Partant puisque l'vnion auec Dieu est pour nous apporter vn bien si notable, & vn fruit si delicieux comme est la paix, emploions nous de bonne sorte, & faisons tout nostre possible pour l'obtenir. Il n'est rien de plus doux, ny de plus souhaitable que la paix. C'est pourquoy, *Conuertere anima mea*, pour parler auec le Roy Prophete, *in requiem tuam*, conuerti-toy, mon ame, à ton repos, tourne tous tes soins pour le treuuer. *Inquire pacem, & persequere eam*. Cherche la paix de ton cœur, & poursui-la auec toute sorte de diligences. *Conuertere, ô homo*, nous dit sainct Cyprien dans cette pensée, *ad eum qui est requies tua, extra quem nihil est nisi tormentum*, retourne, ô homme, retourne à celuy qui est ton repos, & hors duquel tu ne rencontreras que du tourment & de la peine.

C'est vne chose étrange, qu'il n'y a rien de plus commun ny de plus vniuersel parmi les hommes que le desir d'estre content, & que toutefois il n'y a rien de plus rare que de voir vn homme content. Les Rois font la guerre, les Soldats portent les armes, les Marchands exercent leur

*Psalm. 114. 7.*

*Psalm. 33. 15.*

Sermone de Ascensione Domini.

trafic, les Nautonniers trauersent les Mers, les Artisans trauaillent iour & nuict, les Laboureurs cultiuent la terre, les Vignerons font les vignes, les Sçauans étudient, & generalement tous les hommes s'emploient pour estre contents, & mettre leur esprit en repos: Et pourtant pas vn, ou fort peu treuuent ce repos. Pourquoy cela? par ce qu'ils ne le cherchent pas où il est, ils le voudroient treuuer dans les creatures, & il n'est que dans Dieu seul. C'est donc là, où il le faut chercher.

Nous sommes bien mal-heureux, & nous auons bien perdu le sens, qu'ayants vne si forte inclination pour estre contents & pour auoir la paix, & estant impossible absolûment, & iusques à ce poinct, que Dieu mesme auec tout son pouuoir ne sçauroit le faire, que nous treuuions nostre contentement & nostre paix dans les choses creées, nous passons neantmoins toute nostre vie auec mille peines, auec mille soins, & mille empressemens pour l'y chercher; & ayans ce thresor à nostre porte, dans nostre logis, en nous mesmes & dans le fond de nostre cœur, puisque la verité nous a dit, *Ecce, regnum Dei intra vos est,* Luc. 17. 21. voicy que le Royaume de Dieu est dedans vous, & par consequent vostre felicité, nous ne nous mettons point en peine, & nous ne trauaillons pas pour en iouïr.

Entrons donc dans nous-mesmes, cherchons nostre felicité & nostre paix en Dieu qui y est,

m ij

vnissons nous intimement à luy, puis que cette vnion doit mettre nostre esprit en paix, nous donner ce repos, que tous les hommes cherchent sans le treuuer, & nous rendre bien-heureux dés ce monde, nonobstant toutes les choses contraires.

## SECTION XIII.

## QVATRIEME EFFET.

*Vn iuste mépris des choses d'icy bas.*

L'Vnion auec Dieu imprime dans l'ame pour le quatriéme Effet, vn grand mépris de toutes les choses de la terre, & luy fait experimenter la verité de ces paroles, que Dieu dit par Isaye, *Sustollam te super altitudines terræ.* Ie t'éleueray par dessus les hauteurs, & les eminences de la terre, c'est à dire, par dessus les dignitez, les royaumes, les empires, la reputation, les richesses, & par dessus tout, & ie te donneray vn dedain de tout cela, parce, comme le mesme Prophete dit, *Regem in decore suo videbunt oculi eius; cernent terram de longè.* Que l'ame éclairée des lumieres, dont nous auons parlé cy-dessus, voit la beauté du Roy de gloire, & connoît l'excellence & le merite des choses diuines; elle regarde la terre & toutes les choses que l'on y estime, de fort loing, & en suite elle les voit tres-petites, ou plutost elle ne les

*Isaïe 58. 14.*

*Idem 33. 17.*

voit plus, parce qu'elles disparoissent de deuant ses yeux. Tandis qu'vn villageois ne sort point de son village, il en fait état, & pense que c'est quelque chose de beau, mais quand il voit dans les grandes villes la majesté des Seigneurs & des persones de qualité, la magnificence des Palais, la richesse des habits, & la pompe de la Cour du Roy, il perd bien cette opinion, & connoit que iusques alors il a esté fort trompé.

L'ame, qui est vnie à Dieu, méprise facilement tout ce qui est de beau, de riche, & d'éclatant icy bas, parce qu'elle possede Dieu. Il est aisé à vn puissant Monarque, qui a par tous ses états aux champs & dans les villes de superbes maisons, de mépriser la méchante chaumine d'vn laboureur, & à vn homme riche de dix millions d'or, de ne se pas soucier d'vn double, ny d'vne botte de paille. *Deo semel inuento*, dit à ce propos Louys de Blois, *anima creaturis omnibus libenter valedicit, & cum psalmista cantat: mihi adhærere Deo bonum est, atque cum beato Iob: in nidulo meo moriar, & sicut palma multiplicabo dies: non iam aliqua solatia exteriùs requirit, quia illi intus copulatur, qui est torrens & pelagus inæstimabilium voluptatum, exuberánsque plenitudo omnium, quæ pulchra, amœna, suauia, præcellentia, & desiderabilia sunt, atque cordi humano placere possunt.* Quand l'ame a vne fois treuué Dieu, & qu'elle le tient, elle congedie librement toutes les choses creées, & chante auec le Psalmiste, mon bien & ma felicité est de m'vnir à Dieu; & auec le sainct Iob, ie

Instit spirit. cap. 1.

mourray en mon petit nid, & là comme vne palme ie multiplieray mes iours; la possession de Dieu luy fait perdre la faim & la soif de toutes les voluptez de la terre, & l'empéche d'aller plus errante & vagabonde aprés les creatures pour mandier d'elles vn contentement chetif, parce qu'elle la tient vnie à celuy, qui est vn torrent de delices infinies, & vne source inépuisable de toutes les beautez, de toutes les douceurs, & de tout ce qui peut réjoüir le cœur humain.

*Serm. de Ascensione Domini.*

*Si Deum habes*, dit sainct Cyprien, *quid amplius desideras? si Deus est tuus, quid vltra quæris? si Deus possessio tua est, quid deesse tibi poterit?* Si tu as Dieu, que desires-tu dauantage? Si Dieu deuient ton bien, que cherches-tu de plus pour t'enrichir & pour te contenter? & si Dieu est ta possession, qu'est-ce qui te peut manquer.

2. Reg. 1. 8.

*Anna cur fles, & quam ob rem affligitur cor tuum?* disoit Elcana à Anne sa femme qui estoit extremement desolée de ce qu'elle n'auoit point d'enfans, *Numquid non ego melior tibi sum quam decem filij?* Anne, pourquoy pleurez-vous, & abandonnez vous ainsi vostre cœur à la tristesse? ne vous suis-je pas meilleur que dix fils? Dieu de mesme, & encore auec beaucoup plus de raison, peut dire à l'homme qui s'afflige de ce qu'il se voit sans biens, sans honneurs, sans plaisirs, sans reputation, inconnu, méprisé, persecuté, pourquoy te lamentes-tu, & pour quel sujet vas-tu te consumant d'ennuis? ne te vaux-je pas incomparablement plus moy seul, que toutes les richesses, toutes les dignitez, toute la gloire, toute l'estime, toutes les sciences, & tous les biens de la terre?

Sainct Augustin de mesme: *Si quid*, dit-il, *in hoc saculo possidere delectamur, Deum, qui possidet omnia, qui creauit omnia, expedit vt mente possideamus, & in eo habeamus quacúmque feliciter & sanctè desideramus: sed quoniam nemo possidet Deum, nisi qui possidetur ab eo, simus nos ipsi facti Dei possessio, & efficietur nobis possessio Deus. Et quid potest esse in mundo felicius, quam cui efficitur suus Imperator & Redemptor census, & hæreditas dignatur esse ipsa Diuinitas? Quid ergo homini sufficit, cui ipse conditor non sufficit? Quid vltra quærit, cui omne gaudium & omnia suus redemptor esse debet?* Si nous prenons plaisir de posseder quelque chose en ce monde, il faut que nous tâchions de posseder Dieu, qui est le Createur & le Possesseur de tout ce qui y est, & que par ce moien nous possedions en luy tout ce que nous desirons legitimement d'auoir pour nostre felicité; mais parce que persone ne possede Dieu, si elle n'est mutuellement possedée de luy, donnons nous à Dieu & faisons nous sa possession, & de cette sorte il deuiendra la nostre: & que peut-on conceuoir de plus heureux sous le ciel, que celuy à qui son Empereur, son Redempteur se fait son reuenu, & à qui la Diuinité mesme veut seruir d'heritage? que si quelqu'vn n'estoit pas content de cette possession, qu'est-ce qui luy pourra suffire? que cherche-t'il de plus, attendu que son Sauueur luy

*Vel autor apud cum libro de salutaribus documentis c. 10.*

doit estre toute sa ioye & son Tout?

Puis donc que l'vnion auec Dieu nous le fait posseder, & en suite nous enrichit du plus grand & plus precieux thresor qui soit & qui puisse estre, ce nous est à la verité vn puissant motif, à nous, qui sommes naturellement si passionnez pour nos interests, d'employer toutes nos forces pour l'acquerir.

Mais, quoy? encore que cét employ soit sans controuerse le plus digne de nos soins & de nos trauaux, les hommes neanmoins sont si miserables & si insensez, que c'est à quoy ils pensent le moins, mais ils aiment mieux se tourmenter & se tüer pour amasser des biens temporels, pour auoir vne fumée d'honneur, & d'autres choses legeres, vaines, & qui leur échaperont infailliblement bien tost des mains. *Anni nostri, sicut aranea meditabuntur*, dit le Roy Prophete, & nous l'auons dé-ja dit auec luy, mais la chose vaut bien le redire afin qu'on la retienne. Nos années se passent dans de profondes meditations & de grands soins pour faire des toiles d'araignées. Car que sont, à les pezer dans vne iuste ballace, autres choses les richesses, la gloire, & les plaisirs de cette vie, pour l'acquisition desquelles les hommes s'épuisent, vsent leur corps & consument leur patures esprits, que de vraies toiles d'araignée, viles, abiectes, minces, & qu'vne seruante auec vn coup de balet, c'est à dire, la mort, iettera infailliblement par terre? C'est neanmoins

pour

*Psalm. 89 10.*

## SPIRITVEL. 97

pour ce bel ouurage que les hommes trauaillent, qu'ils s'empreſſent & s'inquietent.

*In imagine pertranſit homo, ſed & fruſtra conturbatur*, dit le meſme, que fait l'homme auec tous ſes ſoins & auec toutes ſes fatigues? Il coule ſes iours dans les apparences & dans les ombres des vraies richeſſes, des vrais honneurs, & des vrais plaiſirs; pour cela il ſe remüe, il ſe met en ſüeur & ſe trouble, mais en vain: parce que c'eſt pour des choſes, ou qu'il n'aura pas, ou qui, s'il les a, ne le contenteront iamais. *Volentes gaudere forinſecus*, dit ſainct Auguſtin, *facilè euaneſcunt, & effunduntur in ea, quæ videntur & temporalia ſunt, & imagines eorum famelicâ cogitatione lambunt.* Les hommes cherchans leur ſatisfaction dans les creatures s'éuanoüiſſent & ſe perdent facilement en leur recherche, ils s'épanchent ſur les choſes viſibles, qui eſtans ſujetes au temps, le ſont enſuite au changement, & auec vn appetit affamé & vne eſperance trompeuſe s'amuſent à lécher les vaines images des vrais biens,

Qui ne peuuent iamais les raſſaſier ny les ſatisfaire, & quand elles le feroient, cela ne pourroit eſtre que pour fort peu de temps, parce qu'à les bien prendre, ils ſont dans la iouïſſance de leurs grandeurs, de leurs richeſſes & de leurs voluptez ſemblables à vne ſtatüe de cire qui eſt fort belle, dorée richement, & viſitée d'vn grand concours de peuple qui vient pour luy flechir les genoux, mais qui eſt expoſée au Soleil, lequel auec ſes

II. Part.

Pſalm. 38. 7.

Lib 9. Confeſſ. cap. 4.

rayons la va confumant tous les iours, & la fon-
dant peu à peu: leur vie eſt de meſme dans toute
ſa proſperité temporelle, parce que la corruption
enracinée au fond de noſtre nature, & cette
roüille ſecrete & ce venin caché de noſtre mor-
talité la ronge & la diminüe continuellement, &
auec elle la ioüiſſance de cette felicité mondaine.

Soyons donc plus ſages & plus auiſez pour ne
point perdre noſtre temps & nos peines à courir
apres les ombres du vray bien, mais pourſuiuons
le vray qui eſt Dieu, non pas dans ſes images,
mais dans ſa verité & en luy-meſme, & faiſons
tout ce qui nous ſera poſſible pour le poſſeder.

## SECTION XIV.

## CINQVIEME EFFET.

### L'exterieur bien compoſé.

LE corps meſme pour le cinquiéme & le dernier effet ſe reſſent de cette vnion, prenant
vne compoſition de grace, & ſe parfumant d'vne
certaine odeur ſuaue de pureté, d'attrempance
en tous ſes mouuemens, d'vne modeſtie & d'vne
gaieté, *ſecundum faciem Sanctorum*, comme il eſt
porté au liure de Iudith, douce & agreable à la
façon des Saincts.

Cap. 16. 24.

La paix interieure, & la diſpoſition tranquille,

dont iouït l'ame qui est vnie à Dieu, ainsi que nous auons dit, & qui modere les promptitudes, les impetuositez, les saillies & tout ce qui peut estre de trop vif & de trop brusque au dedans, passe iusques au dehors & reluit en toutes les actions du corps.

Certes comme l'ame glorieuse communiquera à son corps, apres qu'il sera resuscité, des qualitez de gloire, la lumiere, l'agilité, la subtilité, & l'immortalité, parce qu'elle est sa forme qui l'animera, qui luy donnera la vie, & le fera mouuoir: De mesme l'ame, qui est dans la grace & dans vne haute grace, comme celle qui est fort vnie à Dieu, dont nous parlons, donne à son corps des impressions de grace, & fait que tous ses mouuemens, comme ils découlent originairement d'elle, sont accompagnez de retenuë, de douceur, de tranquillité & de toute la moderation requise.

### Exemple illustre de cette verité.

LE celebre Directeur de Thaulere nous fait voir euidemment en sa personne la verité de tout ce que nous auons dit. I'ay dé-ja parlé de luy autre-part, mais ç'a esté à vn autre propos.

C'estoit vn pauure mendiant, couuert de vieux haillons tout rompus qui ne valoient pas trois doubles, les pieds déchaux & pleins de boüe; à qui Thaulere s'adressant, comme il estoit vn ma-

In operibus Ioan. Thauleri.
Liu. 3. de la Connoissance & de l'Amour de N. S. 1. part. chap. 8. Sect. 5.

tin à la porte d'vne Eglife pour demander l'au-
mofne, luy dit. Bon iour, mon amy. Le pauure
luy répondit, ie vous remercie du bon fouhait
que vous me faites, mais ie ne me fouuiens pas
d'auoir iamais eu vn mauuais iour. Ie prie Dieu,
pourfuit Thaulere, qu'il vous rende content &
bien-heureux: Ie n'ay point encore efté en toute
ma vie, replique le mendiant, ny mécontent, ny
malheureux. Dieu vous beniffe donc, mon amy,
expliquez vous vn peu plus ouuertement, car ie
ne comprend pas bien ce que vous voulez dire.
Fort volontiers, repart le pauure.

Vous m'auez donné le bon iour, & ie vous ay
répondu, que ie ne me fouuenois pas d'en auoir
iamais eu de mauuais, parce que fi ie me treuue
preffé de la faim, ie loüe Dieu; fi i'ay froid, ie le
benis; s'il grefle, s'il neige, s'il pleut, s'il fait beau
ou mauuais temps, fi on me méprife, fi on me re-
bute, & generalement quelque neceffité que ie
souffre, ie le glorifie, ie prens tout ce qui me
vient auec vn efprit de benediction & de loüange enuers fa diuine Majefté. De cette façon ie
n'ay point de mauuais iours; parce qu'ils font
toujours bons, lors qu'ils font rapportez à la fin
pour laquelle Dieu nous les donne, à fçauoir pour
le loüer & le benir; où ils font mauuais, quand on
les emploie à d'autres chofes. Vous m'auez fou-
haité en fuite que ie fuffe content & bien-heureux, à quoy ie vous ay reparti, que de ma vie ie
n'auois efté ny mécontent, ny malheureux; dau-

tant que rien ne m'arriue iamais contre ma volonté, l'ayant parfaitement soûmise & absolument vnie à celle de Dieu; tellement que comme ie ne veux que ce qu'il veut, & qu'il ne veut & n'ordonne rien qui ne soit tres-bon, rien ne me blesse & ne me fâche, parce qu'il n'y a que le mal & nos resistances, qui nous donnent de la peine. Ainsi dans cette soûmission de ma volonté à celle de Dieu, & dans cette persuasion que i'ay, que tout ce qu'il fait, est le meilleur, ie vis toujours content & bien-heureux.

Mais, mon amy, qui estes-vous, & d'où venez vous ? Qui ie suis, replique le mendiant ? ie suis Roy : & si vous desirez connoistre où est mon royaume, il est dans mon ame, où ie tiens tout en bon état, où les passions prennent les ordres & la loy de la Raison, & la Raison de Dieu : Voila mon royaume, que vous m'auoüerez estre beaucoup plus noble, beaucoup plus riche & plus delicieux que tous ceux de la terre. Maintenant pour sçauoir d'où ie viens, ie vous diray que ie viens de Dieu, & que ie vay à Dieu, lequel ie rencontre en toutes choses, & où ie m'vnis à luy. Iamais rien moindre que luy n'a arresté mon esprit, ny possedé mon cœur. C'est pourquoy quittant la creature i'ay trouué le Createur, & en luy vn parfait repos & vne paix inalterable.

De ce discours il n'y a personne qui ne puisse aisement iuger & conclure auec nous, que ce pauure nonobstant sa pauureté & toutes ses incommoditez, n'ait esté l'homme peut-estre le plus parfait & le plus heureux de son siecle, parce qu'il estoit excellemmét vny à sa fin qui est Dieu, & qu'il se seruoit de la faim, du froid, de la pluie, de la gresle, & de tous les accidens qui luy arriuoient, iustement comme il falloit pour paruenir à sa fin; nous sommes tous asseurez du mesme bonheur, si nous voulons suiure les mesmes traces.

## CHAPITRE IV.

Quatriéme Principe general.

*L'vnion auec Iesus-Christ.*

LE quatriéme Principe general de la Vie spirituelle, & que i'estime absolument le principal & le plus important de tous, est de nous vnir intimement & inseparablement à nostre Seigneur Iesus-Christ. Surquoy nous auons à considerer quatre choses. La premiere, pourquoy nous deuons le faire. La seconde, les façons de le faire. La troisiéme, le lieu. Et la quatriéme, l'exercice de la chose.

Pour la premiere, ie dis que Iesus-Christ est le vray & vnique Reparateur de la gloire de Dieu, &

qu'il est venu au monde pour nous apprendre par ses instructions & par ses exemples, & nous donner tout ensemble par les secours qu'il nous fournit le moien d'honorer, d'aimer & de seruir Dieu; Qu'il est la cause meritoire & exemplaire de nostre predestination & de nostre sanctification, le fondement de nostre salut, & la source d'où nous doiuent venir toute la grace, toute la gloire & tous les biens que nous aurons iamais, sans lequel nous serons infailliblement & eternellement miserables, & auec lequel nous serons à iamais tres-asseurement & parfaitement bienheureux; *Omnia habemus in Christo, & omnia Christus est nobis*, dit sainct Ambroise. Nous treuuons en Iesus-Christ tout ce qu'il nous faut, & il nous est toutes choses; il est nostre thresor, nostre richesse, nostre honneur, nostre gloire, nostre ioie, nostre paix, nostre sagesse, nostre iustice & nostre Tout.

Lib 3. de Virgin.

Nous auons tout en luy, nous y auons la beatitude de nostre ame entant qu'il est Dieu, celle de nostre corps pour la vie future en ce qu'il est homme, & de plus il nous sert pour acquerir tous ces biens de souuerain moien; premierement à l'exterieur, par sa doctrine & par ses actions, qui nous sont des patrons excellens & des modeles acheuez de ce que nous deuons faire & ne faire pas, de ce que nous deuons estimer & mesestimer, aimer & haïr, comme il faut parler, conuerser auec Dieu & les hommes, & generalement comme nous deuons nous prendre en tout ce qui concerne nostre beatitude. Secondement à l'interieur, nous fourniffant les graces & les secours qui y font necessaires. D'où aussi luy mesme nous dit: *Ego sum Via, Veritas & Vita, nemo venit ad Patrem nisi per me.* Et encore: *Ego sum ostium, per me si quis introïerit, saluabitur.* Ie suis la Voie, la Verité & la Vie. Ie suis la Beatitude & le Moien d'y paruenir: ie suis le Terme du voiage & le Chemin. Estãt la Vie, ie suis vostre felicité, & tout ensemble, puisque ie suis la Voie & la Verité, ie suis le Moien & le Chemin infallible pour y arriuer. Persone ne peut venir à mon Pere que par moy, i'en suis la Porte: quiconque passera par moy, sera asseurement sauué. *Erit vita nostra Christus in æternum,* dit sainct Augustin, Iesus-Christ sera à iamais nostre vie & nostre souuerain bien.

Et il est l'vnique Moien d'en acquerir la ioüissance, suiuant ces belles paroles que le mesme Sainct nous dit ailleurs: *Gratia Dei non potuit gratiùs commendari, quam vt vnicus Dei filius in se incommutabiliter manens indueret hominem, & spem dilectionis suæ daret Hominibus Homine Medio; quo ad illum ab Hominibus veniretur, qui tam longè erat, immortalis à mortalibus, incommutabilis à commutabilibus, iustus ab impijs, beatus à miseris.* Dieu n'a pû nous témoigner plus agreablement son affection, ny nous faire sentir d'vne façon plus douce & plus charmante les effets de ses bontez, que d'enuoier son Fils vnique icy bas pour prendre nostre nature, sans quiter

*Ioan. 14. 6.*
*Ioan. 10. 9.*

*In psalm. 48. conc. 1.*

*Lib. 10. de ciuit. cap. 29.*

quiter la sienne, & nous faire esperer l'honneur de sa bien-veillance par le moien d'vn Homme, par lequel les Hommes pûssent s'acheminer & paruenir à celuy qui estoit extremement éloigné d'eux, & autant que l'immortalité, l'immutabilité, la saincteté & la beatitude peuuent separer celuy qui les possede des pauures creatures, mortelles, changeantes, pecheresses & miserables. Pour ce sujet, *In Christo habent Homines*, dit le mesme sainct Docteur autre-part, *misericordissimam purgationem & mentis, & spiritus, & corporis sui: propterea quippe totum Hominem sine peccato ille suscepit, vt totum, quo constat homo, à peccatorum peste sanaret.* Les Hommes ont en Iesus-Christ & par la force de ses merites vne iustification & vne sanctification tres-misericordieuse de leur ame, selon ses deux parties, la superieure & l'inferieure, & de leur corps, & de tout ce qu'ils sont. C'est pourquoy Iesus-Christ a pris l'homme tout entier sans aucune souillure de peché, afin de guerir l'homme tout entier de la peste du peché.

Lib. 10. de ciuit. cap. 22.

Et afin de le mettre en état de faire pour cela de son côté ce qu'il doit, & exercer les bonnes œuures, il l'assiste de ses graces & luy confere ses dons, comme le celebre Abbé du Moustier de la Celle nous le dit par ces paroles choisies; *Pius & largus remunerator non solum operum sed & affectionum ante faciem tuam Christus Iesus accinctus plenâ manu præcurrit, in latere claro vultu concurrit, & post tergum extenso brachio succurrit, præcurrit vt peruius, concurrit vt*

Petrus Cellensis epist. 1. lib. 2.

II. Part.

*socius, succurrit vt medicus. Præcurrit vt imiteris, concurrit ne lasseris, succurrit ne labaris. Post hunc currens non deficies ; cum isto vadens ad omnia sufficies ; huic totus innixus omnia te posse non desperes.* Iesus-Christ, qui auec vne grande bonté & vne largesse diuine recompense non seulement les bonnes actions, mais encore les bons desirs, marche deuant vous au chemin de vostre salut les mains toutes chargées de ses dons ; il marche à vos costez auec vn beau & agreable visage, & il marche apres vous ayant le bra étendu. Il marche deuant vous pour rompre la glace & applanir vostre chemin ; il marche à vos costez comme vn compagnon fidele pour vous soulager, pour vous encourager, vous consoler, vous defendre ; & il marche apres vous pour estre toujours prest à apporter le remede à vos maux. Il marche deuant vous, afin que vous le suiuiez & l'imitiez ; il marche à vos côtez afin que vous ne vous lassiez point dans vostre voiage ; & il marche apres vous pour vous empescher de choir. Le suiuant, vous ne vous égarerez iamais ; allant en sa compagnie, vous serez fort & vigoureux ; & vous appuiant entierement sur luy & vous tenant vny à luy intimement, prenez garde de fermer la porte à tous les soupçons iusques aux moindres, qu'auec vn tel appuy & vn tel secours vous ne puissiez & tout faire & tout souffrir.

Cette verité estant ainsi éclaircie & posée en fait, il faut necessairement inferer, que soit que nous pretendions de glorifier Dieu, qui est la fin principale & derniere pour laquelle nous sommes faits, ou que nous soions touchez du desir de nos propres interests & de nostre salut, qui est vn dessein, que tout homme sage & iudicieux doit auoir apres celuy de la gloire de Dieu, & que Dieu mesme veut & entend que nous ayons, nous deuons faire tous nos efforts & apporter tous les soins qui nous seront possibles pour nous vnir à luy, & nous ioindre à ce peuple deuot de qui S. Luc dit, *Omnis turba quærebat eum tangere, quia virtus de illo exibat & sanabat omnes.* Tout le monde tâchoit d'approcher & de toucher nostre Seigneur, parce qu'il sentoit couler de luy la santé, le baume, & les remedes qui guerissoient les corps & les ames. Comme nous auons parlé de cecy amplement, & monstré cette grande Verité dans son iour en plusieurs autres lieux, nous n'en dirons pas icy dauantage, mais nous passerons à la seconde chose, qui est de rechercher comme quoy nous pourrons nous lier & nous vnir à nostre Seigneur.

Luc 6. 19.

Premierement, ie dis que c'est par la grace sanctifiante, comme par le vray & le plus proche moien d'vnion auec nostre Seigneur, laquelle pour ce sujet nous deuons tâcher & d'auoir, & d'accroistre continuellement.

Secondement, c'est par les actes interieurs de toutes les Vertus, qui sont comme autát de liens, auec lesquels nous nous lions & attachós à nostre

Seigneur; & particulierement par ceux des trois vertus Theologales, de la Foy, de l'Esperance & de la Charité, qui ont pour cela vne force toute particuliere.

Produisans en premier lieu les actes d'vne Foy viue de nostre neant, & croians que de nous & de nostre chef nous sommes vn neant tout pur de corps & d'ame; vn neant d'essence, de puissance & d'operations, vn neant de tout bien de la Nature, de la Grace & de la Gloire; & vn neant de tout estre. Puis, de la domination du peché en nous, & de nostre captiuité dans ses fers, de nostre pente & inclination à tout mal, & de nostre foiblesse & impuissance à tout bien. *Lex*, dit S. Paul, *spiritualis est, ego vero carnalis; venundatus sub peccato, habitat in me peccatum.* La Loy de Dieu est spirituelle, & moy ie suis charnel. Ie porte dedans moy vne source de mauuais desirs, & vne inclination au peché, qui par ce moien demeure en moy & y exerce sa tyranie. *A planta pedis vsque ad verticem*, se plaint le Prophete Isaie, *non est in eo sanitas: vulnus & liuor & plaga tumens non est circumligata, nec curata medicamine, neque fota oleo.* Il n'y a rien de sain en moy, depuis le sommet de la teste iusques à la plante des pieds tout y est malade, on n'y voit que des blessures, des contusions & des vlceres, pour la guerison desquelles la nature est trop foible, & elle n'a point de medicamens ny d'appareils. Et Ezechiel nous dit de la part de Dieu à tous, aussi bien qu'au peuple de Ierusalem. *Radix tua & ge-*

*Rom. 7. 11.*
*14. 17.*

*Cap. 1. 6.*

*Ezech. 16. 3.*

*meratio tua de terra Chanaan. Pater tuus Amorrhæus & mater tua Cethæa; & quando nata es, non est præcisus vmbilicus tuus, & aqua non es lota in salutem: Proiecta es super faciem terræ in abiectione animæ tuæ, vidi te conculcari in sanguine tuo.* Tu es originaire de Chanaan & sortie d'vne terre maudite; ton pere n'est qu'vn des-obeïssant & ta mere vne folle, qui te mettant au monde ne t'a pas couppé le nombril, ny arresté le cours de tes corruptions; elle n'a point lavé les ordures, dans lesquelles elle t'a conceüe, & auec lesquelles tu es venüe; mais elle t'a iettée sur la terre couuerte d'immondices, & enueloppée de pauuretez & de miseres; & ie t'y ay veüe te rouler dans ton sang, & te veautrer dans tes saletez.

En suite de cét acte de Foy il en faut exercer vn de la necessité que nous auions de Iesus-Christ pour estre affranchis de tous ces maux; parce que, *omnes peccauerunt,* comme nous enseigne l'Apostre, *& egent gloria Dei.* Tous sont tombez dans le peché, & tandis qu'ils sont en cette vie ils ont vne inclination qui les y porte continuellement, & pour les en retirer & les nettoier de celuy dont ils se treuuent soüillez, ils ont besoin de la Gloire de Dieu, c'est à dire, comme les Interpretes l'entendent, de Iesus-Christ. Et parlant de soy il dit ce que chacun de nous doit s'approprier. *Video aliam legem in membris meis repugnantem legi mentis meæ & captiuantem me in lege peccati, quæ est in membris meis. Infelix ego homo! quis me liberabit de corpore mortis hu-*

Rom. 3. 23.

Rom. 7. 22.

O iij

*ius? gratia Dei per Iesum Christum Dominum nostrum.* Ie sens dans mes membres vne loy qui s'oppose à celle de mon esprit, & qui me rend esclaue du peché, en ce qu'elle me sollicite de le commettre, & m'y tire auec vne violence & auec des efforts, dont i'ay bien de la peine de me defendre. O miserable que ie suis! Qui me deliurera de ce corps mortel, & me fera sortir de cette prison, où mon ame est captiue & accablée de mille maux? Ce sera la grace de Dieu, qu'il me donnera par les merites de son Fils nostre Seigneur Iesus-Christ. C'est de luy seul que i'attend la rupture de mes chaisnes, la deliurance de ma seruitude, & l'affranchissement de toutes mes miseres.

Ioan. 15. 5.

1. Cor. 12. 3.

Aussi, disoit-il, *sine me nihil potestis facere*. Vous ne pouuez rien faire sans moy. Ce qui est si vray, que sainct Paul assûre que nous ne sçaurions prononcer seulement son nom sans son assistance. Nous sommes si incapables de nous, de faire aucun bien, qu'il a fallu qu'il nous ayt acheté auec le prix de son Sang la plus petite pensée de seruir Dieu, & mesme la permission de nous presenter deuant sa diuine Majesté, tant nous en estions indignes. On tiendroit pour vne extreme foiblesse si quelqu'vn ne pouuoit pas seulement leuer vne paille de terre, & encore pour vne plus grande, s'il n'auoit pas la force de remüer aucun de ses membres, non pas mesme les yeux: C'est pourtant comme nous sommes faits, car il nous est absolument impossible de tourner seulemét le pied pour aller à Dieu, de remüer le doigt pour operer vne bonne action, de leuer les yeux au Ciel, ny faire aucun mouuement de salut pour petit qu'il soit. Encore les Paralytiques ne sôt-ils pas entrepris ny impotents iusques à ce poinct, mais il leur reste toujours l'vsage libre de quelqu'vne de leurs parties, où sans nostre Seigneur nous sommes tout à fait immobiles au bien & à nostre salut.

De vray les Hommes n'auoient pû auec toutes leurs forces obseruer deuant Moyse l'espace de deux mille ans & plus, la loy de Nature : ny les Israëlites celle de Moyse par deux autres mille ans, pour monstrer par cette impuissance generale & si longue de tous les Hommes à fuïr le mal & à faire le bien, qu'ils auoient necessité d'vn esprit nouueau, & d'vn Sauueur qui leur donnât ce qui leur manquoit pour pouuoir pratiquer l'vn & l'autre. Voila le besoin que nous auions de nostre Seigneur, & les actes de Foy qu'il en faut faire.

Apres lesquels nous viendrons à ceux de l'Esperance, qui aussi bien que la Charité, découle de la Foy viue auec la mesme facilité, que le ruisseau découle de sa source, & que le rayon émane du Soleil; car en effet supposé que l'on croie fermement, que nostre Seigneur nous est ce que la Foy nous en apprend, il est en suite tres-aisé d'esperer en luy & de l'aimer, & mesme il est comme impossible de ne le faire pas; c'est pourquoy l'on dit bien & auec grande raison, que la Foy est le fondement de toutes les Vertus, & qu'il importe extremement de la bien cultiuer. Nous produirons donc des actes d'Esperance enuers nostre Seigneur fondez sur sa bonté, sur l'amour qu'il nous porte, sur sa sagesse, sa puissance, sa misericorde, sa liberalité & sa fidelité en ses promesses, qui estans au dernier poinct de toute la perfection possible & infinies, meritent vne esperance infinie, aussi bien que sa vie, sa passion & sa mort, sur lesquelles nous deuons particulierement appuier.

A la verité nous auons vn merueilleux sujet de nous confier en luy & de nous réjoüir, de ce que nostre salut est entre ses mains, & non en celles d'aucun autre, ny mesme és nostres : parce que ie ne puis auoir pour moy-mesme & pour mon bien ny tant d'amour, ny tant de sagesse, ny tant de pouuoir que luy : ce qu'il a bien monstré par des preuues irreprochables, se faisant Homme pour moy, trauaillant trente trois ans, & apres mourant en vn gibet dans l'horreur des plus cruels tourmens & des plus violentes douleurs qui furent iamais pour mon salut ; où moy pour moy & pour mon salut ie ne fais pas la millième partie de cela, puisque ie ne veux pas seulement domter vne passion legere, ny me défaire d'vne imperfection qui m'y est contraire. C'est pourquoy ie puis & ie dois dire à nostre Seigneur d'vne grande affection auec Dauid, *Tu es, Domine spes mea. Adiutor & susceptor meus es ; & in verbum tuum supersperaui.* Vous estes, ô Seigneur, mon esperance, vous estes

*Psalm. 90. 9.*
*Psal. 118. 114.*

estes mon recours & mon appuy, & ie me suis parfaitement confié en voſtre parole.

Il faudra produire dans cette diſpoſition des actes d'eſperance en luy, qu'il aura vn ſoin tres-particulier de moy & de mes neceſſitez corporelles & ſpirituelles, de mes proſperitez & de mes aduerſitez, de mes emplois & de mes demeures, de ma ſanté & de mes maladies, de ma vie & de ma mort, & generalement de tout ce qui me peut concerner tant pour ce monde comme pour l'autre.

De l'Eſperance nous paſſerons à l'Amour, aimans noſtre Seigneur de tout noſtre cœur, à cauſe qu'il eſt infiniment aimable en ſoy pour ſes perfections infinies, & à nous pour les ineſtimables benefices qu'il nous a faits, qu'il nous fait tous les iours, & qu'il nous prepare pour toute l'eternité. *Si quis*, dit ſainct Paul, *non amat Dominum noſtrum Ieſum Chriſtum, ſit anathema, Maran Atha.* 1. Cor. 16. 22. Si quelqu'vn eſt ſi malheureux & ſi brutal que de ne point aimer noſtre Seigneur Ieſus-Chriſt, qu'il ſoit maudit & excommunié, parce que noſtre Seigneur eſt venu icy bas, & a pris ſa nature pour luy. Il a fait tant de choſes, & a ſouffert tant de maux, & auec vn ſi ardent amour pour le deliurer de toutes ſes miſeres, & le rendre à iamais bienheureux, & il ne l'aimera pas? s'il ne le fait & ne s'aquite enuers luy d'vn ſi iuſte & ſi raiſonable deuoir, qu'il ſoit anatheme.

Le Pere eternel nous apprend par ſon exem-

I.I. Part.

ple à aimer nostre Seigneur. Il declara par deux fois l'amour qu'il luy portoit, lors qu'il dit, *Hic est filius meus dilectus, in quo mihi complacui:* Et comme sainct Marc le raconte. *Hic est filius meus charissimus.* Celui-cy est mon fils bien-aimé, en qui ie prend mes plaisirs, & que i'aime vniquement. Aussi est-il appellé par sainct Paul, *Filius dilectionis suæ.* Le Fils de l'amour du Pere. Par deux fois son Pere le proposa aux Anges pour estre recognu, adoré & aimé d'eux, *Omnia subiecit sub pedibus eius,* dit Dauid de luy au rapport de sainct Paul, Dieu a assujeti tout à son pouuoir. Et luy-mesme de soy, *Pater diligit filium, & omnia dedit ei in manu eius.* Et derechef, *sciens quia omnia dedit ei Pater in manus.* Le Pere aime son Fils, & pour marque de son amour il luy a donné la seigneurie de tout ce qui est au monde, &, ce qui est encore dauantage, soy-mesme, luy conferant sa propre nature, & le faisant vray Dieu comme luy; il a soûmis ses attributs à son Humanité pour les emploier comme elle le iugeroit, sa puissance pour faire des miracles, sa sagesse pour enseigner les hommes & les conduire à leur salut, sa misericorde pour pardonner les pechez, & sa iustice pour les iuger & les punir, se dépoüillant de cette façon, pour ainsi dire, de son autorité pour l'en reuestir & l'honorer. Il a en sa consideration & pour l'amour de luy remis aux hommes les iniures qu'ils luy auoient faites, il leur a donné l'entrée de sa maison, & les a fait participans de sa felicité, il s'est

*Matth. 3. 17.*

*Matth. 17. 5.*
*Marc. 9. 6.*

*Coloss. 1. 13.*

*Hebr. 1. 6.*

*Psalm. 8. 8.*

*Ioan. 3. 35.*
*& 13. 3.*

mis en sa disposition pour le donner à qui il luy plairoit, & luy a baillé la clef de tous ses thresors pour les distribuer selon sa volonté : Enfin c'est l'vnique objet de toutes ses complaisances, & de tous ses amours, de sorte qu'il n'aime, qu'il ne goûte & n'approuue rien que son Fils, ou pour son Fils, & s'il ne porte quelque marque de luy.

Nous le deuons imiter en cecy, car encore qu'il l'aime en Pere, c'est pourtant vn Pere qui est Dieu, qui ne se conduit point par passion, mais par raison, & qui estant l'Equité mesme, ne peut aimer que les choses aimables : Aimons-le donc sur son modele auec toutes les affectiós de nostre cœur, produisant enuers luy souuent des actes excellens d'Amour, du Chois, de Complaisance, de Bien-veillance, de Preference, de Contrition, de l'amour Aspiratif, dont nous auons donné autre part les patrons.

*Liu. 1. de la Conn. & de l'Am. de N. S.*

Soûpirons apres cette vnion, & demandons la auec toutes les instances possibles, luy disant auec Dauid. *Quemadmodum desiderat ceruus ad fontes aquarum: ita desiderat anima mea ad te, Deus. Sitiuit anima mea ad Deum fortem, viuum: quando veniam & apparebo ante faciem Dei?* Comme le Cerf poursuiui de la meute, halete apres la fraîcheur des eaux: de mesme, ô mon Seigneur, mon ame soûpire apres vous. O qu'elle est alterée de s'vnir à Dieu fort & viuant, qui est le principe de ma force & la cause de ma vie! Quand me verray-ie en sa presence, & en

*Psalm. 41.*

état de me ioindre à luy?

*Pſalm. 118. 174. & 81.*

*Concupiui ſalutare tuum, Domine. Defecit in ſalutare tuum anima mea.* O mon Seigneur, i'ay conuoité voſtre ſalutaire & voſtre cher Fils qui eſt l'auteur de mon ſalut: mon cœur tombe comme en defaillance par l'excez du deſir qu'elle a de le poſſeder.

*Iſaïe 26.9.*

Auec Iſaïe, *Anima mea deſiderauit te in noĉte: ſed & ſpiritu meo in præcordijs meis, de mane vigilabo ad te.* Mõ ame pendant la nuiĉt a bien penſé à vous, & vous a ſouhaité mille fois; & dés le fin matin mon eſprit aura les yeux ouuerts pour regarder apres vous.

*S. Damaſc. in eius vita.*

Et auec le ſainĉt Prince Ioſaphat, qui diſoit & rediſoit inceſſamment dans ſa ſolitude ces paroles à noſtre Seigneur. *Adhæſit anima mea post te, ô Chriſte; ſuſcipiat me dextera tua. Anima mea tui deſiderio ſaucia est, téque ſalutis fontem ardenter ſitit.* O Ieſus-Chriſt mon Seigneur, ie ſens mon cœur qui s'attache puiſſamment à vous, ie vous ſupplie & vous coniure que voſtre main droite me tienne & me fortifie, afin que ie ne tombe; mon ame eſt bleſſée iuſques au vif du dard de voſtre deſir & de voſtre amour, & a vne brûlante ſoif de boire à longs traits de vos eaux ſalutaires, qui eſtes la Fontaine de vie.

La troiſiéme façon de nous vnir à noſtre Seigneur, c'eſt par les Sacrements, qui ont eſté inſtitüez de luy pour nous conferer de leur propre force la grace, & particulierement par ceux qui nous sont ordinaires ; à sçauoir par celuy de la Penitence, & encore plus par celuy de l'Eucharistie, qui pour produire plus excellemment cét effet, & nous ioindre plus intimement à nostre Seigneur, s'appelle, *Communion.* Il faut qu'en la reception de cét auguste & adorable mystere nous nous vnissions à nostre Seigneur par les actes de la Foy, de l'Esperance, & par les autres, & singulierement par ceux de la Charité, tâchans d'allumer vn grand feu d'amour dâs nostre cœur, & le reduire tout en flammes par la consideration de ce qu'il y fait pour nous en soy & hors de soy, de ce qu'il nous y donne, & comme il ne se reserue rien tant de soy comme de tous ses biens, qu'il ne nous communique auec des liberalitez & des profusions immenses.

A la verité sainct Thomas a eu raison d'appeller la tres-saincte Eucharistie, *Sacramentum amoris,* le Sacrement d'amour ; parce que si la Passion & la Mort de Nostre Seigneur a esté vn effet de l'affection infinie qu'il nous porte, comme on n'en peut douter, & comme il le declare luy-mesme, lors qu'il dit qu'on ne sçauroit faire paroistre plus hautement ny plus assûrement son amour à son amy, qu'en mourant pour luy, il faut neanmoins auoüer que ç'a esté aussi vn œuure de iustice, d'autant que nostre Seigneur est mort pour appaiser la cholere de son Pere, & luy satisfaire pour les iniures qu'il auoit receües de nous; où il n'a étably le sainct Sacrement de l'Autel, &

Opuscul. 58.
cap. 15.

ne se tient dans l'Hostie d'vne façon si étrange, que pour nous témoigner son amour, & nous en faire goûter les fruits, & singulierement pour se donner à nous.

En quoy sans mentir il se rend merueilleux & infiniment aimable, parce que deuant se donner à nous en l'autre vie, & nous y communiquer la iouïssance de sa Diuinité & de son Humanité, lors que nous serons purifiez au dernier poinct & parfaits; il ne peut neantmoins attendre si long-temps ny differer iusques là, mais son amour le presse & le force d'anticiper & le faire dés maintenant, encore que nous en soions tout à fait indignes, pour estre chargez d'ordures & tous couuerts d'imperfectiós & de pechez, ô quel amour, quel excez de bonté! Et quelles extremes obligations auons nous d'aimer ardemment nostre Seigneur dans ce diuin Sacrement?

En quatriéme lieu, nous pouuons nous attacher & nous vnir à nostre Seigneur par les Oraisons mentales & les vocales, & particulierement par quelques-vnes qui ont plus de force pour cela estant dites auec esprit, comme sont les Litanies de Iesus, l'Office de la Sapience composé par Henry Suso; par certaines Oraisons iaculatoires enflammées; par la pensée ordinaire de luy, de ses perfections, des biens qu'il nous a faits & qu'il nous veut faire, & par vn entretien familier, mesme souuent vocal, auec luy, tout ainsi que si on le voioit prés de soy, comme d'vn enfant auec son pere, d'vne epouse auec son epoux, d'vn frere auec son frere, d'vn amy auec son amy, d'vn malade auec son medecin, & d'vn sujet auec son prince, nous souuenant de cette belle parole que dit l'Abbé Moyse dans Cassian, *fornicationem mens iudicet vel momentaneum à Christi contemplatione discessum.* (Collat. l. c. 1.) L'ame doit estimer qu'elle tombe en fornication si elle quitte pour vn seul moment la pensée de Iesus-Christ. Les lectures encore qui traitent de luy, y peuuent beaucoup seruir, & entre les Liures des sainctes Lettres, il faut se rendre familier le nouueau Testament, & singulierement l'Euangile de sainct Iean & les Epistres de sainct Paul.

## SECTION I.

*Où cette Vnion se doit faire, & la façon.*

LA troisiéme chose qu'il faut considerer touchant l'vnion auec nostre Seigneur est le lieu, où nous la deuons principalement pratiquer; Et la quatriéme est sa pratique.

Pour le lieu, ie dis que c'est dans le cœur de nostre Seigneur, où nous deuons tres particulierement nous vnir à luy; Nous y sommes tous déja, puisque nous sçauons asseurement qu'il nous aime tous, & que l'amour loge toujours auec soy dans le cœur comme dans son propre domicile, les persones aimées: Et de plus nous pouuons nous y placer & y demeurer par nos pensées, comme nous pouuons nous mettre en esprit auprès de quelqu'vn & entrer dans son cœur.

C'est là où il faut établir nostre demeure. Il n'y a persone si pauure qui n'ait quelque lieu pour se retirer, les Religieux, qui font profession d'vne pauureté plus étroite & de se dépoüiller le plus, encore ont ils leur cellule, & les Ermites & les Recluz leur chambrete où ils se tiennent & font leurs exercices. Nostre Seigneur nous loge dans son cœur, c'est donc là nostre demeure, & nous ne pouuons pas en auoir vne plus riche, plus magnifique, plus ornée, plus delicieuse, plus saincte ny plus diuine, & tous les Palais des Roys & des Monarques, non plus que tous les cabinets des Reines & des Princesses n'en approchent pas. *Ad hoc* dit sainct Bernard, *perforatum est latus tuum, vt nobis patefiat introitus : ad hoc vulneratum est cor tuum, vt in illo ab exterioribus perturbationibus absoluti habitare possimus. Accedamus ergo, & exultabimus & lætabimur in illo memores cordis tui. ô quàm bonum & quàm iucundum habitare in corde hoc.* Mon Seigneur, vous auez voulu que vostre costé fut ouuert, afin de nous ouurir vne porte pour entrer chez vous. Vous auez fait que l'amour plus que la lance, ait percé vostre cœur, à ce que nous pûssions y demeurer & y estre à couuert de tous les embaras exterieurs. Allons donc auec ioie nous loger dans ce cœur, pour n'en sortir iamais. O qu'il est bon, & qu'il y a de plaisir de demeurer & d'operer dans ce cœur.

*Tract. de Passion. c. 3.*

Oüy

Oüy d'operer, qui est la quatriéme chose à dire; car c'est dans le cœur de nostre Seigneur que nous deuons faire toutes nos operations, cóme vn homme fait les siennes dans sa chambre ou dans son cabinet: Nous y deuons faire absolûment tout ce que nous faisons, & y exercer toutes les fonctions de la vie Purgatiue, de la vie Illuminatiue, & de l'Vnitiue.

Et premierement pour la Purgatiue; Considerez, examinez, pleurez-y vos pechez, & demandez-en le pardon à Dieu, dans ce cœur qui autrefois en a conçû vn inexplicable regret, & en a esté percé de douleur. Haïssez & fuiez les plus petites offenses, & les deffauts les plus legers dans ce cœur infiniment sainct, souuerainement pur, & qui a en auersion & en horreur extreme le moindre peché veniel. Combattez dans ce cœur tres-genereux & inuincible contre vos vices & contre vos inclinations mauuaises, resistez courageusement aux assauts de vos ennemis, & remportez, comme vous le pouuez dans vn lieu si fort, de glorieuses victoires. Faites dans ce cœur penitent & affligé vos mortifications & vos penitences; & quand vous tomberez dans des afflictions, dans des ariditez, des ennuis & des pressures de cœur, souffrez-les dans ce cœur, qui au Iardin des Oliues fut tres-desolé & accablé de tristesse iusques au mourir.

Certe les tribulations, la faim, la soif, le chaud, le froid, les maladies, les douleurs du corps, les peines de l'esprit, les iniures, les opprobres, & generalemēt toutes sortes de maux venans à nous par le cœur de Iesus, s'y adoucissent extremement, & y perdent toute leur amertume & toutes leurs qualitez malignes pour en prendre de salutaires; ne plus ne moins que les eaux qui passent par les mines en tirent leur force & leur vertu, & s'y rendent medicinales. Comme le tres-noble & le tres-illustre Martyr sainct Pantaleemon estoit par le commandement de l'Empereur Maximian horriblement dechiré d'ongles de fer & brûlé auec des tisons allumez & des lampes ardentes, il n'appliquoit point son esprit à ses blessures ny aux douleurs qu'on luy faisoit endurer, mais pensoit seulement & s'adressoit à Iesus-Christ qui le pouuoit secourir dans cette extremité. Et qui aussi n'y manqua pas, parce qu'il fit que les bourreaux ne pûrent plus s'aider de leurs bras, ny le feu faire sentir sa chaleur: d'où l'Empereur bien étonné luy dit, de quels enchantemens te sers-tu, pour oster ainsi le pouuoir aux Executeurs de ma Iustice, & la force au feu? ce sont là des traits de ta magie. A qui le Sainct répondit, *meæ præstigiæ est Christus, qui adest mihi hæc operans.* Mes enchantemens, mes sortileges & ma magie est Iesus-Christ, qui m'assiste & me fortifie pour me rendre victorieux de tous vos supplices.

Secondement pour la vie Illuminatiue, exercez les vertus & les bonnes œuures dans le cœur

*Apud Sur. 27. Iulij.*

de nostre Seigneur. Pratiquez la Foy dans ce cœur qui est infiniment sage, & où est l'échole de toute la sagesse. Esperez dans ce cœur qui vous aime parfaitement, & qui est liberal & misericordieux au delà de toutes nos pensées. Dans ce cœur tres-humble, tres-patient, tres-debonnaire, tres-obeïssant, tres-chaste, & doüé de toutes les vertus au souuerain degré, produisez vos actions d'humilité, de patience, de mansuetude, d'obeïssance, de chasteté, & des autres vertus. Faites-y vos Oraisons mentales & vocales, vostre action de graces apres la Communion, vous ne pouuez choisir vn Oratoire plus recueilly : comme ce cœur tres-sainct a toujours esté éleué & appliqué à Dieu vous y serez plus attentif & moins diuerti qu'en tout autre lieu.

Dans ce cœur, qui est tout brûlant de l'amour des hommes, aimez vostre prochain, portez ses vices & les defauts de son corps & de son esprit, & endurez les iniures qu'il vous fait. Sainct Paul mandoit aux fideles de Philippe, *Testis est mihi Deus, quomodo cupiam omnes vos in visceribus Jesu Christi.* Dieu m'est témoin, comme ie vous aime tous dans les entrailles & dans le cœur de Iesus-Christ. Considerez quel lieu ce sainct Apostre auoit choisi pour aimer les Philippiens ; il les aimoit non pas dans ses entrailles, dans son cœur, dans sa nature attachée toujours à elle mesme & à ses interests, dans sa foiblesse & sa corruption, mais dans les entrailles & dans le cœur de Iesus-

Philip. 1. 8.

Chrift; C'eft de là qu'il leur parloit, qu'il leur écriuoit, qu'il les inftruifoit, les reprenoit, les corrigeoit, les confoloit, les fupportoit & qu'il agiffoit en tout auec eux, & en fuite qu'il agiffoit tres-fainctemét, tres-parfaitemét & diuinement.

D'où penfez-vous qu'il arriue que nous auons fi peu de vray amour, fi peu de cordialité, de bonté, de compaffion, de tendreffe, d'affabilité & de douceur pour noftre prochain, fi peu de condefcendance à fes humeurs, fi peu de fupport pour fes defauts, & de patience pour les deplaifirs qu'il nous fait? C'eft parce que nous ne le regardons pas, & ne prenons point toutes ces chofes de luy dans le cœur amoureux, mifericordieux, & endurant de Iefus-Chrift, mais dans le noftre qui eft dur, fier, & impatient, où tout cela nous eft difficile & fâcheux, & dans le cœur de noftre Seigneur il nous feroit tres-aifé & tres-doux. Sainct Auguftin parlant de noftre Seigneur lors qu'en la Croix & au plus fort de fes douleurs il demanda pardon à fon Pere pour ceux qui le tourmentoient, en ces termes: Mon Pere, pardonnez leur, dit ceux-cy. *Non enim attendebat quod ab ipfis moriebatur, fed quia pro ipfis moriebatur.* Noftre Seigneur eut cette bonté extreme pour eux, parce qu'il ne prenoit pas garde que c'eftoiét eux qui le faifoient mourir, mais qu'il mouroit pour eux : de mefme quand quelqu'vn nous offenfe, nous ne deuons pas faire reflexion que nous fommes offenfez par vn tel homme, ny en quoy, ny pour

Tract. 11 in Ioan.

quoy, que c'est par vn homme inconsideré, ingrat, malin, perfide, à qui nous n'auons iamais fait aucun mal, mais que nous auons obligé en beaucoup de rencontres, ny choses semblables, mais que nous sommes dans le cœur de Iesus-Christ, & que là nous receuons cette offense, que nous y sommes auec celuy qui nous l'a faite, puisque nous sommes tous deux Chrestiens, que ce cœur charitable l'aime, & qu'il a esté percé pour son amour, & d'autres considerations qui adouciront l'aigreur de l'iniure & luy arracheront ses épines.

Dauantage, nous deuons faire toutes nos actions interieures & exterieures dans ce cœur auec la moderation, la douceur, la suauité, & auec les intentions de ce Cœur, dans vne parfaite conformité, & vne soûmission entiere à toutes ses inspirations & à tous ses mouuemens.

Enfin pour la vie Vnitiue, ce cœur diuin, qui a esté continuellement vny à Dieu non seulement par l'vnion hypostatique, mais encore par celle des actes de son amour & de toutes les vertus, & eleué infiniment au dessus de toutes les choses de la terre, en est le vray sactuaire & le propre domicile, & c'est là où elle se pratique excellément. C'est là où nous deuons produire les actes de l'amour du Chois, de Complaisance, de Bien-veillance, de Preference, de l'Aspiratif; là exercer les adorations, les glorifications, les loüanges, les intentions tres-pures, les remercîmens, les offres, les

q iij

hommages, les abandonnemens de foy, les abbaiffemens & les aneantiffemens, les degagemens d'affection de toutes les creatures, & les éleuations par deffus toutes les chofes du monde, & là poffeder & goûter la ioie & le repos en Dieu comme en noftre centre. Voila ce que nous deuons faire dans le cœur de noftre Seigneur, & comme il faut nous vnir à luy.

### SECTION II.

*Conclufion du fujet.*

Pour conclufion i'adioufte que nous deuons prendre cét exercice de l'vnion auec noftre Seigneur par deffus tous les autres, & en faire le capital de nos deuotions: il arriue fouuent & trop fouuent en la vie fpirituelle, que plufieurs partagent leurs efprits en beaucoup de petites pratiques, & diuifent leurs foins en quantité de chofes differentes. Ce procedé n'eft point bon, mais plûtoft embaraffant & plus propre pour faire reculer vne ame dans le chemin de fa perfection que pour l'y faire auancer; c'eft s'amufer aux branches, & quiter le tronc & la racine. Il faut pour vne bonne conduite fe reduire tant que l'on peut à l'vnité, & s'arrefter à peu de chofes, mais grandes & folides, & qui en tiennent plufieurs autres dependantes & enchainées. Outre que nous n'auons ny affez d'efprit pour bien entendre, ny aſſez de memoire pour retenir tant de choſes diuerſes & tant de menus exercices de pieté, & noſtre volonté meſme ne ſçauroit les bien gouſter: c'eſt pourquoy il vaut ſans comparaiſon mieux, & c'eſt agir bien plus prudemment, de s'adonner à vn qui ſoit tres-important, & qui en comprenne pluſieurs autres, & tous, s'il ſe peut faire.

Or ie trouue que celuy qui a vniquement tous ces auātages eſt l'exercice de l'vnion auec noſtre Seigneur Ieſus-Chriſt; lequel pour cette cauſe nous deuons entreprendre & embraſſer de toute noſtre affection, ſans nous tourmenter ny ſoucier beaucoup des autres, tâchans ſeulement de cultiuer & de perfectionner par tous les moiens que nous auons rapportez cy-deſſus, cette vnion, de l'etreindre tous les iours de plus en plus, & en ſerrer dauātage le nœud qui nous lie à luy. Parce qu'apres tout, noſtre Seigneur eſt la cauſe vnique de noſtre predeſtination, de noſtre ſalut & de tout noſtre bien, de ſorte que nous ſerons predeſtinez, ſauuez & comblez de biens, ſelon la liaiſon & l'vnion que nous aurons auec luy, les degrez de cecy deuans eſtre la regle & la meſure de cela. Ioint que comme il connoit ſans comparaiſon mieux que nous où conſiſte noſtre ſalut & ce qui y peut ſeruir, & qu'il le deſire bien plus ardemment, nous pouuons croire que, ſi nous ſommes vnis à luy, il ne manquera pas de nous le donner, & nous mettre en l'état neceſſaire pour noſtre perfection & pour noſtre bien.

Il faut ſeulement employer tous nos ſoins & faire tous nos efforts pour nous appliquer & nous vnir intimement à luy, ſans nous inquieter de tout le reſte : car apres il nous appliquera luy-meſme, encore que nous n'y penſions pas, à tout ce qui regarde le détail de noſtre ſalut, & particulierement à quatre choſes, auſquelles toutes les autres, & l'œconomie entiere d'vne conduite ſpirituelle ſe reduiſent. Premierement aux myſteres de ſa Vie & de ſa Mort. Secondement à ſes vertus & à l'exercice des bonnes œuures. Troiſiémement à toutes les choſes ſelon qu'elles nous viendront ; & quatriémement à Dieu. Tout ainſi que dans noſtre corps la main ny le pied ne ſe portent pas d'eux meſmes à leurs operations, mais y ſont portez par le mouuement & par la direction de la teſte, qui applique la main aux ouurages qu'elle fait, & conduit le pied où & par où il faut aller, ſi bien que la main & le pied, & toutes les autres parties du corps ne doiuent auoir ſoin que d'vne choſe, qui eſt de ſe tenir bien vnies à la teſte, d'eſtre entierement dependantes d'elle & abſolument ſoûmiſes à ſa conduite : de meſme nous ne deuons auoir, à proprement parler, qu'vne ſeule choſe dans l'eſprit, & nous ne deuons former qu'vn ſeul deſſein, à ſçauoir, de nous bien appliquer, nous bien ajuſter, & nous vnir intimement à noſtre Seigneur, car apres auec ſa bonté, ſa ſageſſe, & ſa puiſſance infinie il

nous

nous appliquera à tout ce qu'il faudra.

Et premierement à ses mysteres par les connoissances & par les affections qui leur sont propres, par la communication de leur esprit, par vne foy ferme & simple, par vne haute estime & par vn profond respect qu'il nous en donnera, & singulierement par l'imitation des vertus qu'il y a exercées.

Secondement à ses Vertus, à son Humilité, à sa Patience, à sa Mansuetude, à sa Douceur, à son Obeïssance, à ses Intentions, à ses Oraisons, à son Amour enuers Dieu & enuers les Hommes, à sa Conuersation, à son Mépris de toutes les choses de ce monde & aux autres, nous fournissant la grace en temps & lieu pour les connoistre, les estimer, les vouloir, les desirer, les aimer & pour nous resoûdre de les acquerir & les exercer dans les occasions: Par exemple nous appliquant à son Humilité, il nous baillera des connoissances des tres-humbles pensées qu'il auoit, des abbaissemens & des aneantissemens qu'il pratiquoit deuant la Diuinité entant qu'Homme, de l'amour qu'il auoit pour cette vertu, & en suite nous donnera le mouuement & la force de la pratiquer dans nos pensées, dans nos opinions, nos iugemens, nos affections, nos paroles, & dans toutes nos actions : de plus quand nous serons loüez & blâmez, quand on nous offensera en nostre honneur, en nos biens, en nostre corps & en nostre esprit, quand on choquera nostre volonté, qu'on

II. Part.

nous contrariera. Certe comme l'aiguille marine ne se tourne point de soy-mesme vers le pole, mais seulement lors qu'elle est frotée de la pierre d'aimant, apres quoy elle se remüe aussi tost & sans cesse, iusques à ce qu'elle l'ait rencontré: de mesme nostre volonté ne se portera iamais de soy à l'humilité, aux choses basses, aux mépris ny aux opprobres, si elle n'est premierement touchée de l'humilité de Iesus-Christ, qui luy communiquant son impression & sa vertu, elle ira aprés gaiement à ce, dont auparauant elle n'auoit que de l'horreur.

En troisiéme lieu, nostre Seigneur nous appliquera à toutes les choses qui se présenteront, & à tous les accidens qui nous arriueront, à la faim, à la soif, au chaud, au froid, aux richesses, à la pauureté, à la santé, aux maladies, à la vie & à la mort, pour en vser à sa mode, c'est à dire, d'vne façon spirituelle & diuine, & les prendre comme des moiens de nostre salut, de nostre perfection, & de nostre vnion auec Dieu, attendu qu'il leur a merité la capacité & la force de produire en nous ces effets, & à nous la grace de nous en seruir dans cét esprit.

En fin & pour la derniere chose, qui pourtant est la principale, il nous appliquera & nous vnira à Dieu par proportion comme il estoit appliqué & vny à la Diuinité: il nous appliquera & nous liera à Dieu comme à nostre premier Principe & à nostre Fin derniere, comme à la souueraine

Bonté, à la Sageſſe infinie, à la Toute-puiſſance, à la Beauté premiere & aux autres perfections diuines, auec les connoiſſances & auec les affections qui leur ſont propres. Par ce moien il nous ouurira la porte de la vie Vnitiue & nous en fera exercer les actions & en ſauourer les delices, ſelon le degré de la liaiſon que nous aurons auec luy.

Voila où noſtre Seigneur nous baillera l'entrée & dequoy il nous donnera la communication, ſi nous ſommes vnis à luy ; C'eſt pourquoy ne penſons & ne trauaillons qu'à acquerir cette vnion, & appliquons nous tout à fait à ce diuin exercice. *Martha, Martha ſollicita es, & turbaris erga plurima.* Luc. 10. 41. *Porro vnum eſt neceſſarium.* Vous vous adonnez à beaucoup de pratiques differentes, qui d'ailleurs ſont bonnes ; vous vous répandez en pluſieurs exercices diuers de pieté auec ſoin & ſouuent auec empreſſement, & peut-eſtre auec trouble. Mais il y en a vn neceſſaire par deſſus tout, c'eſt de vous bien vnir à Ieſus-Chriſt.

Tous ont beſoin de ce conſeil, parce que Ieſus-Chriſt eſt l'vnique ſource du ſalut & de la perfection de tous, mais encore dauantage, & d'vne façon plus particuliere ceux qui trauaillent au ſalut des ames, dautant que les ames luy appartiennent, qu'il ſçait le deſſein qu'il a ſur elles, & que c'eſt de luy qu'ils doiuent receuoir la grace & la force de les aider.

O qu'il eſt aiſé à noſtre Seigneur de conuertir les ames, meſme les plus perdües, quand il veut,

L'HOMME

qu'il en sçait de moiens ? Il n'auroit qu'à donner aux Princes & aux Monarques vn peu du zele de sainct Loüis, & aux Puissances Ecclesiastiques quelques pensées & quelques affections des Apostres, & on verroit bien-tost les Royaumes changez & l'Eglise auec vn autre visage.

Qu'est-ce que Dieu n'a point fait pour l'auancement de sa gloire, & pour le salut des hommes par saincte Catherine de Siene, simple fille, de condition fort mediocre, & qui n'a vécu que trente trois ans? Quel admirable pouuoir n'auoient pas pour toucher les cœurs & faire impression sur les esprits les paroles de saincte Lutgarde, de saincte Brigitte & de saincte Gertrude? Ie suis la Puissance diuine, dit vn iour le S. Esprit à la B. Angele de Foligny, qui te donne cette grace & te confere cette vertu, que tous ceux, qui te verront, receuront de ta communication du profit pour leur salut, & non seulement ceux-là, mais encore ceux qui penseront en toy, ou se souuiendront de toy, & mesme ceux qui seulement en-tendront proferer ton nom. A quoy la Saincte repartit. Ah! Seigneur, ie vous supplie de ne me point faire cette grace, car i'ay peur qu'estant vtile aux autres, elle ne me soit preiudiciable & vn sujet de vanité. Non, répond le sainct Esprit, non, elle ne le sera point, tu ne seras que la gardienne & la depositaire de ce don, sans t'en rien attribüer, & s'il doit seruir aux autres, ie sçauray bien faire qu'il ne te soit point nuisible.

*En leurs vies.*

*Chap. 3. de sa vie.*

O qu'vn homme vny étroitement à Iesus-Christ contribüe au salut du genre humain, mesme dãs sa chãbre, tout seul & au milieu d'vn desert. Ceux, dit Loüis de Blois, qui sont vnis à Dieu & luy donnent vn plein pouuoir d'operer en eux tout ce qu'il luy plaît, luy sont tres-agreables & treschers, & ils apportent plus de profit à l'Eglise & au salut des hommes en vne heure que les autres, qui qu'ils soient, ne sçauroient faire en plusieurs années.

*Instit. spir. cap. 1.*

Partant mettons là tous nos soins, à nous vnir intimement auec Iesus-Christ, à procurer par tous moiens, & perfectionner continuellement cette vnion sacrée, & demandons luy incessamment, sans nous mettre beaucoup en peine de tout le reste, parce qu'il viendra assûrement & en la façon qu'il faut, si nous sommes vnis à nostre Seigneur: n'ayons peur de rien & ne nous affligeons pour quoy que ce soit, parce que nous serons bien-tost riches, bien-tost vertueux, & bien-tost parfaits, *facile est enim in oculis Domini,* comme dit le sage fils de Sirach, *subitò honestare pauperem.* Il est fort aisé à Dieu d'éleuer vn pauure de la poussiere & le combler de richesses. Et le Prince des Apostres, *Deus omnis gratiæ, qui vocauit nos in æternam suam gloriam in Christo Iesu, ipse perficiet, confirmabit, solidabitque: Ipsi gloria & imperium in sæcula sæculorum, Amen.* Dieu, qui est l'auteur & le distributeur de la grace, & qui nous a appellez pour auoir vn iour par les merites de son Fils Iesus-Christ, la par-

*Eccl. 11. 21. πλουσίαν text. græc.*

*1. Petri 5. 10.*

r iij

ticipation de sa gloire eternelle, nous perfectionnera si nous nous tenons bien à ce cher fils, nous fortifiera & nous accomplira en toutes sortes de vertus solides. A luy soit l'honneur & l'autorité par tous les siecles des siecles, Amen.

## CHAPITRE V.

Cinquiéme Principe general de la Vie Spirituelle.

*La Pureté d'Intention.*

LE cinquiéme Principe general de la Vie spirituelle regarde la Pureté d'Intention, qui tient dans le Christianisme vn rang si relené, & monte à vn si haut poinct d'excellence, que c'est elle qui donne le prix & la valeur à toutes nos actions, & comme vne Alchimie spirituelle conuertit tout ce qu'elle touche en or, en diamans & en rubis. Nous auons déja parlé amplement de ce sujet, nous nous contenterons pour cela d'y adiouster seulement ce qui suit :

Nous disons donc en premier lieu, que l'Intention pour laquelle nous faisons quelque chose, est de telle importance, que ce que la racine est

*Liu. 3. de la Connoissance & de l'Amour de N. S. 1. part, chap. 4.*

à l'arbre, l'ame au corps & la forme au composé, elle l'est à nostre action, de sorte que nostre actió est noble ou roturiere, eminente ou abiecte, loüable ou blâmable, & digne de recompense ou de chastiment selon la nature & la qualité de l'intention, qui estant bonne, la rend bonne, & si elle est tres-bonne, elle luy confere vne bonté parfaite, *si radix sancta, & rami*, dit sainct Paul; où au contraire si elle est vicieuse, elle luy communique son vice & la corrompt toute, quelque bonté & quelque éclat qu'elle ait au dehors, produisant en elle le mesme effet qu'vn œil louche en vn beau visage, qu'il enlaidit & defigure.

Rom. 11.17.

Il n'y a rien au monde à proprement parler de grand ny de petit deuant Dieu, & par consequét en verité, que ce que le cœur humain fait grand & petit. Vne aumône de cét mille écus sera tenüe des hommes pour tres-grande, & celle d'vn double pour tres-petite, & neantmoins le cœur auec vne intention mauuaise rendra celle-là dans l'estime de Dieu vile, méprisable & mesme infame, & auec vne bonne il releuera celle-cy hautement & la fera digne de loüange. Donnez-moy les meilleures actions en apparence, des abandonnemens de tous vos biens, des ieusnes au pain & à l'eau pendant toute vostre vie, des austeritez tres-rigoureuses, & des emplois fort vtiles pour le salut du prochain, si toutefois vous exercez ces grandes & magnifiques actions auec vn œil louche, c'est à dire, auec vne intention oblique, & y regardez quelque chose de trauers, ou l'applaudissement des hommes, ou vostre propre satisfaction, ou quelque autre chose d'impur & de soüillé, elles perdent tout leur lustre, & au lieu de la gloire & du salaire qu'elles eussent meritées si vous les eussiez faites par vn bon motif, elles deuiennent criminelles & sujets de supplice. *Argētum tuum versum est in scoriam ; vinum tuum mixtum est aquâ*, dit Dieu par Isaïe, ton argent, qui pouuoit te rapporter beaucoup de profit, s'est changé en écume de metal, & s'en est allé en fumée, & ton vin a perdu sa force par l'eau que tu y as mise. Et auparauant il auoit dit dans la mesme pensée. *Quò mihi multitudinem victimarum vestrarum? Plenus sum : holocausta arietum & adipem pinguium, & sanguinem vitulorum, & agnorum, & hircorum nolui. Ne offeratis vltra sacrificium frustra*, & comme traduit le Cardinal Caietan, *sacrificium falsitatis, incensum abominatio est mihi.* A quel propos vos victimes & vos hecatombes? ie n'ay que faire de vos holocaustes, ny de ce qui est plus exquis dans vos offrandes. Retirez de deuant mes yeux vos sacrifices trompeurs, auec lesquels vous faites semblant à l'exterieur de m'honorer, mais dans vostre cœur vous m'offencez pour les fins peruerses que vous y pretendez. Tous vos encensemens & tous vos parfums me sont des abominations, ie les ay en horreur. Voila comme la mauuaise intention gaste les choses les plus excellentes, où la bonne donne

*Ibid. v. 11.*

*Ibid. v. 11.*

donne de la grandeur aux plus petites & du relief aux plus basses.

Nous deuons imprimer profondement cette verité dans nos esprits, qu'il n'y a point d'action pour menüe & pour vile qu'elle paroisse, qui ne deuienne grandement noble & honorable, si elle est faite pour vn bon motif ; comme aussi qu'il n'en est point de si magnifique ny de si éclatante dans l'estime des hommes, qui ne soit fort abiecte & fort vilaine, si elle a le vice pour objet ; par ce que c'est l'objet & le motif qui qualifie nos actiós & leur confere leur prix. De là vient que le Diable, qui sçait bien ce secret, & que tout nostre auancement & toute nostre richesse consiste en la bonté de nos motifs & en la pureté de nos intentions, tasche auec mille artifices & par tous les moiens possibles de les soüiller, &, comme Naas ce Roy des Ammonites qui signifie serpent, dót il est parlé au premier des Roys, nous arracher aussi bien qu'aux habitans de Iabes-Galaad, les yeux droits & ne nous laisser que les gauches, c'est à dire, nous faire prendre des desseins sinistres, quand nous faisons quelque chose, ou s'il ne peut gagner cela sur nous, diuertir nos esprits pour n'en former aucun bon, mais agir à l'etourdi & par routine, ou si encore il n'a la force d'obtenir que nous ne produisions nos œuures pour de bons motifs, que nous nous contentions de ceux qui ont le moins de bonté & de perfection.

Voila ses ruses & ses finesses dont il se sert tous

II. Part. f.

les iours à l'endroit des Chrestiens, & particulierement de ceux qui font profession de la vie deuote, pour empescher qu'ils n'auancent, & pour leur rauir des mains les thresors inestimables de merites & de graces, qu'ils pourroient autrement & aisement acquerir. A quoy sans doute ils doiuent ouurir les yeux, & se rendre pour cela tres-soigneux de bien dresser leurs intentions, d'en auoir de bonnes en toutes, & s'ils peuuent, de tres-bonnes, & se souuenir que dans le Christianisme, c'est l'intention qui fait tout, & qu'à moins d'en auoir de bonnes, on trauaille en vain.

En effet si l'actió que vous operez n'est vertueuse, ce que la fin seule, que vous vous proposez, luy peut conferer, quelle loüange & quelle gloire peut-elle meriter? loüera t'on vn homme pour vne action vicieuse, ou mesme pour vne indifferente? Et si vous ne rapportés en quelque façon à Dieu vostre œuure, quel gré vous en peut-il sçauoir & quelle recompense vous en donner? Seroit-il iuste que vous missiez sur vos comptes & que vous paiassiez le trauail d'vn homme, qui sans penser pour tout à vous laboure son champ au milieu de la Turquie? C'est pourquoy Dieu demande à l'homme par dessus tout son cœur & sa volonté. *Præbe, fili mi, cor tuum mihi*, dit-il par Salomon, mon fils donne moy ton cœur, & que ton amour & ta pensée m'aient pour but en tout ce que tu fais. Et son Pere le Roy Prophete luy auoit dit auparauant. *In me sunt, Deus, vota tua.* O Dieu,

Prou. 23. 26.

Psalm. 55. 12.

vos vœux & vos defirs me regardent, vous voulez qu'en toutes les offrandes que ie vous fais, ie fois toujours la premiere, & que ie me donne principalement moy-mefme, autrement tous mes prefens ne vous font point agreables, mais plutoft odieux. Comme il eft impoffible que, quoy que vous poffediez hors de Dieu, vous foiez iamais content, fi vous ne le poffedez luy-mefme, ainfi en quelque façon Dieu ne peut-eftre fatisfait de vous, quoy que vous luy bailliez, fi vous ne vous baillez vous mefme.

La feconde chofe que nous auons à dire fur ce fujet, eft, que de nos intentions bonnes celles-là font les meilleures & les plus parfaites, qui n'ont que Dieu pour objet. Celles qui enuifagét noftre profit fpirituel & eternel & fe portent à noftre falut, au pardon de nos pechez, à la fuite d'vn vice, à la victoire d'vne paffion, à la conquefte d'vne vertu, à la deliurance de l'Enfer, à l'acquifition de noftre beatitude font affûrement bonnes, & comme telles font enfeignées des Docteurs, receües des Peres, autorifées des Ecritures, & pratiquées des Saincts : Mais celles qui n'ont pour but ny noftre profit ny noftre dommage, ny le Paradis ny l'Enfer, ny rien qui nous touche, mais vniquement l'amour, la gloire & les interefts de Dieu, doiuent paffer fans controuerfe, & quafi fans comparaifon pour les plus excellentes, pour les plus nobles & les plus releuées.

Et pour la troifiéme & derniere chofe nous

disons qu'il faut tâcher auec tres-grand soin de nous proposer toujours en tout ce que nous faisons, ces intentions dernieres & d'en animer toutes nos œuures. Nous deuons cela à Dieu, & encore infiniment dauantage. A la verité nous ne sommes pas si grand' chose pour faire difficulté de nous donner à luy, & ne respirer que son honneur, apres qu'il s'est donné à nous, & qu'il a fait tant de choses & souffert tant de maux pour nous procurer la gloire eternelle ; sans dire que c'est la fin pour laquelle nous sommes faits, que c'est le dessein le plus sublime que nous puissions nous proposer, & qui rend nostre action plus parfaite, & mesme, encore qu'on n'y pense point du tout, plus meritoire qu'aucun autre.

Hom. 5. in
cp. ad Rom.
Ὁ μέγας μισθὸς, τῶν ἱδρώτων, τῶν τροφῶν, ἡ τιμὴ ἡ μακαριότης.

Il faut, dit elegamment sainct Chrysostome, faire tout pour nostre Seigneur Iesus-Christ, & non pour la recompense. Nous deuons mettre nostre grande recompense, & constituer nos contentemens, nos delices, nostre honneur, nostre Paradis & nostre beatitude à aimer nostre Seigneur & à operer pour luy auec cette pureté d'intention & cét esprit des-interessé. Nous deuons en tout enuisager sa gloire, & rapporter toutes nos pensées, tous nos desseins & toutes nos œuures à la loüange de Dieu : comme faisoit parmi nous entre autres le P. Nicolas Serarius homme d'vn tres-grand sçauoir & d'vne vertu encore plus grande, qui recherchoit en ses études, en ses communications auec le prochain, & en tout ce

Alegamb. in
Bibl. Script.
Societatis in
Nicol. Serrario.

qu'il faisoit l'honneur de Dieu auec autant & plus d'ardeur, que les plus ambitieux ne pourchassent les dignitez, & les plus passionnez auaricieux ne desirent les richesses ; Pour marque dequoy il seroit impossible d'expliquer auec quelle deuotion, auec quelle feruer, & auec quel transport d'esprit, & quelle iubilation de cœur, qui paroissoit mesme & éclatoit sur son visage, il disoit & entendoit le *Gloria Patri & Filio & Spiritui Sancto*. Et quand les Musiciens le chantoient mieux par fois qu'à l'ordinaire, vous l'eussiez vû tressaillir de ioie, bondir d'aise, & ne pouuoir quasi se contenir.

*Veri adoratores*, disoit nostre Seigneur à la Samaritaine, *adorabunt Patrem in spiritu & veritate, nam & Pater tales quærit, qui adorent eum*. Les vrais adorateurs adoreront le Pere en esprit & en verité, car il veut estre ainsi adoré. Et que veut dire adorer Dieu en esprit & en verité? Cela signifie premieremét, honorer, adorer & seruir Dieu, non pas dans l'esprit du Iudaïsme ny de la loy ancienne, qui estoit fort ceremonieuse & s'arrestoit plus au culte exterieur de Dieu qu'à l'interieur, mais dans celuy du Christianisme & de la loy nouuelle, qui ne s'attachant qu'autant qu'il faut à ce, qui paroit au dehors, porte les ames d'vne façon haute & sublime à offrir à Dieu toutes sortes d'hommages dans le fond de leur cœur. Secondement en esprit, c'est à dire, adorant, loüant, benissant & seruant Dieu selon les mouuemens

Ioan. 4. 23.

f iij

& les intentions du sainct Esprit; Et l'aimant en luy, qui est l'amour du Pere & du Fils, d'vn amour tres-parfait & tres-pur. De plus adorant & glorifiant Dieu sur le modele & pour les mesmes motifs que nostre Seigneur, qui est la Verité increée & Incarnée, l'a fait viuant icy bas parmi les hommes.

## CHAPITRE VI.

Sixiéme Principe general de la Vie spirituelle. L'Exercice de la Foy en tout.

*La Foy est vn Don inestimable.*

LE sixiéme Principe general de la Vie spirituelle est d'affermir son esprit dans vne Foy inebranlable & faire toutes ses actions par son mouuement & par son ressort. Nous auons déja parlé amplement autre-part de ce sujet, mais comme il est tres-vtile, & extremement important, nous en dirons encore deux choses, dont la premiere sera d'apporter les raisons qui nous font voir clairement que nous deuons agir par la Foy; & la seconde, d'en donner la pratique. Pour commencer par la premiere,

Liu. 3. de la Connoiss. 2. part. chap. 6. & chap. 2. du liure des trois Filles de Iob.

Ie dis que nous deuons agir par la Foy, & pendant cette vie nous seruir en toutes choses de sa códuite. Ie tire la premiere preuue de cette verité de la part de Dieu, dautát qu'il a resolu de iustifier & de sauuer les hommes, n'on point par la raison ny par la science, mais par la Foy. *Iustificati ex fide*, dit sainct Paul aux Romains, nous sommes iustifiez par la Foy. Et derechef, *arbitramur iustificari hominem per fidem.* Nous croions que l'homme acquiert la iustice & se rend agreable à Dieu par la Foy: & encore, *iustitia Dei per fidem.* La vraye vertu & la saincteté, qui est en estime deuant Dieu, prend sa source de la Foy, & à ceux de Corinthe, *Perdam sapiētiam sapientium, & prudentiam prudentium reprobabo. Vbi sapiens? Vbi scriba? Vbi conquisitor huius sæculi? Nonne stultam fecit Deus sapientiam huius mundi? Nam quia in Dei sapientia non cognouit mundus per sapientiam Deum; placuit Deo per stultitiam prædicationis saluos facere credentes.* Ie renuerseray la sagesse des Sages, & ie metray à neant la force de toutes leurs raisons. Où sont ces Sçauans? où sont ces Philosophes? où ces Docteurs de la loy & tous ces curieux? Dieu n'a t'il pas fait voir par le procedé qu'il a tenu au salut des hommes, que toute leur sagesse n'est que folie? & comme ils n'ont pas voulu se seruir de leur esprit & de leur sçauoir pour le reconnoistre, il luy a plû pour les y amener & les sauuer, de prendre vn chemin tout contraire qui leur semble vne vraye sotise, à sçauoir celuy de la Foy.

Rom. 5. 1.

Rom. 3. 28.

Rom. 3. 22.

1. Cor. 1. 19.

En quoy certe Dieu a singulierement obligé l'homme, & luy a fait vn benefice tres-signalé: d'où les SS. Peres d'vn commun accord appellent la Foy vn don de Dieu, ce qu'ils ont emprunté de S. Paul, qui écriuant aux Galates leur dit,

Galat. 2. 8.

*Gratia estis saluati per fidẽ, & hoc non ex vobis, Dei enim donum est.* Vous estes en estat de vous sauuer par le moyen de la Foy, qui vous a esté conferée par grace, & non par vos merites, dautant que c'est vn don de Dieu: qui consiste en ce que par la Foy Dieu nous rend participans de la connoissance qu'il a des choses, qui passent naturellement nostre esprit: mais pour déplier cecy & le mettre dans vn plus grand iour, il faut sçauoir que le dessein qu'a eu le Fils de Dieu venant en ce monde, a esté de deliurer l'homme de ses miseres, de le nettoyer de ses saletez, de mettre des appareils sur ses blessures, le restablir en parfaite santé, l'éleuer à vn estat surnaturel & diuin, en l'vnissant à Dieu de la façon la plus excellente qui peut estre, à sçauoir par la grace en cette vie, & par la gloire en l'autre. Or comme nostre nature, gatée & corrompuë par le peché ainsi qu'elle est, ne peut remarquer en soy que des tenebres & des vices, qui sont autant de puissans obstacles à cet Estat éminent, lequel estant surnaturel surpasse d'ailleurs incomparablement en excellence la nature la plus parfaite & la plus accomplie, pour s'y éleuer & y atteindre, elle doit se purifier premierement des ordures qui coulent de sa corruption,

&

& puis quelque pureté & quelque affinement qu'elle acquiere dans l'eftenduë de fon eftre, s'elancer encore au deffus de foy-mefme, monter d'etage & operer d'vne façon plus haute & plus fublime. Il faut pour difpofer noftre ame à l'vnion auec Dieu, qui eft infiniment releué au deffus d'elle, la faire fortir de fa baffeffe, la guinder en haut, & la tirer des termes de fon eftre naturel pour luy en dóner vn diuin : parce que les moiens doiuent auoir toujours de la proportion auec leur fin, & les difpofitions dernieres font du mefme ordre auec la forme, à la reception de laquelle elles preparent la matiere.

Il y a quatre chofes à remarquer en noftre ame, c'eft à fçauoir, fon effence, & fes trois facultez, & leurs operations, qui font *Entendre*, *Vouloir & Pouuoir*. Toutes ces chofes doiuent eftre reformées & refondües, & prendre des qualitez plus nobles que celles que la nature leur donne, comme nous voions que le fer en prend dans la fornaife, afin d'eftre capables de s'vnir à Dieu.

La Grace & le fainct Efprit font la premiere operation de ce myftere, quand l'ame leur donne entrée chez foy, parce qu'ils l'ennobliffent au delà de tout ce que nous en pouuons conceuoir, perfectionnant admirablement fon eftre, & le reueftant de qualitez tres-eclatantes & tres-glorieufes, qui la rendent vne Creature nouuelle, *in Chrifto noua Creatura*, comme l'appelle fainct Paul, parce qu'elle reçoit vn nouuel eftre, qui eft

1. Cor. 5. 17.

II. Part. t

surnaturel & diuin, d'autant que la Grace est vne communication de la nature diuine qui nous fait comme des dieux, suiuant cette parole de Dauid,

Psalm. 81. 6. *Ego dixi: dij estis, & filij Excelsi omnes.* I'ay dit, vous estes des dieux, & tous enfans du Tres-haut. Et

2. Epist. 1. 4. celle-cy du Prince des Apostres, *vt efficiamini diuinæ consortes naturæ.* Afin que vous entriez en participation de l'estre diuin.

La volonté doit se dépouiller de sa façon naturelle de vouloir, & ne plus aimer à sa mode, mais à celle de Dieu, qui pour cela luy fait part de sa charité & de l'amour dont il s'aime, & dont il aime toutes les choses, suiuant ces paroles de S.

Rom. 5. 5. Paul, *Charitas Dei diffusa est in cordibus nostris per Spiritum sanctum, qui datus est nobis.* La charité de Dieu est répandüe en nos cœurs, & il nous est sauté vne étincelle de son feu par le moien du sainct Esprit, l'Amour personel, qui nous a esté conferé. Ce qui fait que comme Dieu est Charité & Amour, ainsi que nous apprend le disciple bien-aimé,

1. Ioan 4. 16. *Deus Charitas est*; aussi, comme le mesme dit en suite, *qui manet in charitate, in Deo manet, & Deus in eo,* qui demeure dans la Charité demeure en Dieu, & Dieu mutuellement demeure en luy.

Dauantage comme tout le pouuoir que l'homme a de son chef pour arriuer à sa fin, & paruenir à l'vnion auec Dieu, n'est qu'imbecillité & impuissance, il faut pour ce sujet qu'il renonce à tous ses pouuoirs naturels, qu'il reconnoisse & auoüe sa pauureté & sa foiblesse, & que par le

moien de l'esperance il se porte à Dieu & s'vnisse
à sa toute-puissance, afin que d'vn costé se défiant absolûment de toutes ses forces, & de l'autre se confiant en celles de Dieu, il puisse auec
l'Apostre dire & chanter dans l'abysme de son
neant, *Omnia possum in eo, qui me confortat.* Ie puis Phil. 4. 13.
tout, i'ay assez de force pour venir à bout de toutes choses, quelques difficiles & surnaturelles
qu'elles soient, appuié que ie suis sur celuy qui me
fortifie, & vny par l'esperance à son pouuoir
infiny.

De mesme nostre esprit, quelque subtil & clairuoiant qu'il soit, & quelques efforts qu'il fasse
pour s'éleuer, ne peut iamais atteindre à l'intelligence des choses surnaturelles, parce qu'estans
surnaturelles, elles passent necessairement toute
sa capacité, & ainsi il doit, afin de pouuoir les connoistre, se defaire de toutes ses manieres naturelles d'entendre & de sçauoir, & estre éclairé
d'vne lumiere superieure, laquelle ait du rapport
auec ces objets.

Nostre entendement, dit Aristote, a la veüe 2. Metaphys.
extremement foible pour contempler les choses tex. 1. S. Tho.
spirituelles, & quand il veut leuer les yeux pour cap. 3.
regarder le premier Estre, il luy arriue le mesme
qu'à la chauue-souris, lors qu'elle veut ouurir les
siens pour voir le Soleil, l'imbecillité est egale en
l'vn & en l'autre à l'endroit de ces deux objets,
encore que Dieu soit le plus connoissable, & le
Soleil le plus visible. Aussi vn des amis de Iob luy

dit: *Ecce Deus magnus, vincens scientiam nostram.* Il faut confesser que la grandeur de Dieu surpasse incomparablement la portée de nos esprits, & que toutes nos éleuations sont toujours infiniment au dessous de l'eminence de ses perfections, & de la hauteur de ses mysteres. Et Dauid apres luy, *Mirabilis facta est scientia tua ex me, confortata est, & non potero ad eam.* Toutes les choses diuines sont autant de sujets d'admiration & des theatres de merueilles, mais la connoissance en est tres-difficile; i'ay beau étudier & emploier les iours & les nuits à la meditation, i'ay beau tourmenter mon esprit & luy donner la gesne, ie n'en sçaurois venir à bout, parce que cette science est trop haute pour moy.

Les choses de Dieu, dit sainct Chrysostome, ont vn tel ascendant par dessus l'esprit humain, qu'vn homme ne sçauroit monstrer plus euidemment sa folie que de penser d'y pouuoir atteindre de ses forces, & decouurir auec le flambeau de sa raison, ce qui ne peut-estre apperçû qu'auec celuy de la Foy. Il n'est rien de plus sot que nous, dit encore le mesme, quand nous nous efforçons de prendre ce qui est au dessus de nous, & de trouuer ce qui excede nostre capacité, car alors tous nos discours & tous nos raisonnemens sont semblables à des toiles d'araignées. Et le mesme encore autre part expliquant ces paroles de S. Paul. *Animalis homo non percipit ea quæ sunt Spiritus Dei: stultitia enim est illi, & non potest intelligere, quia spiritaliter examinantur.* L'homme sensuel & qui ne suit point d'autre lumiere que celle de la nature, est si éloigné d'entendre les choses spirituelles & diuines, que mesme il les tient pour des imaginations extrauagantes & pour des sotises, à cause qu'il les examine auec vn esprit terrestre & enseueli dans la matiere, ou par les regles de la seule raison humaine, au lieu qu'elles doiuent estre considerées & iugées par celles de la Foy, & auec vn esprit éclairé d'en-haut: dit celles-cy; Tout ainsi qu'il n'est point de veuë corporelle si forte ny si penetrante qui puisse découurir ce qui se fait au Ciel, ny mesme beaucoup de choses qui se passent sur la terre, comme quand nous regardons de loin vne Tour quarrée, il nous semble par vne illusion ineuitable de nos yeux, quelques bons qu'ils soient, qu'elle est ronde : c'est le mesme des choses de Dieu, au regard de nostre esprit, s'il les veut connoistre auec sa seule lumiere naturelle, car il peut s'asseurer qu'il se trompera, non seulement pour ne pas voir ce qu'elles sont, mais mesme pour en iuger tout au rebours de la verité, & mettre au rang des impertinences & des folies, ce qui est rempli d'vne tres-profonde sagesse. Et l'Apostre en donne la cause, parce qu'il ne prend pas garde que la sublimité des mysteres de Dieu s'éleue extremement au dessus de sa bassesse, & que ce n'est pas auec la raison qu'on les entend, mais auec la Foy.

πίστως δεῖται,
ᾗ λῆψις αὐτῶ
καταληξιν
ἐκ ϛ́τα

Sainct Thomas instruisant les Gentils, dit soli-

t iij

*Lib. 1. c.*
*Gent. cap. 3.*

*Poster. 3. t. 2.*
*quod quid*
*est.*

dement à ce propos, toute la connoissance que nous pouuons auoir d'vne chose, est establie sur celle de sa substance: car le fondement de la demonstration, suiuant la doctrine d'Aristote, est de sçauoir l'essence d'vne chose, & ce qu'elle est dans son fond, apres quoy il sera aisé de se faire iour pour découurir toutes ses proprietez & toutes ses dependances; comme par exemple, si vn homme connoît bien l'essence de la pierre ou du triangle, il n'est rien dans ces Estres qui puis apres puisse, s'il veut, échapper à ses yeux. Or comme l'essence de Dieu est infiniment au dessus de toute la capacité naturelle de nostre esprit, ce n'est pas merueille, si ignorant comme est son essence, ses desseins & ses mysteres nous soient aussi inconnuz, & si pour les connoistre, il faut necessairement qu'il nous les reuele.

Comme donc nos esprits ont la veuë & trop courte & trop foible pour voir les choses diuines, il faut la leur étendre & fortifier, & leur allumer vn flambeau qui les leur monstre. Ce flambeau est la Foy, qui n'est autre chose qu'vne lumiere surnaturelle, vn rayon de la face de Dieu, vne clarté de son visage éclatant, vne participation de sa science, & vne communication & vn écoulement de la connoissance qu'il a des choses, qui éleue l'homme extremement par dessus soy-mesme, & le tirant du païs de l'opinion & de la contrée de l'erreur & du mensonge, le fait entrer dans la region de la verité, où il luy mon-

# SPIRITVEL. 151

ſtre les choſes dans tout vn autre iour que ne font ny ſes ſens ny ſa raiſon, où il luy apprend de priſer, mépriſer, approuuer, condamner, aimer, haïr, & operer en tout d'vne façon bien differente de celle, que la nature luy enſeigne.

En quoy Dieu a infiniment obligé l'homme, & luy a fait vne faueur ineſtimable, car comme noſtre entendement eſt d'vne part la faculté principal, & le premier mobile qui gouuerne tout ce qui eſt en nous, à cauſe de la dependance neceſſaire que la volonté a de ſes ordres & de ſa conduite; de ſorte que la racine de tout noſtre bien ou de tout noſtre mal, conſiſte en ſa bonne ou en ſa mauuaiſe diſpoſition: Et que de l'autre, il eſt extremement aueugle au fait de noſtre ſalut, & meſme generalement en la connoiſſance du merite des choſes, s'y abuſant tous les iours & à toutes rencontres, eſtimant ce qu'il deuoit mépriſer, & mépriſant ce qu'il deuoit eſtimer, prenant, comme dit le Prophete, le bien pour le mal, & le mal pour le bien, faiſant paſſer les tenebres pour la lumiere, & la lumiere pour les tenebres, & mettant la douceur dans l'amertume, & l'amertume dans la douceur; Dieu voulant le tirer de ſes erreurs, & l'empeſcher de ſe tromper, & de tromper aprés la volonté, & fermer en ſuite la porte à tous nos malheurs qui découlent originairement de noſtre ignorance, nous a par vn benefice qui paſſe en grandeur toutes nos penſées, auſſi bien que toutes nos

Iſa. 5. 20.

actions de grace, faits participans non pas de la connoiffance que les Anges ont des chofes, ce qu'il eut pû faire, & qui euft efté beaucoup pour nous, mais de celle qu'il en a luy mefme.

De forte que ce qu'il connoit de fa diuinité, de l'vnité de fon effence, de la Trinité de fes perfonnes, de l'excellence de fes perfections, des myfteres de l'Incarnation, de l'Eucharistie, de la Refurrectió des morts & des autres; Ce qu'il iuge de la vanité des hôneurs de cette vie, du danger des richeffes & des charmes des voluptez; & au cótraire du profit qu'il y a dâs les mépris, dâs la pauureté & dans les fouffrances, nous le connoiffons par la Foy, & en faifons le mefme iugement que luy, fi ce n'eft que luy voit ces chofes tres-clairement, & dans les fplendeurs d'vne infinie lumiere, où nous ne les connoiffons qu'auec obfcurité, mais au fond c'eft la mefme connoiffance.

Non pas toutefois en nombre ny en efpece, parce qu'en Dieu c'eft vne fubftance & Dieu mefme, où ce n'eft en nous qu'vn fimple accident, mais c'eft la mefme; premierement à caufe de l'obiet, fa connoiffance & la noftre fe portans fur les mefmes chofes; fecondement à raifon du principe & de la fource, noftre connoiffance s'appuyant fur la fienne, & fur fa parole & fon verbe exterieur, qui n'eft qu'vne expreffion & vne declaration de fon Verbe interieur & de fa connoiffance ; & en troifiéme lieu, parce qu'elle participe quelquefvnes de fes qualitez, à fçauoir la verité, qui n'eft

autre

autre chose que la cóformité & l'aiustement de la connoissance auec son objet, & la certitude qui est vne liaison & vne attache de l'esprit à cét objet connu, laquelle est d'autant plus forte & auec vn nœud plus serré, que le motif, qui le serre, est plus puissant.

En effet la connoissance du disciple est la connoissance du Maistre, l'esprit du disciple estant comme vn vase vuide, où le Maistre verse vne partie de sa science, comme vne precieuse liqueur dont il est plein: Et ainsi la connoissance que l'homme, qui est le disciple de Dieu, comme S. Thomas l'appelle, a des choses par la foy, est la mesme connoissance que Dieu en a. Pour ce sujet S. Paul appelle la Foy, la science & la sapience de Dieu, par ce que c'en est vn éclat & vn rayon. Et S. Pierre la nomme la lumiere de Dieu, *de tenebris*, dit-il, *vocauit vos in admirabile lumen suum*. Il vous a appellez de la profonde nuict de vostre infidelité au beau iour de sa foy, & vous a fait passer de vos tenebres à sa lumiere admirable. Vrayement admirable tant à cause du Soleil dont elle émane, qu'à raison des choses merueilleuses qu'elle decouure. Ainsi & dans la mesme pensée le Prophete Isaïe auoit dit auparauant, *Ambulabunt Gentes in lumine tuo*. Le temps viendra que les Gentils, lesquels ne vont maintenāt que de nuict & dans l'obscurité d'vne épaisse ignorance, croiront en vous & marcheront dans vostre lumiere.

II. Part.                          u

*2. Cor 10. 5.*
*1. Cor. 2. 7.*

*1. Petr. 2. 9.*

*Isaïæ 60. 3.*

Laquelle Dieu communique non pas comme vn homme qui inſtruit ſon diſciple, à qui il ne peut faire part de ſa ſcience qu'à l'exterieur, ou par la parole à l'oreille, ou aux yeux dans des écrits, mais à l'interieur la pouſſant par l'oüie iuſques au fond de l'ame, & l'appliquant à l'entendement par forme d'habitude, & la luy attachant comme vn flambeau qui l'éclaire continuellement.

## SECTION I.

### *Qualitez diuines de la Foy.*

OR ſi la Foy, eſt, comme nous venós de dire, vn raion de la ſageſſe de Dieu, & vne participation de ſa connoiſſance, il faut inferer qu'elle poſſede ſa certitude, ſon infaillibilité, & les autres qualitez glorieuſes dont elle éclate, & qui la releuent infiniment par deſſus toutes les autres connoiſſances qui ſont & qui peuuent eſtre en cette vie; & en ſuite qu'elle ennoblit tres-excellemment noſtre eſprit, & que c'en eſt vn ornement ſi riche & ſi precieux, qu'il le pare & l'embellit dauantage, que ne pourroient faire toutes les ſciences Angeliques & humaines, & toutes les connoiſſances naturelles de toutes les choſes. Si Ariſtote a dit qu'vne notion imparfaite & le-

*l. de Part. Animal. c. 5.*

gere des substáces superieures & détachées de la matiere donne plus de contentement & plus de plaisir à nostre esprit, qu'vne claire & parfaite des inferieures & materielles. Et derechef autre-part, que nostre esprit se piquoit d'entendre parler des cieux & d'en sçauoir quelque chose quoy que douteusement, parce que ce sont de tous les corps les plus nobles, & qui gouuernent par leurs mouuemens & leurs influences tout l'Vniuers ; Nous deuons conclure auec sainct Thomas qu'vne connoissance petite des choses grandes & sublimes, & par consequent la Foy, apporte vne tresgrande perfection à nostre esprit.

2. Cœli & mundi t. 34.

Lib. 1. contra gentes cap. 5.

A quoy i'adioûte que si la connoissance ébauchée & imparfaite d'vne chose fort releuée, a le pouuoir d'ennoblir si hautement nostre esprit, qu'vne parfaite & acheuée le fera beaucoup dauantage, & que par consequent la Foy, qui est vne connoissance tres-parfaite de la Diuinité, & de toutes les choses les plus eminentes, perfectionne extremement nostre esprit, & luy confere vne dignité & vne excellence qui n'est pas conceuable.

I'appelle la Foy vne connoissance tres-parfaite, à cause qu'elle est absolûment infaillible & infiniment assûrée, pour estre fondée sur la premiere Verité, &, comme nous auons dit, vne émanation de la sagesse de Dieu, & vne communication qu'il donne à l'homme de la mesme connoissance qu'il a des choses. La Foy, dit sainct Denys, est à l'homme fidele vn fondemēt stable, qui l'établit inebranlablement dans la Verité, & luy fait connoistre les choses comme elles sont. C'est, dit sainct Iean Climacus, vne situation de fermeté & vne assiete de constance à l'esprit pour la connoissance des choses, que rien ne sçauroit renuerser. Et S. Bernard écriuant au Pape Innocent contre Abaillard, qui vouloit faire passer la Foy pour vne simple opinion, dit auec vehemence, *In primo limine Theologiæ, vel potius stultilogiæ suæ, Fidem definit æstimationem. Absit vt putemus in Fide aliquid, vt is putat, dubia æstimatione pendulum, & non magis totum, quod in ea est, certa ac solida veritate subnixum. Non est fides æstimatio, sed certitudo.* Cét homme tout au commencement de sa Theologie, ou pour mieux dire, de sa folilogie, ne donne pas à la Foy vn titre plus releué que celuy de l'opiniō. A Dieu ne plaise qu'il y ait rien en nostre Foy de douteux & de branlant, & qu'au contraire tout ce, qu'elle nous enseigne, n'y soit tres-solidement veritable. La Foy n'est pas vne opinion, comme pense ce Resueur, mais vne certitude.

Dauantage, i'appelle la Foy vne connoissance tres-parfaite, parce qu'elle rend vn homme tres-sçauant, en ce qu'elle luy apprend les secrets les plus profonds, les mysteres les plus releuez, & les choses les plus belles, les plus vtiles & les plus necessaires qui soient au monde. *Sapientiam,*

[margin: Cap. 7. de Diuinis nomin. μόνιμος ἵδρυσις ἐπιδρύουσα τῇ ἀληθείᾳ ἀμεταδιαστάτως ψυχῆς στάσις.

Gradu 27.

Epist. 190.

1. Cor. 2. 6.]

mande l'Apoſtre aux Fideles de Corinthe, *loqui-*
*mur inter perfectos. Sapientiam vero non huius ſæculi, ne-*
*que principum huius ſæculi qui deſtruuntur, ſed loquimur*
*Dei ſapientiam in myſterio, quæ abſcondita eſt, quam præ-*
*deſtinauit Deus ante ſæcula in gloriam noſtram.* Nous
enſeignons la vraie ſageſſe aux Chreſtiens, qui les
rend parfaitement doctes & ſçauans: ſageſſe bien
differente de celle qui n'a pour ſon objet que les
choſes naturelles, dont les Philoſophes & les
Orateurs, ces Princes des Eſprits du ſiecle ont
fait tant d'état, & que neantmoins ils voient
maintenant renuerſée: Toute leur ſcience n'eſt
appuiée que ſur les ſens & ſur la raiſon humaine,
mais celle que ie publie, s'éleue bien au deſſus de
l'vn & de l'autre; c'eſt vne ſageſſe myſterieuſe &
cachée, & n'eſt autre que la Foy, que Dieu par ſa
bonté a voulu preparer deuant la naiſſance du
monde pour eſtre la gloire de noſtre Entendement en cette vie, & le merite de noſtre felicité
en l'autre.

Τελέοις, id
eſt, τοις μεμυ-
ςυκόταις
au ibid. D.
Chryſoſt.

Combien de peines a pris Platon, dit S. Chryſoſtome, combien a t'il paſſé de nuits à l'étude,
& de iours en diſputes pour preuuer que noſtre
ame eſtoit immortelle, & apres toutes les veilles,
apres tous ſes diſcours & tous ſes efforts, n'aiant
rien auancé ny pû fermement perſuader cette verité à pas vn de ſes Auditeurs, il eſt mort, où la Foy
l'a portée au long & au large dans l'vniuers par
des gens inconnus & ſans lettres, & l'a tellement

Hom. 4. in 1.
ad Corinth.

imprimée dans les esprits des hommes & des femmes, que pour la soûtenir il n'est point de tourment ny de mort qu'ils n'aient soufferte ; elle a rendu philosophes les villageois & les idiots, & leur a appris ce qu'il falloit croire de l'immortalité de nos ames, de la resurrection de nos corps, du mépris des choses de la terre, & du desir de celles du Ciel. Et autre-part expliquant ces paroles de sainct Paul, *Christus factus est nobis sapientia à Deo.* Dieu nous a donné Iesus-Christ pour estre nostre sagesse, dit celles-cy. Qui donc, mes freres, est plus sçauant que vous, qui n'auez point la science de Platon, mais celle de Iesus-Christ, & qui mesme, pour me seruir des termes de l'Apostre, auez Iesus-Christ pour vostre sagesse? Ce que l'Apostre a dit afin de monstrer le profond sçauoir & les thresors de sagesse que vous possedez. Et encore ailleurs, nous sommes, dit-il, d'autant plus sages & plus doctes, que tous les Platoniciens & tous les Philosophes, qu'il y a de difference entre Platon qui est leur maistre, & le sainct Esprit qui est le nostre.

Vous me direz que la Foy est vne connoissance obscure, & que pour cela elle souffre du dechet en sa perfection & perd de son lustre. Ie répond que veritablement la Foy est obscure, & qu'on ne peut pas le nier, attendu que par la qualité particuliere de son essence, elle ne connoit pas les choses en elles mesmes, mais par le rapport qu'on luy en fait, & qu'elle ne les voit point de ses propres yeux, mais par les yeux d'autruy, mais aussi ie dis qu'elle est volontaire, & en suite qu'elle apporte à Dieu vn haute gloire, & à l'homme vn grand merite, ce qu'elle ne feroit pas si elle n'estoit enueloppée de nuages & ne marchoit en tenebres ; Parce qu'où il y a de l'euidence il n'y a point de liberté, la demonstration que i'ay par exemple d'vne verité naturelle, ou l'experience que le feu me donne de sa chaleur, ne me baillant pas ces assûrances de leur estre, parce que ie veux les auoir; où il est en ma puissance de croire ou de ne croire pas vne chose que l'on me dit, dautant que ne la voyant point, elle ne sçauroit me contraindre à luy donner mon approbation ny mon consentement, mais si ie le fais, c'est parce que ie le veux. Ainsi sainct Augustin dit, *Si vides, non est Fides; credenti colligitur meritum, videnti redditur præmium*, si tu vois les mysteres de la Religion, tu ne les crois point; mais console toy de ne les pas voir & de les croire seulement, parce que cette creance t'est profitable, & apres pour recompense elle te tirera le voile, qui maintenant les cache, & t'en donnera la veuë claire. Et sainct Paul ne dit-il pas que la Foy d'Abraham luy fut imputée à iustice & à grand merite? si elle luy fut meritoire, elle luy fut consequemment libre & volontaire, parce que le merite s'appuie necessairement sur la liberté, & y a sa racine.

Tract. 68. in Ioan.

Rom. 4. 1.

*Cap. 1. de mystica Theologia.*

Dauantage si la Foy est obscure, son obscurité est lumineuse, & a assez de clarté pour nous conduire parfaitement bien & nous empescher de nous égarer & de choir. Sainct Denys parlant de la Theologie mystique, luy donne ces magnifiques eloges, que nous pouuons iustement attribuer à la Foy. Il l'appelle vne obscurité plus que tres-claire qui monstre les choses diuines, & qui dans des tenebres fort-sombres fait éclater ce qui est tres-lumineux, & découure des mysteres sacrés, qui ne se peuuent ny toucher, ny voir, remplissans à pleine mesure de clartez parfaitement belles les entendemens de ceux qui ne se seruent point de la veuë. Ainsi la Foy est vne obscurité, pource qu'elle ne decouure pas les choses a nû, mais les monstre couuertes & voilées: Toutefois à cause de la connoissance infiniment claire que Dieu a de ces choses, & de la reuelation qu'il en fait, sur laquelle la Foy se fonde immediatemēt, & d'où elle tire sa certitude infinie, qui va incomparablement au delà de celle qui peut estre en toutes les demonstrations, en toutes les experiences, & en toutes les raisons des creatures, c'est vne obscurité plus que tresclaire.

*Ἐν τῇ ὁμοίᾳ ῥοπάτω, τὸ ὑπὲρ φωτισμὸν &c.*

*Cap. 7. de Diuin. nomin.*

Le mesme autre-part aiant rapporté ces paroles de sainct Paul, *Quod stultum est Dei, sapientius est hominibus.* Ce qui dans l'Incarnation du Fils de Dieu, dans sa mort & dans les autres mysteres

de

SPIRITVEL. 161

de noſtre Foy paroît folie aux hommes, vaut mieux que toute leur ſageſſe, dit cecy: Toute connoiſſance humaine n'eſt meſme à comparaiſon de celle des Anges en ce qui touche la fermeté & la ſolidité, qu'vn égarement; & puis il appelle la ſageſſe de Dieu, qui dans noſtre ſens eſt la Foy, vne ſageſſe ſureminémentfolle & irraiſonnable, c'eſt à dire, releuée tres-hautement par deſſus tout eſprit & toute raiſon, & où la ſageſſe des hommes ſe perd, & leur prudence ſe noie, mais qui pourtant eſt la cauſe de l'entendement & de la raiſon, & la ſource, d'où decoule la vraie ſageſſe & la prudence parfaite.

Ἄλογον καὶ αἴσουν ἐστὶ μωρὸν σοφίας.

Apres tout ſi la Foy eſt vne connoiſſance obſcure, elle ne l'eſt que dedans noſtre eſprit, mais dans celuy de Dieu elle eſt infiniment claire, & ce nous eſt aſsez. Et puis cette obſcurité viendra à s'éclaircir peu à peu, & aboutira enfin en l'autre vie à la viſion euidente, & paſſera des tenebres à la lumiere: ce qui fait que ſainct Thomas enſeigne qu'on peut dire que la Foy dure toujours, & qu'elle eſt eternelle, *ratione cognitionis, non autem ratione ænigmatis*, pour ce qui regarde la connoiſſance, & non pour ce qui eſt du nüage, & que montant de la terre au Ciel elle ne fait qu'oſter le voile qu'elle auoit ſur le viſage, & ouurir les yeux qu'elle tenoit fermez.

1. 2. q. 67. a. 3. ad 1.
In 4. d. 1. q. 2. a. 5. q. 1. 4
& alibi.

II. Part. x

## SECTION II.

### *Pourquoy Dieu nous a obligez à croire.*

DE tout cecy nous pouuons recueillir ce que nous auons dit cy-dessus, que la Foy est vn don de Dieu tres-precieux, & vne grace tresgrande. A quoy pour renfort ie veux adioûter ce qui suit, que m'a fourny pour la plus-part le Docteur Angelique disputant contre les Gentils.

*Lib. 1. contra gentes cap. 3. & 4.*

Dieu ayant resolu de nous faire arriuer à la possession de sa Diuinité, & de nous conduire à nostre Beatitude par la Foy, & non par la science, nous remarquons que les choses, lesquelles nous pouuons connoistre de luy & les objets de nostre creance sont de deux sortes ; Car où elles sont renfermées dans les bornes de nostre capacité, & sont de mesure à nostre esprit, de façon qu'il peut de ses propres forces les entendre, comme la Verité d'vn Dieu Createur de l'Vniuers ; ou elles sont telles, qu'auec tous ses efforts il n'y sçauroit atteindre, ny les decouurir auec toutes ses lumieres, par exemple, la Trinité des persones diuines dans vne seule & indiuisible essence. Or Dieu veut par vne tres-grande sagesse & vne extreme bonté qu'il a pour nostre bien, que nous croions les vnes & les autres, & il nous les propose comme les objets de nostre foy. Sainct Thomas ne

SPIRITVEL. 163

donne point de raisons, pourquoy il veut que nous croions celles qui passent nostre portée, par ce qu'elles semblent claires; voicy pourtant celles, que pour vn plus grand éclaircissement de la chose qui le merite bien, nous en rendrons auec vn excellent & pieux Docteur moderne.

Dieu le veut ainsi, Premierement, afin qu'assuietissans nostre entendement, comme dit sainct Paul, au seruice de la foy, & le captiuans dans ses fers, nous en fassions vn holocauste à Dieu, & par la reconnoissance & l'aueu de la petitesse de nostre esprit & de la grandeur de sa sagesse, nous l'honorions d'vne façon sublime. Secondement, pour ennoblir & perfectionner nostre esprit, car si Dieu ne luy proposoit que des choses, qui sont de son ressort & ne passent point sa capacité, il ne s'éleueroit iamais au dessus de soy-mesme, mais croupiroit tousiours dans sa bassesse & dans le propre degré de son estre, & ne se disposeroit pas à la claire vision de Dieu : à quoy luy sert la foy des choses surnaturelles, dautant qu'elle tient le milieu entre la connoissance naturelle & la vision bien-heureuse. Et en troisiéme lieu, parce que comme nostre beatitude & la vie eternelle, que Dieu nous prepare, est superieure sureminemment à nostre nature, il faut que les choses qui nous y conduisent & nous en rendent dignes, tiennent de sa noblesse & participent à son éleuation.

*Lessius lib. 6. de Attributis cap. 30.*

x ij

l'adioûte pour quatriéme raison la doctrine de
S. Thomas qui enseigne, qu'vne chose imparfaite
& à demy ne se perfectionne & ne s'acheue point
que par l'action & le trauail d'vne cause parfaite,
qui encore n'agit pas tout à coup, mais peu à peu,
& d'abord grossierement, & puis auec plus de de-
licatesse, élabourant & polissant de plus en plus
son ouurage, iusques à ce qu'elle luy ayt donné sa
perfection derniere : ainsi voions nous que le
disciple doit premierement croire ce que son
maistre luy dit, & se faire par cette creance vne
ouuerture & vn canal pour receuoir ses connoissances & sa doctrine, qu'il ne reçoit toutefois de
cette sorte qu'imparfaitement & écharçement,
mais auec laquelle pourtant il se dispose pour la
recueillir apres en plenitude & auec perfection,
qui est lors qu'il ne croit plus simplement ce que
son maistre luy dit, mais qu'il le connoît clairement, & que sa docilité le conduit à la science. Il
faut de mesme en nostre fait que nous connoissions premierement icy bas les choses surnaturelles & diuines auec imperfection & obscurité, c'est
à dire, par la Foy, pour nous preparer en suite à
les voir là haut au Ciel en leur iour & dans vne
pleine clarté, parce que la credulité produit l'e-
uidence, suiuant ces paroles de Dauid & l'explication que sainct Basile leur donne, *sicut audiuimus,*
*sic vidimus in ciuitate Domini virtutum.* Comme nous
auons oüy & crû en terre, nous le voions mainte-

*q. 14. de fide art. 10.*

*Psal. 47. 9.*
*S. Basil. in*
*Psalm. 115.*

nant au Ciel, où tous les voiles sont tirez, & nostre Foy est recompensée de la vision.

Pour venir maintenant aux raisons, qui ont mû la Sagesse & la Bonté de Dieu, d'exiger de nous que nous crûssions les choses que nous pouuons entendre de nous mesmes pour estre du ressort & de la iurisdiction de nostre esprit, sainct Thomas dit que ç'a esté pour obuier à trois grãds inconueniens, qui autrement s'en fussent ensuiuis, & nous donner en vne chose de telle consequence, comme est la connoissance de Dieu & de nostre souuerain bien, vn moien tres-facile, tres-court, & tres-asseuré, c'est à sçauoir, la Foy.

Le premier inconuenient est, que si Dieu ne nous eut enseigné luy-mesme les choses qui le concernent, comme qu'il est, qu'il est vn, qu'il est bon, qu'il est iuste, & semblables veritez, que nostre esprit peut découurir par ses soins & par ses recherches, pour estre creües, il arriueroit que peu d'hommes acquerroient sa connoissance, qui neantmoins est la plus sublime, la plus vtile & la plus necessaire de toutes celles qu'il peut auoir: & ce pour trois raisons, ou par ce que peu de persones ont naturellement l'esprit propre pour les speculations & ouuert aux sciences; ou parce que comme pour la conseruation & l'entretien de la vie humaine, il doit y auoir vn tres-grand nombre de gens de village, de mestier, de seruice, & d'autres qui soient emploiez aux occupations

x iij

exterieures & au maniment des choses temporelles; tous ceux-là, faute de loisir, qui ne doit pas
estre petit pour cette sorte d'étude, en seroient
exclus, & croupiroient pendant toute leur vie,
dans cette dommageable ignorance : Et en troisiéme lieu la paresse en retireroit plusieurs, car
comme auec le loisir il faut beaucoup de contention & de trauail pour paruenir à la découuerte
de ces veritez, tous ceux qui n'ont pas d'inclination aux lettres, & qui d'ailleurs n'aiment
pas à se péner, ou qui mesme sont d'vne complexion foible & imbecille, seroient priuez de ce
bon-heur.

Le second inconuenient est que ceux, qui pri-
uilegiez plus fauorablement que les autres des
dons de la nature, & y ioignans de leur part leur
industrie & leur diligence, acquerroient la connoissance de Dieu, ne possederoient pas toutefois ce bien qu'apres vn long temps, soit à cause
de la profondeur de ces veritez & de l'éloigne-
ment qu'elles ont de nos sens, ausquelles pour ce
sujet on ne peut arriuer qu'apres beaucoup de
chemin fait, & apres plusieurs autres connoissances, qu'il faut auparauant acquerir, pour
preparer l'esprit à celle-cy, comme à la plus sublime & à la plus parfaite, à laquelle il peut naturellement atteindre: ou à raison de la ieunesse,
qui pour estre plus suiete au trouble & à la furie
des passions, & n'auoir pas en suite l'esprit si pur

ny si demélé, n'est point capable de la consideration de ces hautes veritez; de façon que s'il n'y auoit point d'autre chemin ouuert pour aller à la connoissance de Dieu que celuy de la raison & de la science, peu d'hommes pourroient y paruenir, encore faudroit-il qu'ils y missent beaucoup de temps, pendant quoy & eux, & tous les autres durant toute leur vie, demeureroient plongez dans les tenebres, priuez de la connoissance de ce qui les peut rendre bons & vertueux, & les faire iouïr de leur beatitude.

Le troisiéme inconuenient est que comme nostre esprit, pour grand qu'il soit, est neantmoins au fond fort petit, & quelque bonne veüe qu'on luy donne, il l'a pourtant toujours bien foible, à cause de sa liaison auec les sens & la matiere, & de la dependance qu'il en a pour operer, il est aisé qu'en la recherche de la Verité, plusieurs choses se derobent à ses yeux, qu'il s'égare, qu'il méle parmy ses lumieres beaucoup de tenebres, & pour la verité prenne le mensonge. C'est ce qui est arriué aux Philosophes anciens, qui sont en reputation & en estime des meilleurs esprits que la nature ait produits: car auec toute leur subtilité, auec toute leur étude, & toutes leurs disputes, les vns se sont precipitez dans l'atheisme, les autres sont tombez en de grands doutes, & en de grandes erreurs touchant la Prouidence de Dieu, touchant le cómencement de l'vniuers touchât la production de nos ames, pour decider si elles sont tirées du neant ou du sein de la matiere, si à leur depart de leurs corps elles en doiuent toujours estre separées, où y rentrer vn iour, ou si elles ne passent point à d'autres corps, si apres cette vie il y en a vne future, quelle elle est, où consiste nostre souueraine felicité, quelle sera la demeure & la recompense des bons, & au contraire où les mechans doiuent se retirer & quels supplices souffrir pour le chastiment de leurs crimes, & choses semblables, où tous ces Esprits eminens ont erré en quelque façon.

*Lib. contra Collat. c. 26.*

*Ignotum non est*, dit S. Prosper, *quantum Græciæ scholæ, quantum Romana eloquentia, & totius mundi inquisitio circa summum Bonum acerrimis studiis, excellentissimis ingenijs laborando nihil egerint, nisi vt euanescerent in cogitationibus suis, & obscuraretur cor insipiens eorum, qui ad noscendam veritatem semetipsis ducibus vtebantur.* On sçait combien les Philosophes de la Grece & les Orateurs de Rome auec tous les Esprits curieux du monde se sont donné de peines, pour sçauoir au vray où gist le souuerain bien de l'homme, & neantmoins pour auec toutes leurs peines, auec toutes leurs contentions & leur grande capacité n'y rien auancer & ne faire autre chose que de s'embarasser l'esprit de mille perplexitez, de se perdre dans leurs pensées comme dans des labyrinthes, & d'obscurcir plustost la chose que l'éclaircir, parce que pour la treuuer

ils

SPIRITVEL. 169

ils ne vouloient point se seruir d'autres guides, que d'eux mesmes.

Et son Maistre sainct Augustin deuant luy, *In conspicua & notissima Porticu, in Gymnasijs, in hortulis, in locis publicis ac priuatis cateruatim pro sua quique opinione certabant, vbi etsi aliqua vera dicebantur, eâdem licentiâ dicebantur & falsa prorsus, vt non frustra talis ciuitas mysticum vocabulum Babylonis acceperit.* Les sçauans de la ville d'Athenes s'assembloient en troupes ou dans ce Porche fameux, ou dans l'Academie, ou dans des Iardins & des Promenoirs, ou dans des lieux publics & particuliers, & là chacun s'échaufoit pour soûtenir son opinion & renuerser celle des autres: Que si dans ces combats de langue & d'esprit on y disoit quelque chose de vray, auec la mesme chaleur & la mesme licence on y debitoit des faulsetez; de sorte qu'à bon droit on donne à cette ville celebre, à cause de ses diuisions & de ses disputes, & du mélange du faux auec le vray, le nom mysterieux de Babylone, qui signifie confusion.

Sainct Chrysostome parlant de ce sujet dit elegamment que les Grecs auec toute leur science n'estoient que des enfans, comme mesme quelqu'vn d'entre eux l'a confessé auec ces paroles, Les Grecs, dit-il, sont toujours des enfans, & il ne se treuue point de vieillards parmy eux. Car comme les enfans n'entendent point volontiers parler de choses vtiles & serieuses, mais aiment

*Lib. 18. de ciuit. cap. 41.*

*Homil. 4. in 1. ad Cor. Ἀεὶ παῖδες Ἕλληνες, καὶ γέρων Ἕλλην οὐδείς.*

II. Part. y

beaucoup mieux passer le temps à iouer & à badiner, les Grecs en font de mesme, ne s'amusans qu'à étudier & sçauoir des choses legeres, & dont la plus-part ne reuiennent à rien. Et ne plus ne moins que quand nous disons aux enfans ce qui leur est profitable & necessaire, ils ne s'appliquent point à l'écouter, mais au contraire bien souuent ils s'en rient entre eux ; Les Grecs se comportent enuers nous de la mesme façon, quand nous leur tenons quelque discours de Dieu & de leur salut. Et tout ainsi que les enfans bauent sur leur boüillie & gastent la nourriture qu'on leur donne de la saliue qui leur sort de la bouche; ainsi les Grecs auec leurs faussetez soüillent les veritez qu'on leur annonce, & auec leurs moqueries, leurs médisances & leurs blasphemes infectent & corrompent les choses les plus sainctes qu'on leur enseigne.

Comme donc les plus subtils & les plus penetrans esprits des hommes sont fort foibles pour connoistre les choses diuines, encore qu'elles ne s'éleuent point au dessus de leur portée, & pour discerner le vray d'auec le faux, ç'a esté de la bonté & de la misericorde de Dieu, & du desir qu'il a de rendre nostre entendement parfait & nous sauuer, de nous fournir vn moien infaillible pour arriuer à ces connoissances, ce qu'il a fait nous donnant la Foy,

Qui est vn moien tres-facile & tres-court d'artant qu'il n'y a rien de plus facile ny de plus court que de croire ce qu'on nous dit; car c'est bien toſt fait, pourueu qu'on le vueille; & d'ailleurs aſſûré, parce que la Foy eſt fondée ſur la connoiſſance que Dieu meſme a de ces choſes, & ſur la ſignification qu'il nous en fait à l'exterieur par ſa parole; de ſorte que tous par la Foy peuuent aiſement, promptement & ſans crainte d'aucune erreur connoiſtre Dieu & les choſes diuines, experimentant l'effet de ces paroles, que S. Paul dit aux Epheſiens, *vt iam non ſimus, ſicut paruuli, fluctuantes, & circumferamur omni vento doctrinæ in nequitia hominum, in aſtutia ad circumuentionem erroris.* Cap. 4. 14. La Foy nous établit dans vne aſſiete immobile touchāt les notions des choſes; de ſorte que nous n'y ſommes point flotans ny incertains, comme des petits enfans, & comme les Grecs, pour nous laiſſer aller au gré de toutes les opiniōs, & ſeduire par les diuers ſentimens des hommes qui ſe diſent ſçauans, où ſouuent auec la foibleſſe il y a bien de la paſſion & de l'orgueil. Et de celles-cy, *vt iam non ambuletis ſicut & Gentes ambulant in vanitate ſenſus ſui, tenebris obſcuratum habentes intellectum.* Ibid. v. 17. Afin que vous ne marchiez point, comme les Gentils, dans la vanité de voſtre ſens, & dans la bonne opinion de voſtre ſuffiſance, auec vn eſprit que vous croiriez bien éclairé, & qui effectiuement ſeroit aueugle. Et encore de celles-cy d'Iſaïe. *Ponam vniuerſos filios tuos doctos à Domino.* Ie fe- Iſaiæ cap. 54. 13.

y ij

ray que tous tes fils seront instruits de Dieu mesme, & rendus participans de sa propre science: Mais c'est assez de cette premiere raison, passons aux autres.

## SECTION III.

### *Quelques autres Prerogatiues de la Foy.*

LA seconde raison qui nous oblige d'agir en tout par le mouuemét de la Foy est, qu'aians l'honneur d'estre Chrestiens, nous portons en suite le nom, non point de Raisonables, ny de Philosophes, ny de Sçauans, mais de Fideles, à cause de la Foy, qui nous a esté infuse & communiquée pour nous seruir de regle, non seulement aux choses que nous deuons croire, mais encore en celles qu'il faut faire, & nous tenir lieu d'vn principe vniuersel pour toute nostre conduite. Elle a esté conferée à nostre Entendement pour l'éclairer & estre son guide, tout ainsi que l'œil l'est au pied pour aller où il faut & non ailleurs, ce que le pied obserue constamment. *Lucerna pedibus meis verbum tuum Domine*, dit le Prophete Royal: Seigneur, vostre parole me fait l'office d'vne belle lampe allumée pour me conduire & adresser mes pas: il est vray. *Verbum enim Dei*, adioûte S. Ambroise, *Fides nostra est, Verbum Dei lux est, lucerna est fides.* Car la parole de Dieu est le motif de

Psalm. 118.
10.5.

En cap. 11.
Lucæ.

noſtre foy, & cette parole eſt vne clarté, & la Foy eſt la lampe, où elle eſt miſe.

L'homme fidele en vertu de cette qualité ſurnaturelle & diuine, qui le releue extremement par deſſus tous les autres hommes, ne ſe nourrit que de Foy. *Fides*, dit ſainct Paul, ſelon que ſainct Auguſtin le traduit d'ordinaire du mot grec, *eſt ſubſtantia ſperantium*, la Foy eſt la ſubſtance de ceux qui eſperent, c'eſt à dire, des Chreſtiens: c'eſt la ſubſtance & non point l'accident ; c'eſt le principal & non l'acceſſoire ; c'eſt l'aliment qui ſubſtante & nourrit l'homme fidele, lequel, ſuiuant le meſme Apoſtre qui l'emprunte du Prophete Abacuc, vit & ſe ſoûtient de la foy. *Iuſtus autem meus ex Fide viuit.* Pour cette cauſe les ſaintes Lettres appellent la Foy le Pain de vie & d'entendement, l'eau de la ſageſſe du ſalut, le laict des enfans, qu'ils ſuccent innocemment dés mammelles du vieil & du nouueau Teſtament ſans le voir, & vne viande douce, ſauoureuſe & nourriſſante par deſſus le miel. Sainct Macaire dit que le propre du Chreſtien eſt de ſe nourrir de Verité, de ne manger point d'autre viande, ny de boire d'autre liqueur que la Verité toute pure. Or nous ſçauons qu'il n'appartient proprement en cette vie ny à noſtre Raiſon, ny à la Philoſophie, ny à toutes nos ſciences, mais à la Foy ſeule de donner à manger & à boire les veritez ſans mélange d'aucune erreur.

Hebr. 11. 1.
ἐλπιζομένων

Hebr. 10. 38.
Abacuc. 2. 3.

Eccl. 15. 3.

1. Petr. 2. 2.

Pſal. 118. 103.

Πρᾶγμα τῇ χριστιανισμοῦ βρῶσις ἀληθείας, βρῶσις ἢ πόσις ἐξ ἀληθείας.
Homil. 27.

C'eſt pourquoy pour conclure cette raiſon par les paroles du Prince des Apoſtres ; *Sicut modo geniti infantes, rationabiles, lac concupiſcite, vt in eo creſcatis in ſalutem.* Comme des enfans nouueaux nais & innocens, ſimples, mais qui pourtant ne manquent pas d'eſprit ny de ſageſſe, deſirez, mangez & beuuez le laict de la Foy, nourriſſez vous-en pleinement, afin de croiſtre & de prendre les dimenſions de ſalut, qui vous ſont neceſſaires pour vous rendre des Chreſtiens bien formez.

La troiſiéme raiſon ſe tire des excellences de la Foy, qui ſont ſi grandes & en ſi grand nombre, que pour les rapporter toutes & les mettre en leur iour, on en pourroit faire vn gros volume ; nous en effleurerons ſeulement quelques vnes.

La Foy premierement eſt l'vne des trois Vertus Theologales, & par conſequent vne vertu tres-noble, & beaucoup plus que les Morales, parce qu'elle ſe porte à Dieu en droite ligne, & le regarde comme ſon objet.

Secondement c'eſt des Theologales la premiere en ordre, parce que, *credere oportet*, dit l'Apoſtre, *accedentem ad Deum, quia eſt.* Le premier pas que doit faire l'homme, qui va à Dieu, eſt celuy de la Foy, car en effet on n'ira point treuuer vne perſonne dont on n'a aucune connoiſſance. Elle ſert de fondement & de baze à ſes deux compagnes, l'Eſperance & la Charité, dautant que *non credita,* comme dit sainct Bernard, *nemo sperare plusquam super inane pingere potest.* On ne peut non plus esperer (& c'est le mesme d'aimer) les choses que l'on ne croit point, que de tracer quelques figures sur le vuide. C'est elle qui ouure la porte de nos cœurs à Iesus-Christ pour l'y faire entrer & demeurer, *Christum habitare per fidem in cordibus vestris*, dit sainct Paul; & qui nous tirant des tenebres, fait poindre dans nos esprits, *Illuminationem*, ainsi que dit le mesme autre-part, *scientiæ claritatis Dei, in facie Christi Iesu*, le beau iour de la science de Dieu par le rejalissement du visage de nostre Seigneur & par ses merites.

Ephel. 3.17.

2. Cor. 4. 6.

En troisiéme lieu, la Foy est le principe de nostre salut. *Fides*, dit le sacré Concile de Trente, *est humanæ salutis initium, fundamentum & radix omnis iustificationis, sine quâ impossibile est placere Deo & ad filiorum eius consortium peruenire.* La Foy est le commencement du salut de l'homme, le fondement & la racine de toute sa iustification, sans laquelle il ne faut pas qu'il pretende de plaire iamais à Dieu, ny de pouuoir estre receu au nombre de ses enfans. Sainct Augustin auoit dit auparauant, *Fides est bonorum omnium fundamentum, humanæ salutis initium; si quis non ambulauerit per fidem, non perueniet ad speciem.* La Foy est la source de tous nos biens, & l'origine de nostre salut. Si quelqu'vn fait difficulté de marcher dás les tenebres de la Foy, il doit s'asseurer qu'il n'arriuera point à la lumiere de la

Session. 6. cap. 8.

Serm. 38. de Tempore.

gloire & qu'il ne verra iamais à decouuert ce qu'il n'aura pas voulu croire.

*Τὴν μητέρα καὶ πηγὴν ἁπάντων χαρισμάτων.*
Hom 32. in 1. ad Cor.

S. Chryſoſtome de meſme l'appelle la mere & la fontaine de tous les dons & de toutes les faueurs que Dieu nous fait; & S. Eucher auec ces paroles choiſies, *Fides eſt oſtium vitæ, fundamentum ſalutis æternæ, quicumque hac derelicta velut peſſimum ducem ſequitur intellectu, quicumque per ſapientiæ ſuæ ſenſum ad myſteriorum cæleſtium ſe putat poſſe peruenire ſecretum, ſic facit quomodo ſi abſq; fundamento ædificet domum, aut ſi prætermiſſo oſtio velit introire per tectum, vel ſi nocte ſine lumine inferat greſſum, totum ſe clauſis oculis vrgeat in profundum. Hanc ergo nobis fidem velut magnâ lampadem Chriſtus adueniens errantibus viam monſtraturus exhibuit, per quam poſſit Deus ignotus requiri, quæſitus credi, creditus inueniri.* La Foy eſt l'entrée de la vie, le pilotis & la baze du ſalut eternel: quiconque la quitte pour ſuiue la tres-mauuaiſe conduite de ſon propre eſprit & penſe entrer dans la connoiſſance des myſteres de Dieu auec la clef de ſa ſcience, fait comme s'il vouloit baſtir vne maiſon ſans fondement, ou entrer dans vn logis non point par la porte mais par le toit, ou aller de nuit ſans clarté pour tomber apres dans quelque fondriere. Ainſi donc noſtre Seigneur nous a donné la Foy comme vn grand flambeau qu'il a allumé pour nous monſtrer le chemin, que nous deuons tenir afin de chercher Dieu qui nous eſtoit inconnu, & le croire par le moien de cette recherche,

Vel auctor Tract. de ſymbolo hom. 2.

recherche, & auec cette creance le treuuer.

Quatriémement, la Foy est la racine de toutes les Vertus, qui les pousse du fond de l'ame, selon qu'elle y est forte & vigoureuse. *Fides*, dit sainct Augustin, *sic est in anima, vt radix bona, quæ pluuiam in fructum ducit.* La Foy est dans l'ame du Chrestien comme vne bonne racine, qui tourne en fruit la pluie dont elle est arrousée. C'est dit sainct Bonauenture, *Auriga & Regula omnium virtutum.* La Cochere & la Regle de toutes les Vertus. Adjoustons que c'est aussi leur mesure, parce que vous aurez autant d'Esperance, autant de Charité, autant de Religion & de respect enuers Dieu, vous serez autant humble, obeïssant, patient, chaste, que vous aurez de viue foy : Tout ainsi que dans vn arbre le tronc & les branches croissent, grossissent & se fortifient à proportion de la racine. Pour cette cause sainct Chrysostome appelle la Foy, le comble & la plus haute pointe des Vertus, parce qu'elle les y fait monter. Et sainct Augustin dit que la cause de la tempeste, dont le vaisseau, où estoient les Apostres & où nostre Seigneur dormoit, fut battu & en peril de couler à fond, ne fut autre que le manquement de foy, qui dormoit en leur cœur, comme aussi nostre Seigneur les en reprit. *In quo dormit fides, non vigilat Christus, si forte dormiebat fides tua, & ideo fluctuabat quasi nauis illa quæ tempestatem patiebatur, vbi Christus dormiebat, excita Christum & sedabuntur tempestates.* Iesus-Christ ne veille point en celuy en

*In procemio Psalm. 139.*

*In 3 dist. 23. q. 1. a. 1.*

*In Psalm. 14.*

*In Psalm. 125.*

II. Part. z

qui la foy dort: C'est pourquoy si ta foy se treuue peut-estre endormie, & que pour cela le vaisseau de ton cœur est agité & tes vertus, auec ton salut en danger de naufrage, comme fut celuy des Apostres, réueille Iesus-Christ & ta foy, & tout l'orage viendra à se calmer.

Cinquiémement la Foy pour ce grand pouuoir & ce haut ascendant qu'elle a sur toutes les vertus, signifie dans les sainctes Lettres non seulement la vertu particuliere de la foy, mais encore l'Esperance, la Charité, & generalement toutes les vertus & toutes les graces de Dieu, parce que c'en est l'ouuerture & la cause. *Oramus semper pro vobis*, dit sainct Paul aux fideles de Thessalonique, *vt Deus impleat omnem voluntatem bonitatis, & opus fidei in virtute*. Nous prions Dieu continuellemét pour vous, à ce qu'il vous fasse la grace de vous porter à tout bien, & de pratiquer courageusement l'œuure de la foy, ie veux dire, la patience & la constance dans les persecutions dont vous auez besoin, & toutes les autres vertus: Et nostre Seigneur donnant à la Magdelaine le pardon & l'indulgence pleniere de tous ses pechez en consideration de son amour, luy dit: *Remittuntur ei peccata multa, quoniam dilexit multum*. On luy remet beaucoup de pechez, parce qu'elle a beaucoup aimé. Et vn peu apres il luy adioûta, *fides tua te saluam fecit, vade in pace*. Allez-vous en paix, vostre foy vous a sauuée. Ainsi le nom de pain dans l'Ecriture signifie toute sorte de viandes, par

1. Thess. 1. 12.

Luc 7. 48.

Vers. 50.

ce que ç'en est le fondement, & dans cette mesme maniere nous disons ordinairement, cét arbre me nourrit, ce medecin m'a gueri, entendant l'arbre auec ses fruits, & le medecin auec ses medicamens & son regime.

La sixiéme prerogatiue de la Foy se prend de ces paroles, que le Prince des Apostres dit en l'vn de ses Sermons, rapporté par S. Luc aux Actes, *Fide purificans corda eorum.* Dieu purifie les cœurs des Gentils auec la Foy. Sur quoy ie dis que la Foy purifie d'vne façon excellente le cœur, c'est à dire, en termes de l'Ecriture saincte, & mesme des Auteurs profanes, comme nous auons remarqué autre-part, l'Entendement & la Volonté.

Act. 15. 9.

Et premierement elle purifie & nettoie l'Entendement des ignorances, des erreurs, & des faulsetez horribles & prodigieuses dont il estoit rempli touchant le vray Dieu & les choses diuines, qu'il luy a fait connoistre au poinct de leur verité, l'éclairant dans ses ignorances, le radressant dans ses erreurs, l'affermissant dans ses doutes, le fortifiant dans ses foiblesses, & l'éleuant de sa bassesse au dessus de luy-mesme, pour luy faire entendre les choses d'vne façon sans comparaison plus noble & plus parfaite, que n'est la sienne naturelle. Pour cette cause les Saincts Peres appellent souuent la foy, l'œil du cœur. La foy, dit sainct Cyrille de Hierusalem, est l'œil qui illumine pleinement les ames, & qui les éleue à vne

Catech. 5.

haute intelligence. Et sainct Augustin apres luy, *Fides est oculus cordis, videt qui credit, & credendo intelligit.* La foy est l'œil de l'Entendement, qui croit, voit, & en croiant il entend. Et encore ailleurs, *Omnino habet oculos Fides, & maiores oculos & potentiores & fortiores ; Hi oculi neminem deceperunt.* La foy a tres-assûrement des yeux, & des yeux plus grands, plus vifs, plus perçans, & qui voient bien plus loin que ceux de la Nature ; & ces yeux ont cette qualité aimable & singulierement estimable, que iamais ils n'ont trompé ny mal conduit persone, & ne luy ont pas fait faire seulement vn faux pas.

Secondement la foy purge la Volonté de ses affections vicieuses, de ses attaches dereglées & de tous ses desordres, & la fait aimer & affectionner les choses comme il est raisonnable, & comme Dieu le veut. Mais il faut que ce soit la foy actuelle; car nous voions que les Chrestiens qui se contentent de la foy habituelle qu'ils ont receüe au Baptéme, ont des opinions aussi faulses & aussi erronnées touchant les richesses, & la pauureté, les honneurs & les mépris, les plaisirs & les douleurs, les prosperitez & les afflictions, & se portent auec autant d'ardeur & de passion aux premieres, & apprehendent aussi viuement les secondes, & les fuient auec vn aussi grand soin que s'ils n'auoient point la foy, & s'ils estoient Payens: Car entrez dans la Turquie & dans les Royaumes des Infideles, & voiez ce qui s'y passe.

*Serm.* de cataclysmo.

*In Psal. 145.*

considerez les Monarchies anciennes des Assy-
riens, des Perses, des Grecs & des Romains, &
examinez si leur ambition, leur vanité, leur auarice & la recherche des plaisirs de cette vie ont
esté plus allumées & plus furieuses parmi eux,
que parmi la pluspart des Chrestiens ; dequoy
aussi se plaint tres-amerement & eloquemment
le sainct & zelé Euesque de Marseille Saluian.

A n'en point mentir vous diriez que quasi
tous les Chrestiens sont charmez & enchantez,
comme ceux à qui par magie vne vieille masure,
qui s'en va toute en ruine, & qui n'est que la retraite des hiboux & des chathüans, paroît vn palais magnifique & superbe, & où rien ne manque
pour toutes sortes de plaisirs : parce que le Diable leur lie le sentiment de la veüe, & detourne
les especes des choses qui veritablement sont
presentes à leurs yeux, pour en leur place leur
donner celles cy de ces objets phantastiques &
imaginaires. La Foy dissipe toutes ces illusions &
leue tous ces charmes, & fait voir les choses comme elles sont en effet. Le milieu, par lequel on regarde les choses, les represente fort diuersement;
vn milieu & vn verre rouge les monstre rouges;
vn jaune les fait parestre iaunes : regardez-les à
trauers les Sens, & mesme à trauers la Raison, particulierement ce qui est diuin & surnaturel, elles
y prennent vne couleur étrangere, & semblent
toutes autres qu'elles ne sont pas en elles mesmes. Il n'y a que la Foy seule qui les fait con-

z iij

noître comme elles sont au vray, parce qu'elle est le seul milieu qui ne trompe point, & l'vnique moien de verité infaillible que nous aions en cette vie. Et c'est ainsi qu'elle purifie & perfectionne l'Entendement & la Volonté.

*Lib. de vtilit. credendi cap. 1.*

Sainct Augustin raconte que les Heretiques Manicheens, grands ennemis de la vertu de la Foy, promettoient auec des paroles magnifiques & pompeuses à ceux, qui embrasseroient leur secte, *mira & simplici ratione se introducturos ad Deum & errore omni liberaturos.* Qu'ils les conduiroient à Dieu, & deliureroient leurs esprits de toute erreur d'vne façon admirable & aisée, qui estoit, comme dit le mesme Sainct, de leur rendre raison fort intelligible de tout, mesme des choses les plus difficiles.

*Cap. 9. eiusd. lib.*

*Lib. 10. de ciuit. Dei c. 27*

Le mesme sainct Docteur rapporte que les Payens ne vouloient non plus goûter la Foy, à cause de cette soûmission & de cette captiuité de nostre Entendement à laquelle elle oblige; & que Porphyre, l'vn des plus celebres d'entre eux, estimoit, que l'entendement humain ne pouuoit en aucune façon se rendre capable de voir Dieu que par le moien de la Philosophie, à laquelle s'il n'estoit naturellement ouuert, ou si par paresse il ne vouloit s'y appliquer, il ne pouuoit iamais retourner à son premier principe ny à ce souuerain Esprit, qui est, comme il parloit, le pere de tous les Esprits.

*Lib. 4. de Trinit. c. 10.*

Et autre part il dit ces mots, *hac est vera pax &*

*cùm creatore nostro nobis firma connexio purgatis & reconciliatis per mediatorem vitæ, sicut maculati & alienati ab eo recesseramus per mediatorem mortis: sicut enim Diabolus superbus hominem superbientem perduxit ad mortem, ita Christus humilis hominem obedientem reduxit ad vitam; quia sicut ille elatus cecidit & deiecit consentientem, sic iste humiliatus surrexit & euexit credentem.* Toute la vraie paix & la liaison indissoluble, que nous pouuons auoir auec nostre Createur, nous vient de nostre Seigneur le Mediateur de nostre vie, par qui nous sommes purifiez & reconciliez auec luy, comme nous en auons esté malheureusement separez, & entierement souillez par le Mediateur de nostre mort; car comme le Diable orgueilleux a fait mourir l'homme superbe & rebelle, aussi Iesus-Christ humble a rendu la vie à l'homme obeïssant & soûmis; Et tout ainsi que le Diable s'est precipité pour vouloir s'éleuer, & a enueloppé dans sa chûte & dans son malheur l'homme par le consentement qu'il luy a donné, de mesme Iesus-Christ s'estant abbaissé par l'infamie de sa mort, a esté releué par la gloire de sa resurrection, & en a rendu l'homme participant par la Foy.

Et puis il parle de certaines inuentions, que les Gentils auoient pour purifier & affiner les ames, qui estoient des enchantemens, des sortileges, & quelques secrets des sciences curieuses, qui leur venoient des demons, & qu'ils appelloient, *Teletæ*, comme qui diroit, des moiens de perfection, des finissemens & des operations mysterieuses pour donner aux ames la disposition derniere à l'vnion auec Dieu, mais apres il conclud. *Nequa-quam per sacrilegas similitudines, & impias curiositates & magicas consecrationes animæ purgantur & reconciliantur Deo.* Mais les ames ne nettoient point leurs ordures & ne se reconcilient pas auec Dieu par des phantômes sacrileges, par des curiositez impies, ny par des consecrations de magie, dautant que le Diable ne les porte pas vrayement à Dieu ny aux choses diuines, mais plutost leur en bouche le passage par des affections qu'il leur inspire, qui sont d'autant plus méchantes qu'elles sont plus remplies d'orgueil & de vanité, *qui non possunt ad euolandum pennas nutrire virtutum, sed potius ad demergendum pondera exaggerare vitiorum, tanto grauius animâ ruiturâ, quanto sibi videbatur euecta sublimius.* Lesquelles ne peuuent pas fortifier les aîles des Vertus à vne ame pour la faire voler, mais plutost augmenter la pesanteur de ses vices pour la faire descendre, & tomber d'autant plus bas, qu'elle se croit en état de pouuoir monter plus haut, c'est ce que dit sainct Augustin. Certes les expiations impies des Gentils ne peuuét pas purifier le cœur de l'homme, mais le soüiller : Elles n'ont pas la force de polir & de perfectionner les ames, mais de les rendre plus vicieuses, ny de les approcher de Dieu, mais de les en retirer ; c'est à la Foy que cette gloire est deüe.

Ce qui estant bien & meurement consideré
auec

auec les raisons que nous auons apportées cy-dessus pour faire voir son merite, tout cela nous donnera sans doute vn grand amour pour elle, & nous portera efficacement à sa pratique ; de laquelle nous allons parler maintenant, & monstrer la façon comme il s'y faut prendre.

## SECTION IV.

### La Pratique de la Foy.

LA premiere chose que i'ay à dire touchant la Pratique de la Foy est, que nous la deuons pratiquer continuellement & en toutes nos actions, car comme nous sommes Chrestiens & Fideles en tout temps, en tout lieu, & en tout ce que nous faisons, & que nous ne pouuons pas dépoüiller ny mettre bas cette qualité, puisque l'empreinte & le charactere que nous en portons, est ineffaçable & eternel, nous deuons aussi agir en toutes nos œuures par la Foy, qui nous rend Chrestiens & Fideles, & ne faire rien que par son ressort.

Attendu mesmement que nous sommes incessamment entourez des objets de la Foy, & que rien ne se presente ny à nos yeux ny à nos esprits, qui n'en porte le visage ; parce que ce sont ou choses surnaturelles, comme les mysteres de la Trinité, de l'Incarnation, de la Resurrection, de l'Eucharistie & les autres, qui seruent à la Foy de propre fond, sur lequel elle s'emploie; ou choses naturelles que Dieu a inferées dans ses Ecritures, & par consequent que l'on doit croire; ou qui nous sont ordonnées & enuoiées de sa part, comme des moiens de nostre salut, & des instrumens de nostre perfection, ainsi que la santé, les maladies, la prosperité, les aduersitez, & generalement tout ce qui est en l'Vniuers & que la Nature renferme dans son sein, & qui considerées de ce costé & dans ce iour demandent de la Foy. Dauid parlant de Dieu dit: *Rectum est verbum Domini, & omnia opera eius in fide.* Toutes les paroles de Dieu sont droites, fideles, & pleines de verité, & tout ce qu'il fait est sincere & sans tromperie; de sorte qu'il n'y a persone ny si pointilleuse, ny si defiante, qui n'ait tout sujet de le croire & de se fier en luy: Il faut de mesme que l'on puisse dire & assûrer de nous, *omnia opera eius in fide*, que nous faisons toutes nos œuures dans la Foy & par son mouuement, pour correspódre à la verité & à la fidelité de celles de Dieu.

Il faut que nous emploions la Foy à toutes choses, que nous l'appliquions à tout, comme la seule regle infaillible que nous auons: Et comme nous sommes en cette vie, pour ce qui regarde la connoissance de la valeur des choses, tout ainsi que dans vne nuict, enueloppez de profondes tenebres, comme il appert euidemment tous les iours, par ce que nous faisons fort peu d'état des choses que Dieu estime beaucoup, & au con-

*Psalm.32, 4.*

traire nous loüons & admirons celles qu'il méprise; En quoy par consequent nous nous abusons, puisque tous nos iugemens ne peuuent estre iustes ny equitables s'ils ne s'accordent au sien, comme à celuy qui est le niueau & la mesure de tous les bons iugemens, & de toutes les opinions saines & veritables que les Creatures peuuent former. Comme donc nous marchons de nuict au milieu des honneurs & des opprobres, des richesses & de la pauureté, des plaisirs & des douleurs, de la santé & des maladies, & de beaucoup d'autres choses fort differentes, pour ne point nous tromper en leur estime & en leur prix, seruons nous de la lumiere de la Foy.

Ne plus ne moins que quand on monstre à quelqu'vn dans vn lieu obscur de l'étoffe, il la tire de là & la regarde au iour; ou si on luy presente de nuict vn diamant pour acheter, il l'approche de la chandelle, afin de le reconnoistre & ne prendre pas vne happelourde pour vn fin diamant: Il faut de mesme que nous regardions les honneurs, les opprobres, les richesses, la pauureté, les prosperitez, les afflictions, & vniuersellement toutes les choses de ce monde, non pas à la lumiere de nostre esprit naturel qui les represente toutes autres qu'elles ne sont, parce qu'il ne s'arreste qu'à l'apparence & à ce qui touche cette vie, mais à la lumiere de la Foy qui les fait voir dans le point de leur verité; Et pour cela que nous la portions toujours & par tout en main comme vne lampe allumée, & l'approchions prés de toutes les choses que nous voions, & qui nous arriuent, & que nous nous en seruions en toutes rencontres.

Cette lumiere nous découurira la beauté des choses belles, & la laideur des laides. Elle fera tomber le masque aux visages difformes, & monstrera en d'autres des graces & des attraits que les hommes ignorent, & par son moien nous nous garentirons de toutes les tromperies.

A quoy comme elle est absolûment necessaire, aussi y est elle suffisante, sans qu'il soit besoin d'auoir d'autre flambeau qui nous éclaire, ny d'autre parole qui nous assûre, ny des miracles qui nous persuadent, ny des visions ou des reuelations, soit angeliques ou diuines, qui nous enseignent, ny des raisonnemens & des demonstrations qui nous conuainquent, ny des experiences qui nous forcent. Nous n'auons point affaire dit sainct Chrysostome, de discours ny de science, mais seulement de la Foy. Les Apostres n'ont point procedé à la conuersion du monde par la doctrine, mais par la Foy; Et nostre Seigneur n'a point preuué son Euangile ny établi ses mysteres auec des paroles choisies & vne eloquence pompeuse, ny auec des argumens tirez de la Philosophie, mais il l'a fondé sur la creance, auec laquelle il a voulu qu'on le reçût, & qu'on le pratiquât: d'où vient qu'il faisoit entrer tous ceux, auec qui il traitoit de leur salut, dans le chemin d'vne

*Hom. 4. in 1. ad Corinth. τῶν ἐκ ἔτι λο- γισμῶν, ἀλλὰ πίστεως δεῖ μό- νης.*

creance simple, il l'exigeoit d'eux, il leur répondoit par vn passage de l'Ecriture, & luy rapportoit leur guerison & tous les biens qu'il leur faisoit.

Suiuant cela la Foy nous met en état de ne point estre vaincus de nos ennemis, mais au contraire de les terrasser & les abbatre sous nos pieds.

Elle nous dispose encore excellemment pour la pratique de l'Esperance, de la Charité, de l'Humilité, de la Patience, & de toutes les Vertus. Il ne faut que bien croire & toutes les vertus seront aisées. La difficulté que fait vn valet d'ouurir la porte du logis, quand on y frappe pendant la nuict, n'est pas d'ouurir, mais de sçauoir qui y frappe, si c'est son maistre ou vn ennemy. Car dés qu'il sçait que c'est son maistre, aussi tost il luy oure. Il ne faut que bien croire, & il sera facile de faire dans l'exercice des Vertus des coups hardis & signalez.

Aussi la Foy sont les vraies armes du Chrestien; C'est, dit sainct Augustin, son habillement de teste, c'est sa cuirasse & son bouclier, & il doit s'armer de pied en cap de la Foy. Y a-t'il, dit S. Cyrille de Hierusalem, rien de plus terrible & vn ennemy plus redoutable que le Diable? Nous pouuons pourtant le combattre & le vaincre, & pour ce combat & cette victoire nous n'auons point d'autres armes que la Foy, laquelle si nous sçauons bien manier, nous nous rendrons inuulnerables à tous ses coups, nous serons irreprehen-

*Exposit. orat. dom. & symb. ad Catechum. serm. 2 Catechef. 5.*
προς τοῦτον οὐ-
δὲν ἕτερον
ὅπλον ἔχομεν
ἢ τὴν πίστιν.

aa iij

sibles & douez de toutes sortes de vertus.

Et deuant luy sainct Paul en termes encore plus sublimes. *Arma militiæ nostræ non carnalia sunt, sed potentia Deo ad destructionem munitionum, consilia destruentes, & omnem altitudinem extollentem se aduersus scientiam Dei, & in captiuitatem redigentes omnem intellectum in obsequium Christi.* Les armes de nostre milice ne sont point charnelles, comme celles dont se seruent les hommes, à sçauoir l'eloquence, la philosophie, les sciences & les autres moiés, où l'esprit humain établit sa puissance, mais elles sont spirituelles, d'vne si bonne trempe, & ausquelles Dieu donne vne si grande force, qu'auec elles nous rendons inutiles tout l'appareil & tous les efforts de la sagesse mondaine, & nous renuersons les bouleuars de tous les discours & de toutes les raisons qu'elle nous oppose; Auec elles nous abbaissons l'orgueil de la science de la terre, quand elle veut s'éleuer contre celle de Dieu, nous triomphons des plus sçauans & plus difficiles esprits, & nous les forçons de se soûmettre au ioug de Iesus-Christ, & d'entrer dans vne seruitude, qui leur est plus auantageuse & plus douce que leur premiere liberté. *Ad alligandos Reges eorum in compedibus, & nobiles eorum in manicis ferreis*, comme dit Dauid, & comme sainct Thomas l'explique, pour mettre les fers aux pieds & aux mains, aux Princes, aux Sçauans, & à tous les hommes doctes, & pour les rendre captifs de Iesus-Christ & disciples de son échole.

*2. Cor. 10. 4.*

*Psalm. 149. vers. 8.*

*In hunc locum Pauli.*

La bonté & la force des armes de la Foy est si grande, & la victoire qu'elle fait remporter à l'homme fidele de tous les ennemis de son salut, si asseurée, que sainct Iean l'appelle mesme du nom de victoire, *hæc est victoria*, dit-il, *quæ vincit mundum, Fides nostra.* Nostre Foy est la victoire du monde, il veut dire, que c'est-ce qui nous fait infailliblement vaincre le monde & tous nos aduersaires. C'est pourquoy aussi sainct Gregoire remarque, que, *vnicuique animæ, cui Deus misericorditer præsidet, ante omnia Fidei fortitudinem præbet, de qua Petrus ait: aduersarius vester Diabolus, tanquam leo rugiens, circuit quærens quem deuoret, cui resistite fortes in Fide.* Dieu communique à l'ame, dont il se rend protecteur special, & aux combats de laquelle il veut presider auec vne misericorde particuliere, vne foy ferme, dont sainct Pierre nous dit, qu'estans tous les iours aux prises auec le Diable, qui rode continuellement à l'entour de nous pour voir s'il pourra treuuer quelqu'vn desarmé & le deuorer, nous aions à luy resister auec vne foy forte, car par ce moien il ne sçauroit nous nuire, ny de tous ses assauts recueillir que de la honte.

Partant la grande maxime du Chrestien & le vray secret de l'affaire de son salut, est de se conduire en tout par la Foy, de porter perpetuellement sur soy ces armes, & s'en seruir en toutes occasions, soit pour attaquer ou pour se defendre, soit qu'il faille fuïr quelque vice ou exercer quelque vertu, & tenir toujours en main cette belle

*1. Epist. 5. 4.*

*Lib. 31. moral. cap. 17.*

lampe allumée, l'appliquer à tout & le regarder & l'examiner à sa lumiere. La propre façon d'agir du Fidele est par la Foy, il doit donc la suiure; son vray bien c'est la Foy, comme mesme sainct Paul l'appelle, il faut donc qu'il le fasse valoir & qu'il en viue, aussi est-il dit du Iuste, qu'il vit de la Foy, comme on dit d'vn Artisan qu'il vit de son mestier, parce qu'il luy fait gagner sa vie. Or voions maintenant plus en particulier comme il faut exercer la Foy en tout, comme on doit appliquer cette lampe & manier ces armes.

Rom. 14. 16.

## SECTION V.

### Cette pratique plus en particulier.

POur bien entendre cecy il faut presupposer & remarquer auec grand soin, que l'habitude de la Foy ne suffit pas à vn Chrestien pour le faire bien viure, s'il ne vient de plus à la viuifier & en produire les actes. En quoy pourtant la plus part se trompent, parce qu'apres l'auoir receüe au baptesme, ils la tiennent iniustement renfermée & captiue dans le fond de leur ame, comme sainct Paul disoit des Gentils pour les connoissances qu'ils auoient de Dieu, *Veritatem in iniustitia detinent*, & la laissent inutile, sans la faire trauailler & la mettre en besogne ; dautant que les choses ne sont iamais parfaites ny acheuées par l'habitude, mais par l'acte, auquel l'habitude tend comme

Rom. 1. 18.

comme à sa perfection & à sa fin, tout ainsi que l'arbre à son fruit. Et puis l'experience y est euidente; car nous voions, selon que nous auons déja touché cy-dessus, que les Chrestiens auec toute leur foy habituelle courent à perte d'halene apres les grandeurs du monde, sont furieusement aspres aux biens de la terre, recherchent auec passion tous les plaisirs de leur sens, & se prostituent à toutes sortes de vices, autant que s'ils n'auoient point de foy ; qui est vne preuue aussi claire comme elle est lugubre & funeste, que l'habitude de la Foy n'est pas suffisante pour retirer vn homme du peché & le porter à la vertu, puisqu'elle n'empesche pas que ceux-cy ne viuent dans le desordre, & plutost en Payens qu'en Chrestiens.

Ce qui donne sujet à ce commun dire, que les Chrestiens n'ont point de Foy, & qui se doit entendre, non de le Foy habituelle, qui ne se perd iamais, depuis qu'on l'a reçûe, que par l'infidelité, mais de l'actuelle: dautant que qui n'a que la foy habituelle sans son exercice, est quasi comme s'il n'en auoit point, parce qu'elle luy est inutile; & autant qu'vne épée l'est à celuy qui ne la tire iamais de son fourreau, & ne s'en sert pas dans ses besoins : Et comme si celuy-cy pour ne pas degainer son épée, qui est tres-bonne, & s'en defendre, mais la laisser dans le fourreau, venoit à estre blessé & tüé par son ennemy ; on diroit de luy qu'il n'a point d'épée, parce qu'elle ne luy a pas plus ferui, que fi effectiuement il n'en eut point eu. C'eſt le meſme de nous au regard de la Foy, & pourquoy l'on dit que nous n'en auons point, parce que nous ne nous en aidons non plus, que ſi nous n'en auions point du tout: à faute dequoy nous ſommes battus, renuerſez, percez de coups & mis à mort par nos ennemis.

Nous nous laiſſons ſeduire & enchanter par la fauſſe apparence des choſes de ce monde; nous pleurons des pertes qui nous ſont auantageuſes; nous nous plaignons de ce dont nous deurions benir Dieu; nous nous affligeons de ce dont il faudroit nous réjouïr, & nous auons de la ioie de ce qui ne merite que de la triſteſſe: où la Foy actuelle nous deliureroit de tous ces maux, parce qu'elle fait connoiſtre les choſes comme elles ſont au vray, & corrige toutes les erreurs dont nos imaginations & nos eſprits ſont abuſez; elle nous fait voir que la pauureté, les mépris & tout ce que les hommes appellent maux, ne le ſont point, mais des moiens de noſtre ſalut & des inſtrumens de noſtre perfection, & qu'en cette vie il n'y a point d'autre mal à proprement parler, que le peché. C'eſt donc à cette Foy actuelle qu'il faut s'appliquer, c'eſt elle qu'il faut viuifier & exercer auec grand ſoin, & en voicy la façon.

Pour viuifier la Foy & la mettre en exercice, nous deuons faire trois choſes.

La premiere eſt de ſçauoir ce que la foy nous enſeigne touchant l'objet, dont il eſt queſtion.

La seconde, produire vn acte interieur de foy de la verité infaillible des choses enseignées.

Et la troisiéme est d'agir en vertu de la connoissance & de la persuasion de cette verité, & faire ce à quoy la foy nous pousse ; de sorte qu'elle soit le ressort & le mobile, qui donne le mouuement & le bransle à nos facultez pour operer.

Par exemple s'il s'agit de nostre fin derniere, il faut en premier lieu connoistre ce que la Foy nous en apprend, à sçauoir, qu'elle consiste à aimer, honorer, & seruir Dieu, & nous vnir à luy par la grace en cette vie, & en l'autre à le voir clairement comme il est ; qu'en cela gît nostre perfection & nostre beatitude ; qu'auec cela nous serons asseurément parfaits & bien-heureux, & sans cela toujours defectueux & miserables ; & que toutes les choses qui sont au monde, sans en excepter vne seule, nous sont données de Dieu comme des moiens pour arriuer à cette fin, & comme des échelles pour monter à luy. Secondement, il faut faire vn acte de foy viue, ou mesme plusieurs de cette verité. Et en suite de cela tendre de toutes nos forces à cette fin.

Si on se propose la presence de Dieu, il est premierement necessaire de sçauoir ce que la Foy nous en enseigne ; Puis croire cela par vn acte exprez & bien formé d'vne foy viue ; & apres regler nos actions, nos paroles & toute nostre vie sur le niueau de ces enseignemens.

Si on prend les richesses ou les grandeurs de

ce monde, il faut voir ce que noſtre Seigneur nous en a dit dans ſon Euangile ; aprés le receuoir & le tenir comme autant d'oracles d'vne infaillible verité ; & puis conformans nos ſentimens & nos iugemens aux ſiens, les mépriſer & les regarder comme des pas gliſſans, où il eſt fort aiſé de choir, & ainſi du reſte.

Ie dis de plus, que viuifier & actüer la foy, c'eſt appliquer la lampe de la foy à toutes choſes pour les regarder, les examiner & en iuger ſelon ſa lumiere, & non dans l'obſcurité de la nuict & les tenebres de nos paſſions, où à la clarté de la Lune, c'eſt à dire, de noſtre eſprit naturel ; de ſorte que nous ne les conſiderions ny eſtimions pas, ſuiuant ce que noſtre imagination ou noſtre raiſon humaine nous en ſuggere, mais ſelon les inſtructions & les connoiſſances que la foy nous en donne.

Ce que nous deuons obſeruer en tout, comme i'ay déja dit, mais particulierement aux choſes, qui pour eſtre plus conformes à nos ſens & d'intelligence auec noſtre nature corrompüe, comme les biens de cette vie ; ou pour leur eſtre contraires, comme les maux, ſont plus capables de nous porter au peché ; ou qui pour s'en éloigner dauantage, comme les choſes purement ſpirituelles, font moins d'impreſſion ſur nos eſprits ; ou pour eſtre les canaux, par leſquels les graces de Dieu coulent ſur nous en plus grande abondance, comme certaines Veritez fondamentales de nostre Religion, des Sacremens & autres grands mysteres; où en fin, qui pour nous estre ordinaires & iournalieres, sont en danger d'estre faites par routine: surquoy il faut remarquer trois choses fort importantes.

La premiere est, que comme naturellement nostre imagination & nostre esprit se portent sur les objets qui se presentent, & encore auec plus d'actiuité sur ceux, ou qui nous sont agreables, ou qui nous sont fascheux, nous deuons aussi y employer la Foy auec vn plus grand soin & les considerer plus attentiuement à sa lumiere. Il faut singulierement prendre garde que la Foy deuance la Nature pour s'appliquer sur les choses, afin de s'en rendre la maistresse & assujetir nostre Entendement & nostre Volonté à ses Loix ; car autrement il y a danger que si l'Imagination & la Raison humaine gagnét le deuant, en quoy elles sont extremement promptes & agiles, elles n'embroüillét nostre esprit, & ne l'enleuét apres elles, de sorte que si la Foy veut apres venir pour interposer son autorité & prononcer là dessus, elle ne treuue l'entendement preoccupé, le iugement corrompu, & la volonté persuadée, & qu'ainsi elle ne puisse rien faire, ou bien que ce soit auec de grands efforts, parce qu'il luy faut chasser vn puissant ennemy. Partant c'est vn coup de partie que la Foy marche la premiere en toutes choses où elle doit entrer, & se saisisse des facultez de l'homme, auant que de leur auoir donné le loisir de s'y occuper d'elles mesmes & à leur façon. Sainct Ambroise dit dans cette pensée au sujet de la Foy d'Abraham, dont parle ainsi Moyse, *credidit Abraham Deo & reputatum est illi ad iustitiam.* Abraham adiousta foy à ce que Dieu luy dit, & cela luy fut reputé à iustice, *quia,* dit ce sainct Pere, *non rationem quæsiuit, sed promptissima fide credidit. Bonum est vt rationem præueniat Fides, ne tanquam ab homine, ita à Domino Deo rationem videamur exigere.* Par ce qu'il ne demanda point à Dieu raison de son dire, il n'en voulut point d'éclaircissement, mais il le crût tout aussi tost. Il est bon que la Foy preuienne la Raison, afin que nous ne semblions pas vouloir exiger de Dieu nostre Seigneur, comme nous faisons des hommes, la raison de ce qu'il nous dit.

Genes. 15, 6.

Lib. 1. de Abrah. c. 3.

La seconde chose est, qu'il ne faut point du tout écouter les difficultez, les oppositions, les contrarietez & les impossibilitez, que l'entendement humain & les sciences naturelles peuuent apporter contre tout ce qui concerne la Foy: parce que tous nos esprits & toutes nos sciences sont infiniment au dessous de la science & de l'esprit de Dieu, d'où les Veritez de la Foy émanent. Car autrement nous nous rendrions semblables à vn enfant, qui voudroit combattre, & nier absolument vne proposition tres-certaine d'Aristote, ou vne demonstration d'Euclide, parce qu'elle choque ses sens & passe sa portée, en quoy il se monstreroit sans doute ridicule, & digne du fouet. Nous faisons le mesme quand auec nos raisonnemens & nos discours nous entreprenons de renuerser ce que la Foy nous enseigne; & nous faisons encore pis, car c'est sans comparaison dauantage qu'vn homme s'éleue auec cette outrecuidance contre Dieu, que non pas vn enfant se bande contre Aristote & contre Euclide.

La troisiéme est, que mesme nous ne deuons pas nous soucier beaucoup de tout ce que les sciences naturelles & les hommes sçauans peuuent alleguer pour confirmer les veritez de la Foy; parce que nous deuons faire tant d'état de la source, d'où ces oracles découlent, que nous en fassions fort peu de toutes les preuues, que les meilleurs esprits peuuent apporter en leur faueur; Qui en cela ressembleroient à vn villageois grossier, lequel s'auanceroit de vouloir iustifier la doctrine d'vn Docteur excellent & consommé, & la monstrer veritable auec vne comparaison prise de son village & de ses troupeaux, ce qui le feroit passer pour vn impertinent & indigne d'estre oüy; si ce n'est qu'on le voulut souffrir par pitié de ses compagnons, à qui ce procedé ajusté à leur rudesse pourroit seruir pour leur ouurir en quelque façon l'esprit à l'intelligence de cette doctrine, & leur en faciliter la creance. Nous ne pouuós pas former de trop hautes idées, ny auoir trop d'estime de la verité & de la certitude des mysteres de la Foy, parce qu'ils en meritent encore sans comparaison dauantage, & que par ce moien noſtre volonté eſt touchée d'vn plus grand reſpect pour eux, & mieux diſpoſée pour pratiquer les vertus & les bonnes œuures, qu'ils demandent. Mais briſons icy pour dire encore quelque choſe plus en détail en la Section ſuiuante touchant cette pratique.

## SECTION VI.

### La Pratique de la Foy encore plus par le menu.

IL faut que nous nous exercions ſouuent à produire des actes d'vne Foy viue ſur les veritez qui ſuiuent, parce qu'elles ſont d'vne tres-grande conſequence, & qu'elles nous apporteront, ſi nous les croions fermement, des biens ineſtimables, ayans toujours quelque texte de l'Ecriture ſaincte, qui ſerue de baze à noſtre exercice.

La premiere eſt *l'Eſtre de Dieu & noſtre Neant*, qui eſt la ſource, d'où prend naiſſance la vraie humilité de cœur, & la cauſe la plus efficace qui nous doit porter à eſtimer, honorer, adorer & aimer Dieu, à nous vnir à luy, & nous détacher de toutes les Creatures; croiant indubitablement que Dieu ſeul a l'eſtre de ſoy-meſme, & que de nous, nous ſommes vn Neant tout pur, vn Neant de corps & d'ame; vn Neant d'eſſence, de facultez & d'actions; vn Neant de tout bien de la Nature, de la Grace & de la gloire; & ce que nous
eſtions

estions deuant que nous fussions creez, *substantia* Pſalm. 38.6.
*mea tanquam nihilum ante te*, dit Dauid, ma ſubſtance eſt vn Neant deuant vous. Que n'eſtans rien de noſtre chef, nous ne pouuons auſſi & ne valons rien de nous: car il eſt euident que qui n'eſt rien, ne peut rien & ne vaut rien. Croiant que Dieu a vn eſtre ſi excellent & ſi accompli, vne beauté ſi rauiſſante, vne bonté ſi exceſſiue, vne ſageſſe ſi profonde & vne puiſſance ſi forte, qu'elles ſont abſolûment infinies, & qu'à comparaiſon toute autre beauté qui ſe voit parmy les Creatures, & qui meſme eſt poſſible, n'eſt que laideur, toute autre bonté n'eſt que malice, toute autre ſageſſe qu'ignorance, toute autre puiſſance que foibleſſe, & toute autre perfection que defaut. *Ecce gentes*, Cap. 40. 15.
dit Iſaïe à ce propos, *quaſi gutta ſitulæ & quaſi momentum ſtateræ reputatæ ſunt. Omnes Gentes quaſi non ſint ſic ſunt coram eo, & quaſi nihilum & inane reputatæ ſunt ei*. Voicy que tous les peuples du monde auec toute leur pompe, auec toute leur grandeur, & auec tout ce qui les peut rendre recommendables, ne ſont deuant Dieu qu'vne gouttelette d'eau, qui reſte au fond d'vn ſçeau, apres qu'il a eſté bien égouté, ou comme vn petit grain de pouſſiere qui eſt dans vne balance, & qui pour ſa petiteſſe ne ſe void point, & pour ſa legereté ne peze rien; Que meſme ils ſont en ſa preſence comme s'ils n'eſtoient point du tout, & diſparoiſſent comme de vrais Neants. On peut ſur ce fondement baſtir des edifices admirables, & pro-

II. Part.        c c

duire quantité d'actes de vertus tres-excellentes & tres-necessaires, comme de l'Esperance & de la Charité, des adorations, des glorifications, des loüanges, des vnions auec Dieu, & des mes-estimes, des mépris & des dégagemens de toutes les Creatures.

La seconde Verité, est celle qui concerne *la Presence de Dieu*, laquelle nous deuons faire regner en tous nos exercices spirituels, si nous voulons les bien faire, & generalement en toutes nos actiós, & à moins de laquelle il est impossible que nous ne fassions beaucoup de fautes. *In omni loco oculi Domini contemplantur bonos & malos*, dit Salomon, les yeux du Seigneur contemplent en tous lieux les bons & les méchans. Il faut souuent verifier la creance de cette verité pour nous contenir dans les bornes de nostre deuoir, pour nous empescher de faire ou de dire quelque chose mal à propos, pour nous animer aux bonnes œuures, & nous dire de fois à autre le long du iour auec les saincts Prophetes, *Viuit Dominus, in cuius conspectu sto*. Viue Dieu, deuant qui ie suis.

La troisiéme touche la diuine & infiniment adorable persone de nostre Seigneur, pour croire qu'il est nostre Sauueur, nostre Redempteur, & nostre Tout: que par son moien nous serons asseurément sauuez, & que sans luy nous serons infailliblement perdus, afin de nous attacher & nous vnir inseparablement à luy par tous les moiens possibles. *Non est*, dit le Prince des Apo-

Prou. 15. 3.

3. Reg. 17. 1.
4. Reg. 3. 14.

*stres, in alio aliquo salus; nec enim aliud nomen est sub cœlo datum hominibus, in quo oporteat nos saluos fieri.* Il n'y a point de salut hors de Iesus-Christ ; Il en est l'vnique principe & la seule cause, c'est le seul mediateur de nostre Redemption, & Dieu ne nous a donné aucune autre persone pour nous fermer les portes de l'Enfer, & nous ouurir celles du Paradis, pour nous deliurer de nos mal-heurs, & nous conduire à nostre beatitude, que luy seul.

Act. 4. 13.

La quatriéme est pour nos Oraisons tant mentales comme vocales, & vniuersellement pour tous nos exercices de deuotion, ausquels il faut apporter vne grande foy de la presence de Dieu, à qui nous parlons, de sa bonté, de sa misericorde, de sa liberalité, de sa fidelité en ses promesses, de la verité des mysteres que nous considerons, si nous desirons les faire auec preparation, auec respect, auec attention, auec affection & auec profit ; car autrement les negligences, les irreuerences, les distractions, & beaucoup d'autres deffauts ne manqueront pas de nous assieger, & de nous rendre inutiles ou mesmes nuisibles ces actions, qui estans bien faites nous seroient tres-profitables. C'est pourquoy S. Iean Climacus dit fort bien, que la foy est l'aile de l'Oraison, sans laquelle elle ne sçauroit prendre l'essor ny voler au Ciel.

πίστις πτεροῖ προσευχῆς gradu 27. Item gradu 28.

La cinquiéme est de la Prouidence de Dieu au gouuernement general de tout le monde, & au noſtre particulier, que nous deuons croire nous conduire pour ce qui nous arriue au corps, à l'ame, en nos biens, en noſtre honneur & en tout; & encore tout l'Vniuers pour les generations & les corruptions des indiuidus, pour les changemens & les reuolutions des Etats, des Empires & des Familles, & pour tout ce qui s'y paſſe, auec tant de bonté, tant d'amour & tant de ſageſſe, qu'elle n'y ordonne & n'y fait rien pour nous nuire, mais tout pour la gloire de Dieu & pour noſtre bien. *Ego Dominus & non eſt alter*, dit Dieu pour ce ſujet par Iſaïe, *formans lucem & creans tenebras, faciens pacem & creans malum; Ego Dominus faciens omnia hæc.* Ie ſuis le Seigneur & il n'y en a point d'autre que moy, ie forme la lumiere & ie crée les tenebres, ie fais la paix & ie produits le mal: c'eſt moy qui opere tout cela. Et auparauant il auoit dit par Moyſe, *Ego occidam & ego viuere faciam, percutiam & ego ſanabo.* Ie feray mourir & ie feray viure, la maladie & la ſanté, les plaies & leurs cures ſortiront de ma main; de vray, *ſi erit malum in ciuitate*, ainſi que dit Amos, *quod Dominus non fecerit?* Comme s'il y auoit aucun mal dans la ville, aucune affliction, aucune neceſſité, aucun opprobre, aucune miſere du corps ou de l'eſprit, dont le Seigneur ne ſoit point la cauſe? Oüy nous aſſure le Sage, *bona & mala, vita & mors, paupertas & honeſtas à Deo ſunt.* Les biens & les maux, la vie & la mort, la pauureté & les richeſſes nous viennent de Dieu, & non d'ailleurs.

*Iſaïe 45. 7.*

*Deuter. 32. 39.*

*Amos cap. 3. 6.*

*Eccl. 11. 14.*

Comme cette Verité a des suites merueilleuses pour nous faire receuoir auec patience, auec resignation & auec grand profit toutes les trauerses & toutes les incommoditez de cette vie, pour conuertir les épines en roses, & calmer nos esprits au milieu des tempestes, les faisant seruir à nous conduire au port, & generalement pour nous soûmettre à tous les ordres de Dieu, en quoy consiste nostre perfection; il importe extremement que nous en viuissions fort souuent la Foy, & en produisions des actes auec toute l'application que nous pourrons.

Il y a deux excellens & mysterieux Aueuglemens dans la vie spirituelle que nous deuons tâcher d'auoir, & faire pour cela auec grand soin tout ce qui y sera necessaire. Le premier aueuglement est pour tout ce que Dieu dit, & se rapporte à la Foy. Le second qui depend du premier & s'appuie sur luy comme sur son soûtien, est pour tout ce que Dieu fait, & regarde la Prouidence diuine : Par ces deux aueuglemens nous receuons tout ce que Dieu dit & tout ce qu'il fait, quelque éleuation qu'il ait par dessus nostre esprit, quelque bassesse, quelque simplicité, quelque extrauagance, quelque repugnance ou impossibilité qu'il porte à l'exterieur, sans l'examiner, sans le pointiller, & sans en murmurer ny nous en plaindre, mais les yeux clos & auec grand respect, nous contentans de ce que c'est la premiere Raison, la souueraine Sagesse, la Verité essentielle, & la Bonté infinie qui parle & qui ordonne, sans desirer d'y voir ny d'y connoistre dauantage, & ne pensans qu'à entrer dans ses desseins, & prendre les motifs pour lesquels elle dit & fait les choses, assûrez que nous sommes qu'vne telle cause ne sçauroit rien dire que de tres-vray, ny rien faire qui ne soit parfaitement bon. Qui est aussi vne raison incomparablement meilleure & plus capable de satisfaire tout homme iudicieux, & de mettre son esprit dans l'assiete d'vn inebranlable repos, que tout ce que nos petits entendemens, & mesme ceux des Anges nous pourroient fournir là dessus.

Ces deux aueuglemens sont tenebreux, & tout ensemble lumineux: Tenebreux, puisque ce sont des aueuglemens, puis qu'on y ferme les yeux & qu'on n'y veut rien voir. Lumineux, dautant qu'ils sont éclairez de la lumiere de la souueraine Verité, que c'est Dieu qui conduit ces sages & bienheureux Aueugles dans la voie de leur salut, & qu'il leur découure mille choses, qu'il cache aux autres. Suiuant cela il dit par la bouche du Prophete Isaïe, *ducam cæcos in viam, quam nesciunt, & in semitis, quas ignorauerunt, ambulare eos faciam: ponam tenebras coram eis in lucem, & praua in recta; hæc verba feci eis, & non derelinquam eos.* Ie meneray les aueugles par des routes qu'ils ne connoissent pas, & ie les feray marcher par des sentiers qu'ils ignorent. Ie changeray leurs tenebres en clarté, & i'applaniray ce qui sera de raboteux dans leur

Isaïe 42. 16.

chemin, ie leur en donne parole, & que ie ne les abandonneray point.

Sainct Luc rapporte que sainct Paul ayant au point de sa conuersion dit à nostre Seigneur, *Domine, quid me vis facere?* Seigneur, que voulez vous que ie fasse? il perdit la veüe & demeura trois iours aueugle, & que pendant son aueuglement il entendit des secrets ineffables, il veid des merueilles rauissantes, & reçût des thresors de biens immenses. C'est la vraie image de l'aueuglement dont nous parlons, qui suit necessairement la soûmission que l'on rend aux paroles & aux dispositions de Dieu, & aprés qu'on luy a dit, Seigneur, que voulez-vous que ie fasse? me voila prest de croire tout ce que vous direz, & de m'abandonner à tout ce que vous ordonnerez, & qui est aussi suiuy de grandes lumieres & d'vne abondance de graces.

### SECTION DERNIERE.

*Conclusion de la chose.*

C'Est donc de cette sorte que nous deuons exercer la Foy & en former souuent les actes, & specialement sur les sujets que nous venons de marquer, mais c'est ce que nous ne faisons point, qui est vn tres-grand malheur pour nous, & la cause de tous nos maux. C'est vne chose difficile, disoit sainct Cyrille de Hierusalem, de treuuer vn homme vraiement fidele, & qui se gouuerne entierement par la Foy, mais c'est aussi vne chose grande, c'est vn chef-d'œuure & vn homme tres-hautement éleué par dessus les autres, encore qu'ils portent des sceptres & des coronnes, ou qu'ils soient consommez en toute sorte de sciences.

Par l'exercice frequent de la Foy, l'homme fidele acquiert de grandes lumieres & des connoissances tres-excellentes, & mesme des ouuertures & des facilitez pour entendre les sainctes Lettres: car comme la foy est vne participation de la science & de la sagesse de Dieu, il faut necessairement que cette participation croisse dans vne ame, à proportion de la Foy: laquelle deuient si ferme & si stable que quand tous les hommes sçauans luy diroient le contraire, & s'efforceroiēt de le luy prouuer auec mille raisons, ils ne pourroient rien gagner sur son esprit, parce qu'il est inébranlablement estably sur la premiere Verité, & comme cette maison bastie sur le roc, dont parle N. Seigneur, que ny les pluies, ny le debord des riuieres, ny les vents, ny tous les orages ne pûrent auec tous leurs efforts renuerser; où celle qui n'estoit fondée que sur le sable mouuant, c'est à dire, sur nostre esprit & sur nos sciences, est bien tost mise par terre. Voila ce que l'exercice de la Foy apporte, lequel conduit le fidele, *ex fide in fidem*, ainsi que dit sainct Paul, d'vne foy foible & imparfaite, à vne foy forte & vigoureuse,

parce

parce que les vertus heroïques sont les recompenses des mesmes vertus communes bien exercées, & la Foy se donne en qualité de fruit, c'est à dire, de Foy extraordinaire, & au plus haut poinct de sa perfection, à qui l'a soigneusement & exactement pratiquée en qualité de vertu dans la façon ordinaire.

Dauantage cét exercice fait que l'homme fidele opere son salut non seulement auec assûrance, mais encore auec vn grand repos, sans tourmenter ny embarasser son esprit, au contraire il le comble d'vn singulier contentement & d'vne ioie inexplicable, suiuant ces paroles de sainct Pierre, *credentes exultabitis lætitia inenarrabili & glorificata*, vostre Foy vous fera bondir d'vne alegresse ineffable & toute pleine de gloire. Il luy donne vne parfaite obeïssance & docilité à l'Eglise, comme d'vn enfant à sa mere, & vne facilité pour receuoir auec soûmission & auec respect tout ce qu'elle ordonne, encore qu'il ne soit point de la Foy, & faire en cela & en toute autre chose plus d'état de son iugement que du sien particulier, & de celuy de tout autre homme pour habile & sçauant qu'il soit, il luy baille de l'estime & de la veneration pour toutes les ceremonies iusques aux plus petites, & le dispose d'vne façon excellente pour tout ce qui la regarde.

Enfin l'vsage frequent de la Foy met vn homme comme à couuert de tous les maux, le rend inuincible à ses ennemis, l'anime à l'exercice des

1. Epist. 1. 8.

bonnes œuures, le porte efficacement à la pratique des vertus, luy acquiert des thresors de richesses diuines, & le fait profiter de tout; car comme dit Salomon suiuant la version des Septante, dont sainct Ambroise, sainct Hierôme & sainct Augustin vsent, *Eius, qui fidelis est, totus mundus diuitiarum est; Illius autem qui infidelis est, neque obolus est.* L'Homme qui est vraiement fidele & qui sçait bien se seruir de la Foy, tourne toutes les choses, qui sont au monde, à son profit; où l'Infidele & celuy qui n'a pas cette adresse, n'en retire souuent pas seulement vn obole, & on luy peut bien dire ces paroles, que l'Apostre dit aux Corinthiens à vn autre sujet, *inanis & vana est fides vestra*, vostre foy est vaine & ne vous sert de rien, si ce n'est pour vous condamner & vous rendre plus miserables.

*Prou. 17. 6.*
*Ambros. l. 1.*
*de Abrah.*
*cap. 7.*
*Hieron. in*
*cap. 45.*
*Ezech.*
*August. conc.*
*1. in Psal. 48.*

*1. Cor. 15. 14.*
*& 17.*

Partant pour conclure ce discours apportons tous nos soins pour auoir vne Foy excellente & nous animer de son esprit, pour faire que la Foy soit comme le Milieu par lequel nous regardions toutes choses, pour les voir teintes de sa couleur & non de la leur naturelle. Que la Foy soit nostre Element, où, comme le poisson dans l'eau, nous fassions toutes nos operations, & que nous puissions dire ce que sainct Gregoire de Nysse rapporte de sainct Gregoire le Thaumaturge, que la Foy estoit son païs, sa maison & sa richesse. Cultiuons là auec toutes les diligences par des actes fort frequens, comme le Principe de tout nostre

*ἡ πίστις αὐτῷ*
*ὦ ἡ ἰδία ἡ*
*πλούτης.*

bien, & l'Origine de toutes les vertus: Ne plus ne moins que le plus grand soin du Iardinier en la culture d'vn arbre, ne va point aux branches, mais à la racine, à l'amender, à la fumer, à l'arrouser & y faire tout ce qu'il peut, parce qu'il sçait que les branches, les fruits, & tout dependent d'elle, & que le bien qu'il luy fait, rejalit & s'étend sur tout l'arbre. Rapportons à la Foy toutes les lumieres de nos esprits, & toutes nos sciences naturelles, & les luy assuietissons pour s'en seruir à produire plus hautement ses actions, comme aussi les choses moins parfaites tendent toujours naturellement à celles qui sont plus accomplies; ainsi la vie Vegetante se refere à la Sensitiue & à ses fonctions, la Sensitiue à la Raisonnable, & la vie de la Grace à celle de la Gloire. Et demandons là sans cesse à Dieu auec ces paroles des Apostres, *Domine, adauge nobis fidem*, Seigneur, augmentez en nous la Foy. Luc. 17. 5.

C'est le premier deuoir de Iustice que nous sommes obligez de rendre à Dieu; car comme nous sommes tenus indispensablement par les titres de nostre Creation, de nostre Conseruation & de nostre Redemption de consacrer entierement à Dieu nostre ame auec toutes ses facultez, & nostre corps auec tous ses membres, & que nostre esprit est-ce qui est en nous de plus noble & de plus excellent, nous deuons en rigueur de Iustice le luy dedier & assujetir, & auant toute autre chose, ce qui se fait par la Foy. *Supremum in*

dd ij

*Lect. 5 in cap. 3. ad Galat.*

homine, dit le Docteur Angelique, *& ideo primum in iustitia hominis, est quod mens hominis Deo subdatur; & hoc fit per Fidem.* Ioint que si nous retournons les yeux dessus nous, c'est par où nous deuons commencer, car comme le Christianisme est étably sur l'humilité, & que cette vertu tient lieu de fondement & de baze en l'affaire de nostre salut, la foy est la vraie humilité de nostre esprit & de nostre iugement, puisque c'en est la soûmission.

*1. Cor. 16. 13.*
*Coloss. 1. 23.*
*Tit. 2. 10.*

C'est pourquoy écoutons & suiuons le conseil de sainct Paul, qui nous dit: *Vigilate, state in fide. In fide fundati & stabiles. In omnibus fidem bonam ostendentes vt doctrinam Saluatoris nostri Dei ornent in omnibus.* Veillez, prenez bien garde à vous, à ce que vous vous teniez bien droit dans la foy, que vous vous y affermissiez & y iettiez de iour en iour de plus profondes racines, témoignans en toutes choses que vous auez vne parfaite creance, & y agissans par son esprit, afin de rendre illustre & éclatante deuant tous la doctrine de Dieu nostre Sauueur dont vous faites profession.

## CHAPITRE VII.

### Septième Principe general de la Vie Spirituelle.

*La Priere continuelle.*

VNE des plus grandes maximes du Christianisme, & vne des choses que nostre Seigneur nous a plus souuent & plus instamment recommandées, par soy & par ses ministres est de prier Dieu continuellement. *Oportet semper orare & non deficere*, dit-il par sainct Luc, il faut toujours prier, & ne se relâcher iamais, pour quoy que ce soit, tant que nos forces le pourront permettre, de ce sainct exercice. Et luy mesme, *Vigilate omni tempore orantes. Vigilate & orate. Videte, vigilate & orate*, prenez garde à l'affaire de vostre salut. Considerez en l'importance, veillez & priez en tout temps. Sainct Paul écriuant aux Thessaloniciens, leur mande, *sine intermissione orate*, priez sans intermission. A ceux de Colosse, *orationi instate vigilantes in ea*, soiez assidus & vigilans à la priere. A Timothée. *Volo viros orare in omni loco*. Ie veux & i'entend que les hommes fassent oraison en tout lieu. Et parlant aux Ephesiens du combat de nostre salut,

Luc. 18. 1.

Luc. 21. 36.
Luc. 26. 41.
Marc. 13. 33.

1. Thess. 5. 17.
Coloss. 4. 2.
1. Tim. 2. 8.

dd iij

& monstrant de quelles armes il faut nous seruir pour en auoir bon succez, il leur dit, *per omnem orationem & obsecrationem, orantes omni tempore in spiritu, & in ipso vigilantes in omni instantia.* Nos armes doiuent estre les prieres & des supplications continuelles, que nous deuons faire auec esprit, auec vn ardente affection & vne inuincible perseuerance. Le Prince des Apostres nous dit à ce propos en sa premiere Canonique. *Estote prudentes & vigilate in orationibus.* Soiez prudens, adonnez vous auec grand soin à l'oraison. Et long-temps auparauant l'Ecclesiastique nous auoit baillé cet aduis; *Non impediaris orare semper,* Aiez l'œil que rien ne vous empesche de prier toujours.

Nous pouuons de tous ces passages recueillir euidemment que l'exercice de l'Oraison continuelle nous est extremement recommandé, & qu'il doit passer dans nostre estime pour vn des principaux de tous ceux qui regardent nostre salut. Mais neanmoins comment se peut-il pratiquer? comment le pouuons nous obseruer dans cette rigueur qui ne souffre point d'interruption, attendu que, & la multitude de nos affaires, & les necessitez de nos corps, & les infirmitez de nos esprits ne nous le permettent pas? Comment se doiuent entendre ces paroles?

Quelques-vns disent qu'elles ne s'entendent pas de chaque Chrestien en particulier, mais de tous en general & du corps de l'Eglise, qui prie toujours & sans discontinuation en quelque lieu

Ephes. 6. 18.

1. Petr. 4. 7.

du monde: cette interpretation est veritable, mais aussi elle est renfermée dans des bornes trop étroites, & nostre Seigneur sans doute veut dire dauantage; c'est pourquoy il faut les prendre de chaque homme, mais comment cela?

Premierement sainct Basile, le Venerable Bede & la Glose ordinaire disent, que qui s'emploie continuellement en de bonnes œuures, prie Dieu sans discontinuation, parce que la bonne œuure est vne priere, non pas de la bouche ny de l'esprit, mais de la main & d'effet. *Ille semper orat, qui bene semper agit, & numquam cessat orare, qui non cessat benefacere*, dit la Glose. Celuy-là prie toujours qui fait toujours bien, & il ne cesse iamais de prier, s'il ne cesse iamais de bien faire. En second lieu, sainct Augustin dit que celuy-là prie perpetuellement, qui souhaite de perpetuellement prier, & voudroit auoir les forces du corps & de l'ame pour vaquer sans interualle à l'oraison, parce qu'il en a veritablement l'affection & le desir. Troisiémement le Venerable Bede encore, le Pape Nicolas en la réponse aux demandes que luy firent ceux de Bulgarie, & d'autres, prennent ce mot de *Toujours*, moralement, & comme on le prend parmy les hommes, c'est à sçauoir, pour ce qui se fait aux temps ordonnez & reglez, & qui ne s'omet point: Comme nous disons d'vn Chanoine ou d'vn Religieux lequel ne manque iamais au seruice, qu'il assiste toujours au chœur, d'vn Chrestien qui se rend assidu aux Predications, qu'il

Basil. orat. in Iulitt. marty. Beda & Glossa in Luc. 18. 1.

August. ad probam c. 9.

vient toujours au Sermon. Et David dit à Miphiboseth le fils de son cher amy Ionathas. *Tu comedes panem in mensa mea semper.* Vous viendrez manger à ma table toujours, c'est à dire, tous les iours aux heures ordinaires. Quatriémement, d'autres pensent auoir atteint le blanc de plus prez, à cause de la parabole de cette Vefue, qui par ses importunitez extorqua d'vn Iuge méchant & cruel ce qu'elle voulut, au sujet de laquelle ces paroles ont esté proferées, quand ils ont dit que le sainct Esprit nous a voulu seulemét enseigner que nous deuons auoir en nos prieres vne constance inuincible, & vne perseuerance qui ne se rende point pour quoy que ce soit, iusques à ce que nous aiōs obtenu de Dieu ce que nous demandons. Enfin, & ce qui fait plus à mon sujet, le mot de *Toujours*, signifie tres-souuent, comme l'on dit d'vn ioüeur, d'vn homme fort adonné à l'étude, il ioüe toujours, il étudie continuellement; Ce n'est pas toutefois sans quelque discontinuation, mais cela veut dire, le plus qu'il peut, & le jeu ou l'étude est son principal exercice, auquel il donne quasi tout son temps, & il n'a point d'affection pour tous les autres: Ainsi on nous exhorte à prier toujours, c'est à dire, le plus souuent que nous pourrons, & que la foiblesse de nostre nature le permettra, & auoir extremement à cœur cette occupation saincte & diuine. Voions maintenant les raisons qui nous obligent à la Priere continuelle, & qui nous en persuadent efficacement l'vsage.

Vne

*1. Reg. 9. 7.*

*Suarez to. 2. de Relig. lib. 2. c. 1. n. 4. & ali.*

## SPIRITVEL. 217

Vne seule suffiroit si nous rendions à nostre Seigneur la deference & le respect que nous luy deuons, à sçauoir la recommendation si souuent reiterée, & l'instance si pressante qu'il nous en fait; mais outre celle-là, i'en remarque deux entre-autres qui sont tres-puissantes, son Vtilité & sa Necessité.

Pour l'Vtilité, ie dis que la Priere nous apporte des biens merueilleux & des profits qui passent tout ce que nous en pouuons dire & penser. C'est vne miniere, d'où l'on tire des thresors immenses de richesses spirituelles ; c'est vn grand & large canal, par lequel les graces & les misericordes de Dieu coulent sur nous ; c'est vn champ fertile & plantureux, où l'on moissonne des merites à foison; C'est vne armure offensiue & defensiue pour vaincre tous nos ennemis ; c'est vne épée à trempe d'acier qui nous est donnée du Ciel, comme celle d'or que le Prophete Ieremie bailla en vision au vaillant Iudas Macabée auec ces paroles, *accipe sanctum gladium, munus à Deo, in quo deijcies aduersarios populi mei Israël.* Prenez cette saincte épée, dont Dieu vous fait present, auec laquelle vous surmonterez & vous déconfirez tous les Aduersaires de mon peuple.

Qui pourroit raconter les grandes & admirables victoires que cette épée a remportées? Comme elle tailla en pieces cent quatre-vingts & cinq milles combattans de l'armée de Sennacherib; comme elle défit vn million d'hommes conduits

2. Macca. 15. 16.

II. Part. e e

par Zara Lieutenant du Roy d'Ethiopie, & fut cause de la memorable victoire que Iosué gagna sur Amalec, aiant toujours du bon, pendant que Moyse hauſſoit ſes bras à Dieu ſur la montagne & le prioit, & au contraire du pis, quand il les abbaiſſoit.

La Priere eſt-elle pas profitable & auantageuſe au poſſible, puiſque c'eſt elle qui merita à Iacob la benediction de l'Ange, qui le deliura du courroux de ſon frere Eſaü, auſſi bien que Ionas du ventre de la balene, & Suſanne de la mort? qui reſuſcita le fils de la Sunamite, qui adoucît la rage des Lyons à Daniel, & fit que les trois ieunes hommes eſtoiét au milieu des flammes de la fournaiſe de Babylone comme parmi des roſes? Ie laiſſe les autres merueilles & les autres vtilitez de la Priere pour venir à la neceſſité, que i'eſtime eſtre vne raiſon encore plus conſiderable & plus forte.

## SECTION I.

### La Neceſſité de la Priere.

POur bien entendre la neceſſité que nous auons de la Priere, il faut ſçauoir que c'eſt vne opinion conſtáte en noſtre ſaincte Religion, & qui eſt meſme paſſée en article de foy contre les Heretiques Pelagiens, que la grace & le ſecours de Dieu nous eſt abſolûment neceſſaire pour nous sauuer, pour resister aux tentations, domter nos passions, exercez les vertus, pratiquer les bonnes œuures, & pour perseuerer & mourir en bon état; de sorte que comme les animaux ne peuuent pour tout marcher sans pieds, ny les oiseaux voler sans aîles, de mesme l'homme ne sçauroit en façon quelconque faire, sans la grace de Dieu qui nous est conferée par les merites de Iesus-Christ, aucune de ces choses, ny operer son salut. Aussi Iesus-Christ dit, *sine me nihil potestis facere*, vous ne pouuez rien faire sans moy de tout ce qui regarde vostre salut, & vostre beatitude eternelle; car si vous y pouuiez quelque chose pour petite qu'elle soit, ie ne serois pas, au moins en cela, vostre Sauueur & vostre Redempteur. Ce que nous ne deuons ny dire ny penser.

Ioan. 15. 5.

Or maintenant pour venir à nostre sujet, ie dis que la Priere est requise pour obtenir de Dieu sa grace & son secours, & qu'à moins de le luy demander, vous ne l'aurez pas: *Nullum credimus ad salutem*, nous enseigne sainct Augustin, *nisi Deo inuitante venire; nullum inuitatum salutem suam nisi Deo auxiliante operari; nullum nisi orantem auxilium promereri.* Nous croions que persone ne prend vn vray dessein de se sauuer, si Dieu ne la touche & ne l'appelle; que persone, encore qu'elle soit touchée & appellée, ne fait effectiuement son salut, si Dieu ne luy donne main forte & ne l'assiste; & que persone ne merite & n'obtient de Dieu cette assistance, si elle ne l'en prie. Et pour la Per-

Lib. de Ecclesiast dogmat. cap. 56.

ee ij

*Lib. 1. de bo-no perseue-rantiæ c. 16.*

seuerance il dit autre-part, *Constat Deum alia non orantibus, sicut initium fidei; alia non nisi orantibus præparasse, sicut vsque in finem perseuerantiam.* Il est constant & assûré que Dieu confere certains dons, encore qu'on ne les luy demande pas, comme le commencement de la Foy & la premiere grace; mais aussi qu'il y en a d'autres qu'il ne donne point sans priere & sans requeste, comme la Perseuerance finale & la bonne mort.

La Raison de ce procedé, que Dieu garde auec nous, vient de ce que Dieu veut, comme il est tres-raisonable, nous tenir toujours humbles, reconnoissans & dependans de luy pour ce qui est de ses dons & de ses graces; que nous connoissions & auoüions que nous sommes de nostre chef pauures & necessiteux, & que nous ne pouuons de nos forces resister aux assauts de nos ennemis, nous empescher de choir dans le peché, pratiquer la vertu, y perseuerer iusques à la mort & nous sauuer, & que luy seul nous peut donner les aides & les secours necessaires pour cela. En suite dequoy il veut pour témoignage, que nous auons veritablement ces sentimens, que nous luy demádions ces aides & ces secours, & qu'apres les auoir reçûs, nous sçachions & declarions deuant tous que nous tenons de luy nos forces, la victoire de nos tentations, nos vertus, nos bonnes œuures & nostre salut, & que de là nous n'en tirions point de vanité, mais que nous luy en rapportions toute la gloire & toute la loüange. Voila la vraie cause, pour laquelle Dieu veut estre prié : Ce qui se doit toutefois entendre de sa conduite ordinaire, car comme il est Maistre absolu faisant de ses biens ce qu'il veut, pour les donner, & quand, & comment, & à qui il luy plaît, il en peut vser autrement.

Ce qui est si vray, que mesme les choses qui doiuent arriuer infalliblement, parce qu'il les a resolües & qu'il les a mesme promises, ne s'accomplissent point sans la priere, qui en doit estre comme le cachet & la derniere disposition pour les effectüer. C'est-ce que le Docteur Angelique peze, disant que pour cela l'oraison est le principal moien, dont la Prouidence de Dieu se sert pour executer ses desseins, & allegüe à ce propos, sainct Gregoire le grand qui dit, *Obtineri nequaquam possunt quæ prædestinata non fuerunt : sed ea quæ sancti viri orando efficiunt, ita prædestinata sunt vt precibus obtineantur ; Nam ipsa quoque perennis regni prædestinatio, ita est ab omnipotente Deo disposita, vt ad hoc Electi pro labore perueniant, quatenus postulando mereantur accipere, quod eis omnipotens Deus ante sæcula disposuit donare.* Les choses qui ne sont point arrestées de Dieu ne peuuent iamais estre obtenües, & celles que les Saincts obtiennent par leurs prieres, sont tellement arrestées, que l'impetration s'en doit faire par la priere : dautant que Dieu predestine les Elûs au Royaume éternel de telle façon, qu'ils le doiuent acquerir par leur trauail, se rendans dignes par leurs requestes de receuoir en

2.2. q. 83.
a. 2.

Lib. 2. dialog. cap. 8.

son temps, ce qu'il a projetté dés l'eternité de leur donner.

*Genes. 22. 17.*

*Genes. 11. 12.*

Ce que ce sainct Docteur va preuuant par l'exemple illustre d'Abraham, à qui Dieu auoit promis plusieurs fois, & auec iurement, de multiplier sa posterité auec tant de benediction, qu'on pourroit comparer le nombre des enfans qui sortiroient de luy, à celuy des étoiles & du sable qui est sur le riuage de la mer, & que cette grande posterité & feconde lignée luy viendroit par le moien de son fils Isaac. Et neanmoins Isaac eut vne femme sterile, de laquelle il ne pouuoit auoir d'enfans. Comment donc cette promesse s'accordoit-elle auec cette sterilité? *Sed nimirum constat*, dit ce Sainct, *quia Prædestinatio precibus impletur, quando is, in quo Deus multiplicare semen Abrahæ prædestinauerat, oratione obtinuit vt filios habere potuisset.* D'autant que les choses determinées de Dieu doiuent s'executer, & de la determination passer à l'euenement par la priere. Aussi Moyse dit, *deprecatus est Isaac Dominū pro vxore sua, eo quod esset sterilis, qui exaudiuit eum & dedit conceptum Rebeccæ.* Isaac pria Dieu pour sa femme Rebecca, à ce qu'elle pût conceuoir, qui l'exauça & la rendit feconde.

*Genes. 25. 21.*

Dans la mesme conduite les saincts Patriarches & les Prophetes impetrerent de Dieu par leurs oraisons & par leurs vœux l'accomplissement de l'Incarnation de son Fils, dont il leur auoit donné assûrance. Et Daniel entr'autres, encore que le Messie eut esté promis tant de fois, predit par tant de propheties, representé par tant de figures & annoncé en tant de façons, le demandoit pourtant auec des instances extrémement pressantes, & auec des coniurations tres-affectueuses & iournalieres, d'où l'Archange Gabriel luy dist vn iour, comme il luy apparut, *Ego veni vt indicarem tibi, quia vir desideriorum es.* Ie suis venu pour te donner auis du temps, auquel le Fils de Dieu s'vnira à la nature humaine, parce que tu es vn homme de desirs, & sçache que cela se donne aux prieres continuelles & aux ardentes supplications que tu en as faites. De mesme encore que nostre Seigneur eut constitué S. Pierre chef sous soy de son Eglise, encore qu'il la dût gouuerner long-temps & ne mourir que vieil, selon que nostre Seigneur mesme luy auoit predit, il fallut pourtant, comme rapporte sainct Luc, que l'oraison des Fideles le tirât de la prison, où Herode l'auoit coffré: *Oratio fiebat sine intermissione ab Ecclesia pro eo*: Aussi bien que celle de S. Estienne, ainsi que dit sainct Augustin, fut cause de la conuersion de sainct Paul, quoy que nostre Seigneur l'ût choisi par vne predestination tres-particuliere pour son vaisseau d'Election, & pour le flambeau qui deuoit éclairer les Gentils de sa connoissance. Et nostre Seigneur mesme obtint par la priere de son Pere, que les Gentils fussent son heritage, & que son Euangile fut publié par tout le monde, encore que d'ailleurs cela luy fut dû & acquis, d'où vient que son Pere luy dit par

Daniel. 9. 1.

Ioan. 21. 18.

Act. 12. 5.

la bouche de Dauid, *Postula à me, & dabo tibi Gentes hereditatem tuam, & possessionem tuam terminos terræ.* Demandez-moy, & ie feray que les Infideles vous reconnoistront pour leur Seigneur, & que vostre nom sera porté iusques aux extremitez de la terre. Voila comme la Priere est necessaire à nostre salut, & à l'accomplissement des choses mesme, que Dieu a déja resolües.

Psalm. 2. 8.

Or comme les Theologiens nous apprennent qu'vne chose peut-estre necessaire en deux façons, premierement en qualité de moien, *necessitate medij,* disent-ils. Secondement, comme chose commandée, *necessitate præcepti.* Et qu'vne chose est necessaire en qualité de moien, lors qu'on ne sçauroit pour tout s'en passer, pour faire ce à quoy l'on dit qu'elle est necessaire, mais qu'il faut absolument qu'elle y soit emploiée; où la seconde necessité n'est pas si rigoureuse, parce que la chose qui la porte, n'est precisement necessaire, qu'à raison du commandement, qui n'oblige pas en tous cas, ce qui fait qu'en ces cas & en ces rencontres on n'est pas astraint de s'en seruir: comme le Iesune en Caresme, & la Messe aux iours de Feste sont d'obligation pour le salut comme choses commandées; en la maladie toutefois cette obligation cesse, & le salut n'y pour ne point iesuner, ny pour ne pas entendre la Messe n'y court point de risque. L'on demande maintenant laquelle de ces deux necessitez conuient à la priere, si la priere est necessaire ou comme moien de

nostre

noſtre ſalut, ou ſeulement parce qu'elle nous eſt eniointe.

A quoy ie répond auec les meſmes Theologiens. Premierement, qu'elle eſt neceſſaire à cauſe du commandement qui nous en eſt fait, d'où il arriue, que lors que l'obligation de ce commandement nous preſſe, comme dans nos tentations griéves, & dans les grands dangers de nous perdre & de faire naufrage de noſtre ſalut, ſi pour nous garentir de ces perils & nous tirer de ces mauuais pas, nous n'auons recours à Dieu & le prions de nous aſſiſter, nous faiſons mal & commettons vn peché, pour manquer à l'obſeruation d'vne loy qui nous a eſté donnée.

Ie dis en ſecond lieu, que la Priere eſt encore neceſſaire à noſtre ſalut en qualité de moien, ſans lequel, ſuiuant l'ordre que Dieu tient ſur les Hommes & les voies ordinaires de ſa Prouidence, nous ne ſçaurions le faire. Elle y eſt neceſſaire, diſent ſainct Auguſtin & ſainct Ierôme combattans les Pelagiens, comme la grace actuelle & le ſecours de Dieu. Il eſt, dit ſainct Chryſoſtome, tout à fait impoſſible de viure vertueuſement ſans la priere. Et de vray les ſainctes Lettres ne nous la recommanderoient pas ny tant de fois, ny auec tant de ſoins & tant d'inſtances, ſi elle n'eſtoit extremement neceſſaire, n'ayant pas coûtume d'inculquer ny de rebattre de cette ſorte les conſeils, ny toutes les autres choſes, meſme commandées, dont on peut ſe paſſer plus aiſe-

II. Part. ff

*Suarez t. 1. de Relig. l. 1. cap. 18. 29. & alii apud eum.*

*Suarez t. 1. de Relig citat. Leſſiu l. 4. de ſummo Bono c. 1. & lib. 2. de iuſtitia & iure c. 37. dub. 3 Layman l. 4. Fr. t. cap. 1.*

*Chryſ. orat. 1. de Precat. παντελῶς ἀμήχανον ἄνευ προσευχῆς ἀρετῇ συζῆν.*

ment. Dauantage le procedé de la Prouidence de Dieu eſt, que la cauſe ſeconde concoure toujours auec elle, autant que ſa nature le peut permettre, & y apporte quelque choſe du ſien; Or la moindre cooperation que l'homme peut apporter à ſon ſalut, apres qu'il en a reçû de Dieu ſeul les premieres touches, eſt de demander ſon aſſiſtance; Tout ainſi que la moindre choſe que peut faire vn pauure dans ſa neceſſité, eſt de prier qu'on le ſecoure; & on dit d'ordinaire, que la choſe vaut bien peu, ſi elle ne vaut le demander. Certainement il eſt tres-iuſte que l'homme ayant beſoin de la grace de Dieu, qui coûte tout le ſang de Ieſus-Chriſt, & pour vne choſe ſi precieuſe & de telle conſequence, comme eſt ſon ſalut eternel, au moins il la demande & le prie de la luy donner.

## SECTION II.

*Ce qu'il faut recueillir de cette Verité.*

PVis donc que l'Oraiſon nous eſt neceſſaire & par voie de commandement & par voie de moien pour obtenir la grace de Dieu & faire noſtre ſalut, il faut inferer de là,

Premierement, que nous deuons tâcher auec vn tres-grand ſoin & autant que nous deſirons, de nous ſauuer, d'accomplir ce que noſtre Seigneur, ce que les Apoſtres & les Saincts nous en seignent, qui est de prier toujours & ne nous relâcher jamais de ce sainct & tres-important exercice. Certainement puis qu'il est impossible de soutenir les efforts de nos ennemis, de repousser leurs attaques, d'estre maistres de nos passions, de ne point nous laisser entrainer aux vices & aux pechez, d'exercer les bonnes œuures, & auoir la perseuerance finale & bien mourir sans l'assistance particuliere de Dieu, & que nous ne pouuons auoir cette assistance, si nous ne la luy demandons, il est euident que nous deuons la luy demander, & comme nous en auons besoin à chaque moment, & en mille choses interieures & exterieures, qui pourroient mettre nostre salut en peril, qu'à chaque moment aussi & continuellement nous deuons le supplier de nous la donner.

C'est ainsi qu'en ont vsé tous les Saincts, de chacun desquels on peut dire ce que l'Eglise rapporte particulierement de sainct Martin, *Oculis ac manibus in cœlum semper intentus, inuictum ab oratione spiritum non relaxabat.* Qu'ayant toujours les yeux & les mains leuées au Ciel, il tenoit son esprit tellement attaché à la priere, que rien ne l'en pouuoit diuertir. Ils y passoient les iours & les nuicts entieres, & y employoient autant de temps qu'ils pouuoient faisans des oraisons fort longues, & frappans par plusieurs heures continües à la porte de Dieu.

Et lors que leur santé, ou leurs occupations,

où les necessitez de la vie ne leur permettoient pas d'en faire de si prolixes, ils en faisoient quasi sans interruption de courtes, que l'on appelle Iaculatoires, pour estre comme des fléches que l'on decoche à Dieu, ou à sa Misericorde, ou à sa Iustice, ou à sa Puissance, ou à sa Sagesse, ou à sa Prouidence, ou à quelque autre de ses attributs, selon que l'on les tire de la vie Purgatiue, ou de l'Illuminatiue, ou de l'Vnitiue : On les nomme encore Aspirations, de ce que comme l'air nous est absolument necessaire pour la vie de nostre corps, d'où nous sommes contraints de l'attirer perpetuellement par la respiration, de mesme nous auons autant de besoin pour la vie de nostre ame, de la grace de Dieu, que pour ce sujet on doit incessamment luy demader auec ces prieres courtes, dont il faudra ruminer toujours quelqu'vne, & l'auoir en tout temps & en tout lieu au cœur & à la bouche, comme les peuples du Leuant ; & singulierement les persones de qualité, qui ont toujours en la bouche vne certaine herbe fort salutaire qu'ils mâchent.

Collat. 10. cap. 10.

Les Peres du desert disoient & redisoient continuellement, à ce que raconte Cassian, ce verset de Dauid, qu'il appelle vne puissante sauue-garde contre toutes les tentations des Diables, vne muraille de bronze & d'acier, vn bouclier impenetrable, & vne cuirasse que l'on ne sçauroit fausser.

Psal. 69. 2.

*Deus in adiutorium meum intende ; Domine ad adiuuandum me festina.* O Dieu, veillez à mon secours, &

hastez-vous de me donner la main. Cassiodore adiouste qu'ils le repetoient par trois fois au commencement de chaque action, principalement si elle estoit tant soit peu importante; Et l'Eglise à leur imitation nous le fait proferer à l'ouuerture de chaque heure Canoniale, & mesme quatre fois à celle de Prime, pour commencer heureusement la iournée auec cette inuocation de la grace & de l'assistance de Dieu tant de fois reiterée: c'estoit aussi l'oraison iaculatoire de saincte Catherine de Siene. *ad illum versum.*

Sainct Ierôme dit que les Moines & les Anachoretes d'Egypte se seruoient fort souuent de cét autre verset. *Quis dabit mihi pennas sicut columbæ, & volabo & requiescam?* Qui me donnera des aîles de colombe, & ie voleray & m'enuoleray bien loin du monde & de la conuersation des hommes pour chercher & treuuer mon repos en la solitude & en Dieu? Le sainct Abbé Lucius demandant à quelques Religieux, qui l'estoient venu voir s'ils ne faisoient point quelque ouurage manuel, répondirent que non, mais seulement qu'ils s'occupoient, suiuant le conseil de l'Apostre, à prier continuellement. Mais quoy, dit le Sainct, mangez vous pas? dormez vous point? Eux aouäs qu'oüy, vous ne priez donc pas, au moins en ce téps-là. Or pour moy, ie m'en vay vous dire ce que ie fais, qui fut vne fort bône instruction qu'il leur donna, I'ay mes heures reglées pour la priere, ausquelles ie ne manque point, & aprés ie trauail- *Psalm. 54.*

*Libro 3. Vit. Patrum.*

ff iij

le manuellement & fais des paniers de fueilles de palme, & pendant que mes mains sont ainsi occupées, mon cœur & ma langue prononcent sans discontinuation ces paroles de David. *Miserere mei Deus secundum magnam misericordiam tuam, & secundum multitudinem miserationum tuarum, dele iniquitatem meam* O Dieu, ayez pitié de moy selon la mesure de vostre grande misericorde, & adioûtez à la multitude de vos bontez, le pardon de mes offenses. Et puis du prix que ie tire de mes paniers, i'en fais des aumônes, qui prient pour moy quand ie mange & ie dors, & suppléent à l'oraison continuelle, que pour lors ie ne puis faire.

Denys le Chartreux dit que l'aspiration de quelques vns estoit cette demande tirée du Psalme trentiéme. *Illustra faciem tuam super seruum tuum, saluum me fac in misericordia tua.* Faites bon visage, s'il vous plait, à vostre seruiteur, & éclairez-le des raions de vos yeux; Conduisez moy dans l'affaire de mon salut par les sentiers de vostre misericorde; que d'autres en auoient d'vne autre façon, mais qu'il auoit choisi pour la sienne ces mots du Psalme cinquantiéme; *Cor mundum crea in me, Deus, & spiritum rectum innoua in visceribus meis.* O Dieu, donnez-moy vn cœur pur, & animez mon corps & mon ame d'vn esprit nouueau de perfection & de saincteté.

Nous deuons de mesme en auoir vne ou plusieurs, qu'il faudra accommoder ou à nostre affection, ou à nostre necessité. Sainct Athanase

*Psalm. 50.*

*Lib. 1. de vita & fine solitarij art. 21. n. 17.*

# SPIRITVEL.

rapporte que les Demons interrogez quelle oraison & quelle parole de toute la saincte Ecriture tant du vieil que du nouueau Testament leur donnoit plus de fraieur & les mettoit plutost en fuite, répondirent que c'estoit le commencement du Pseaume soixante-septiéme, *Exurgat Deus, & dissipentur inimici eius, & fugiant qui oderunt eum, à facie eius*. Que Dieu se leue & prenne les armes pour nostre defense, & que tous ses ennemis & les nostres s'enfuient. qu'à mesme qu'ils, les entendoient, ils ne pouuoient tenir contre, mais estoient forcez de se retirer bien viste auec des cris & des hurlemens.

Ainsi donc les Saincts se sont appliquez à la priere continuelle, & auec vne telle assiduité & vne telle constance, que rien, que leur impuissance, ne les en pouuoit retirer. Daniel durant sa captiuité, & parmi des Idolatres, prioit Dieu reglément trois fois le iour, fléchissant les genoux & se tournant du costé de sa pauure & chere Ierusalem, & il aima mieux estre ietté en la fosse aux Lyons & mourir, que d'intermettre cette saincte pratique. A vray dire, puisque la Priere nous est si necessaire que la vie de nostre ame & nostre salut y sont attachez, nous ne deuons pour rien y manquer; Et persone, ny Pape, ny Roy, ny Superieur, soit Ecclesiastique ou Seculier, ne peut nous la defendre, ny nous en priuer entierement: Ne plus ne moins que persone, quelque puissance & quelque autorité qu'elle ait, ne peut nous

Vel auctor quæst. ad Antiochum quæst. 14.

Εὐθέως ἐλελύζων ἀφανὴς ἐγένετο ὁ διάβολος.

Dan. cap. 6. a v. 7.

interdire le manger, parce que c'eſt vne choſe requiſe à la conſeruation de noſtre vie ; il n'y a point de loy qui donne la liberté d'executer vn homme pour ſes debtes en l'inſtrument auec lequel il gaigne ſa vie, parce qu'en luy oſtant cét inſtrument & cét outil, vous luy oſteriez le moien de viure, & en ſuite celuy de s'aquiter. On ne peut de meſme pour quelque occupation & pour quoy que ce ſoit, nous retrancher tout à fait la priere, dautant que c'eſt l'inſtrument auec lequel nous deuons conſeruer noſtre vie ſpirituelle, & auec lequel nous pouuons ſatisfaire à la iuſtice diuine & payer nos debtes.

La ſeconde choſe qu'il faut recueillir de cette neceſſité extreme que nous auons de l'oraiſon, eſt le pauure & miſerable état de ceux qui ne prient point, leſquels ſans doute ne peuuent eſtre que vuides de vertus & remplis de vices, que ſe rendre lâchement aux aſſauts de leurs ennemis, ſe laiſſer gourmander à leurs paſſions, & à toute heure mettre leur ſalut en peril & courir riſque de ſe damner. Parce que la reſpiration & le manger vous ſont neceſſaires pour viure, ne reſpirez pas, ne mangez point, aſſûrement vous mourrez; de meſme parce que vous ne pouuez ſelon le deſſein que Dieu a pris & l'arreſt qu'il en a donné, bien viure, ny vous ſauuer ſans la priere, ne priez pas, indubitablement vous viurez mal & vous vous perdrez.

De là vient que nous voions les hommes & les
femmes,

femmes, les indeuots, les libertins, les débauchez qui ne prient point Dieu, ou tres rarement, & encore tres-mal, auoir l'esprit si lourd, si charnel & si attaché à la terre, consentir sans resistance à toutes les inclinations de leurs sens, à tous les appetits de leurs concupiscences, & à toutes les tentations de leurs ennemis, croupir si long-temps dans leurs pechez, & s'ils se releuent, y retomber si tost, commettre des crimes si horribles, & faire des actions si noires, & ne sçauoir quasi que c'est d'en faire de bonnes ny de pratiquer les vertus. D'où vient cela & quelle est la cause de ce desordre? C'est parce qu'ils n'ont pas les graces & les secours de Dieu necessaires & efficaces pour fuïr ces maux & exercer ces biens, & ils ne les ont pas, parce qu'ils ne les luy demandent point, Dieu ayant resolu, selon ses voies ordinaires, de ne les point donner, si on ne les luy demande. Quand ie vois quelqu'vn, dit sainct Chrysostome, qui n'aime pas à prier Dieu, ie tiens pour tout asseuré qu'il n'a rien de noble ny de bon dans l'ame.

Oratione 1. de precatione μὴ φιλοῦντα προσευχὴν.

Ce qui est si vray, que mesme les plus pieux, lors qu'ils omettent leurs prieres, en ressentent bien-tost les dommages. Ecoutons Dauid qui nous seruira en cecy de témoin pour tous. *Defecerunt*, dit-il, *sicut fumus dies mei, & ossa mea sicut cremium aruerunt: Percussus sum vt fœnum & aruit cor meum, quia oblitus sum comedere panem meum.* Mes iours, mes heures, & mon loisir s'en sont allez en

Psal. 101. v. 4.

fumée, en legeretez & en actions vaines; Mes os, c'est à dire, les pieces les plus fortes de mon ame, qui sont les vertus, se sont affoiblis, & mon cœur est deuenu sec & aride comme du foin qui est fauché. Et pourquoy? parce que ie me suis oublié de manger mon pain & de prendre mon aliment ordinaire, i'entend, de faire mes oraisons accoûtumées.

Ie reduits au rang de ceux qui ne prient point, ceux qui prient mal, comme courans presque les mesmes dangers. Ne plus ne moins que pour la vie naturelle il vaut quasi autant de ne point manger du tout, que manger des viandes solides sans appetit, auec vn estomac indisposé & cacochyme, & sans les mâcher du tout; de ne point respirer, ou respirer vn air corrompu & empesté, si ce n'est que le premier vous fera plutost mourir, & le second plus tard.

Pour cette cause le Diable tâche par tous moiens, & emploie toutes ses inuentions pour nous retirer de la priere, afin que nous ne la fassiós point du tout, ou que nous la fassions mal. Et en effet si on veut prendre garde à ce qui se passe, on treuuera que de toutes les actions de pieté, que les persones vertueuses exercent, il n'en est point qu'ils fassent plus mal & auec plus d'imperfections que la priere. Sainct Gregoire le grand raconte en la vie de sainct Benoist, qu'vn des Religieux de ce Sainct ne pouuoit pour tout se tenir auec les autres au temps de l'oraison, mais que

*Lib. 1. dial.*

finement & sans faire semblant de rien il se déroboit de leur compagnie & du lieu où ils estoient assemblez pour vaquer à ce sainct exercice, & s'en alloit dehors entretenir son esprit, ou s'occuper en des choses inutiles. Dequoy ayant esté souuent repris, & retombant toujours dans la mesme faute, enfin le Sainct se resolut vn iour de voir la chose de ses propres yeux, & se treuua pour cela à l'assemblée, où il apperçût auprés de ce Moine vn Diable sous la figure d'vn petit More fort hideux, qui le tiroit par la robe pour le faire sortir, à quoy il se laissoit aller. Le lendemain le Sainct le treuuant encore errant & vagabond par le Monastere lors que les autres prioient, luy donna pour le chastier vn coup de verge, qui chassa le demon & le deliura tout à fait de sa tentation, de sorte que dés-lors il se rendit toûjours assidu comme les autres à la priere. Et nous lisons dans celle de sainct Bernard qu'vn homme fort sçauant & Professeur public, nommé Estienne de Vitry, estant allé aprés plusieurs de ses disciples à Cleruaux pour y prendre l'habit, le quitta lâchement & perdit courage aprés neuf mois, où cette ieunesse, qu'il auoit instruite, tint bon & perseuera, & il racontoit du depuis que la cause de sa sortie venoit de ce que priant auec les autres Nouices, vn petit More le retiroit de leur compagnie & luy faisoit quitter l'oraison. Voila donc comme le Diable nous dresse des embusches pour nous trauerser dans la priere, sçachant com-

Lib. 1. cap. 13.

gg ij

bien elle nous est necessaire pour faire nostre salut.

*Diadoch. de Perfect. spirit. cap. 97.*

Ie veux finir ce poinct par vn passage remarquable de sainct Diadochus qui parlant de la necessité de l'oraison continuelle, nous dit. Celuy qui desire d'auoir le cœur pur, doit l'enflammer toujours par le souuenir de nostre Seigneur Iesus-Christ & par l'oraison, s'occupant à cela sans relâche ; car il ne faut pas penser que ceux, qui pretendent de nettoier leurs esprits & d'essuier les taches de leurs ames, puissent en venir à bout, ne priant qu'en vn certain temps & en l'autre ne priant pas, mais ils doiuent s'efforcer de prier incessamment, encore qu'ils soient hors de leurs oratoires ; Car comme celuy qui purifie l'or, s'il laisse tant soit peu refroidir le feu où il l'a mis, voit qu'il s'endurcit de nouueau, & que par ce moien il retient ses immondices, qu'il se disposoit de quitter : de mésme celuy, qui quelquefois se souuient de Dieu, & quelques-fois aussi s'en oublie, perd par cét oubli & par cette cessation, ce qu'il auoit gagné par la souuenance & par la priere. Or ceux qui sont touchez du veritable amour de la vertu, & se portent d'vne bonne sorte à sa conqueste, ont cela de propre de consumer tout ce qui est de terrestre dans leur cœur par la memoire de Dieu & par l'oraison, afin que leur ame nettoiée par ce mbien de ses ordures, puisse acquerir la splendeur diuine, qu'elle doit auoir pour estre au point où Dieu la veut. C'est ce que dit ce Sainct.

## SECTION III.

*La force de la Priere.*

COmme Dieu nous a rendu la priere absolûment neceſſaire pour faire noſtre ſalut, & pour auoir les graces & les aſſiſtances qui y ſont requiſes; Auſſi il luy a doné vne force toute-puiſſante & infallible pour les obtenir, & meſme tout ce que nous luy demanderons; qui nous eſt ſans doute vn ſujet de tres-grande & tres-ſolide conſolation dans nos miſeres, comme par proportion ſeroit-celle d'vn homme qui ſe verroit dans vn euident peril de ſa vie, ou accueilly de quelque grand malheur, mais qui ſçauroit qu'il a en ſon logis vn moien indubitable pour s'en tirer.

Le Docteur Angelique enſeigne que l'Oraiſon a trois proprietez, & produit trois effets. Le premier eſt de meriter de nouueaux threſors de richeſſes ſpirituelles, vn accroiſſement de graces, de charité, des dons du ſainct Eſprit & des vertus infuſes. Le ſecond, de nourrir & de fortifier noſtre ame, & le troiſiéme d'impetrer; & qu'elle produit le premier non pas de ſoy, mais à cauſe de la grace ſanctifiante, qui donne ce relief & cette perfection à toutes les actions bonnes, que fait vn homme iuſte. Qu'elle a la ſeconde proprieté de ſoy, parce qu'elle fournit de bonnes penſées, &

communique des affections pieufes, qui font le propre aliment de l'ame qui la nourrit, la foûtient, & luy donne fon enbonpoint. Et qu'elle a auſſi la troifiéme de foy mefme, à fçauoir impetrer; parce que, comme remarque fort bien vn fçauant Theologien, l'oraifon a de foy & de fa propre nature cette force en ce qu'elle eſt priere, dautant que la priere fe rapporte naturellement à cette fin, d'émouuoir & de fléchir la perfone, que l'on prie, à donner la chofe dont on la prie, non pource qu'on l'achete, ou qu'on la paie, ou qu'on la merite, mais précifement parce qu'on l'en prie & qu'on la luy demande, la priere & la demande eſtant vn acte d'humilité enuers elle, de reconnoiſſance de fon pouuoir, de creance & d'aueu de fa bonté & de fa liberalité; car effectiuement fi on n'auoit toutes ces opinions d'elle, & qu'elle la peut donner, & qu'elle eſt aſſez bonne & aſſez liberale pour la donner, on ne la luy demanderoit pas. Comme donc il eſt bien-feant, qu'elle fe laiſſe toucher à ces raifons & donne la chofe, dont on la prie, de là vient que la priere eſt capable de foy mefme de produire l'effet que nous difons, qui eſt impetrer: ce qu'elle execute encore plus efficacement aupres de Dieu, parce qu'il eſt bon, liberal, magnifique, riche & puiſſant, non pas comme les hommes auec des bornes & ordinairement bien étroites, mais fans aucunes limites & infiniment.

Et d'autant plus qu'il y a adiouſté fa promeſſe &

*Suarez tom. 2. de Relig. l. 1 cap. 23.*

engagé sa parole, qui confere à la priere vne force toute nouuelle & luy communique vne vertu beaucoup plus grande, que celle qu'elle possede de sa nature, parce que, comme enseigne sainct Thomas, la priere n'a de soy qu'vn pouuoir de bien-seance, qui laisse toujours la personne, à qui on l'adresse, en liberté de donner, ou ne donner pas, & non vn pouuoir infaillible pour obtenir asseurément ce qu'on demande; elle n'a qu'vne force seulement émouuante, & non vne force forçante & qui impose necessité de bailler sans pouuoir s'en dédire & refuser; Et la promesse de Dieu la luy donne & luy imprime cette qualité excellente, de sorte que maintenant, apres cette promesse, la priere que nous faisons à Dieu, est toute-puissante pour impetrer de luy auec certitude & infaillibilité, tout ce que nous demanderons sans qu'il puisse nous le dénier, car tel est son plaisir, puisque telle est sa promesse, dont voicy la teneur.

*Ego dico vobis, petite & dabitur nobis; quærite & inuenietis; pulsate & aperietur vobis: omnis enim qui petit, accipit, & qui quærit inuenit, & pulsanti aperietur.* Demandez & on vous donnera; cherchez & vous treuuerez; frappez & on vous ouurira: car qui demande reçoit, qui cherche treuue, & on ouure à celuy qui frappe. Et derechef, *Amen, amen dico vobis, si quid petieritis Patrem in nomine meo, dabit vobis.* Ie vous dis en verité, si vous demandez quelque chose à mon Pere en mon nom, vous l'obtiendrez.

*1. 1. q 83. a. 3.*

*Luc. 11. 9.*

*Ioan. 16. 23.*

Voila la promesse que Dieu n'est pas pour reuoquer, ny pour ne la point tenir, car comme l'Apostre dit, *Ille fidelis permanet, negare seipsum non potest.* Il garde vne fidelité inuiolable en ce qu'vne fois il a promis, il ne manque non plus à l'execution qu'à foi-mesme. Nostre Seigneur pour cela apporte deux paraboles admirables; l'vne d'vne pauure veuue, qui par ses instances & ses continuelles poursuites obtint iustice d'vn tres-meschant iuge; & l'autre d'vn certain, qui allant réueiller à minuit son amy, & incommoder toute sa maison pour auoir quelques pains, dont il auoit besoin, les luy fit donner, & encore plus qu'il n'en demandoit, pour se deliurer de son importunité.

Il faut pourtant remarquer là dessus, que cette promesse qui rend l'oraison efficacement & indubitablement impetratoire de tout, n'est pas absoluë, mais auec des conditions & des clauses, dont si l'oraison est depourueüe, elle n'a point son effet infaillible, & Dieu n'est pas obligé à sa parole; mais quand ces conditions s'y treuuent, c'en est fait, l'oraison est victorieuse de tout, il faut que Dieu se rende à sa force & luy accorde ce qu'elle demande, sans pouuoir s'en defendre, parce que de conditionelle elle passe en absoluë.

SECT.

# SPIRITVEL. 241

## SECTION IV.

### Les conditions necessaires pour rendre la Priere efficace.

LEs Theologiens auec sainct Thomas apportent quatre conditions, dont il faut necessairement que la Priere soit assortie pour estre efficace. Ces conditions sont, que la Priere soit faite au nom de nostre Seigneur. Pour la persone qui la fait, Auec perseuerance; Et auec pieté.

Pour la premiere, nostre Seigneur la marque en ce que nous auons rapporté cy-dessus, *Si quid petieritis Patrē in nomine meo*, si vous demandez quelque chose à mon Pere en mon nom. Qu'est-ce à dire en mon nom? C'est à dire, si vous demandez quelque chose qui soit necessaire ou vtile à vostre salut, & non ce qui luy est dommageable, ou qui peut mesme empescher vostre perfection. *Non petitur in nomine Saluatoris*, dit sainct Augustin dans cette pensée, *quicquid petitur contra rationem salutis*. On ne demande point au nom du Sauueur ce qui se demande contre le salut, à l'auancement duquel le refus est fauorable, comme l'accord y seroit nuisible. *Quod vides*, dit le mesme Sainct autre-part, *peti contra salutem, non faciendo, potius se exhibet Saluatorem. Nouit enim medicus quid pro sua, quid contra suam salutem poscat ægrotus, & ideo contraria poscentis non facit voluntatem, vt faciat sanitatem*. Quand

II. Part. h h

noſtre Seigneur renuoie vne requeſte qu'vn homme luy preſente contre ſon ſalut, il exerce enuers luy l'office de Sauueur, comme le medecin le ſien à l'endroit de ſon malade, lors que connoiſſant ce qu'il demande & pour & contre ſa ſanté, il ne l'écoute point, quand il veut quelque choſe mauuaiſe, pour l'écouter au deſſein qu'il a d'eſtre gueri. S. Chryſoſtome & Theophylacte entendent par ces paroles que la priere doit eſtre faite par les merites de la Vie & de la Mort de noſtre Seigneur, auſquels ſon Pere ne peut rien refuſer, parce qu'eſtant mort pour ſa gloire, & pour le ſalut des hommes, il a merité que tout ce, dont les hommes le prieront en conſideration de cette Mort, leur ſoit accordé; de telle façon, que l'enterinement de leur requeſte eſt grace à leur égard, & iuſtice à celuy de noſtre Seigneur; ſi, ce n'eſt qu'on vueille encore dire, que nous ayant tranſporté tous ſes droits, la choſe nous eſt iuſtement deüe. Vn autre Auteur plus moderne dit que ces paroles, en mon nom, ſignifient de ma part, de ſorte que quand nous demandons quelque choſe à Dieu, nous la luy demandons non pas de noſtre part, mais de celle de ſon Fils, qui la demande en nous & par nous à ſon Pere, & à qui proprement il la donne, & non pas à nous; cóme quand le Roy demande quelque grace, ou quelque benefice au Pape par ſon Ambaſſadeur: Ainſi les freres de Ioſeph craignans & ſaiſis de peur que l'ayans ſi cruellement offenſé, il

*Ribera. apud a lap. ibi.*

*Geneſ. 50.17.*

SPIRITVEL. 243

ne s'en reſſentit apres la mort de leur pere, & ne voulut s'en vanger, luy manderent que leur pere deuant que de mourir leur auoit enioint de luy dire en ſon nom, qu'il le prioit de leur pardonner pour l'amour de luy l'iniure & l'outrage qu'ils luy auoient fait.

La ſeconde condition de la priere eſt, que le ſuppliant prie pour ſoy. Ainſi l'eſtime le Docteur Angelique, & deuant luy ſainct Auguſtin, neanmoins comme les paroles de noſtre Seigneur ſont vniuerſelles & non point déterminées ny attachées à quelques-vns : *Quicquid orantes petitis*, dit-il, & que d'ailleurs les choſes fauorables doiuent pluſtoſt s'étendre que ſe retrecir, d'autres iugent pour cela que la priere faite pour qui que ce ſoit, moiennant qu'elle ayt ſes autres qualitez & aſſortimens, ſera valable & aura ſon effet.

*Suarez Valentia. Layman. lib. 4. Tract. 1. cap. 1.*

La troiſiéme condition eſt la Perſeuerance, & que l'on continüe à prier iuſques à ce qu'on ayt emporté ce que l'on demande. Premierement, Dieu ſouuent ne tarde pas beaucoup à exaucer vn ſuppliant. *Tunc inuocabis*, dit Iſaïe, *& Dominus exaudiet; clamabis & dices, ecce adſum.* Tu l'appelleras à ton ſecours, & il te répõdra, tu crieras apres luy, & il te dira auſſi toſt, me voicy, que veux-tu ? que deſires-tu ? Que meſme il preuient nos prieres & ſe contente de nos deſirs, comme Dauid le témoigne par ces paroles, *Deſiderium cordis eius tribuiſti ei*, vous luy auez donné l'accompliſſement de ſon deſir. Et derechef, *deſiderium pauperum exau-*

*Iſaïe 58. 9.*

*Pſal. 10. 3.*

*Pſal. 9. 17.*

h h ij

*diuit Dominus, præparationem cordis eorum audiuit auris tua.* Vous auez executé le souhait des pauures, & voſtre oreille a eſté ouuerte à la diſpoſition de leur cœur. Secondement, Dieu aſſez ſouuent fait ſemblant de ne nous pas oüir, & remet de iour en iour d'enteriner nos requeſtes: Pendant quoy, il faut bien prendre garde de ne perdre iamais courage, quelque retardement que nous voions en noſtre pourſuite, mais de perſeuerer toujours iuſques à l'effet, qui en fin arriuera.

Mais Dieu le differe, ou parce que vous n'eſtes pas encore ſuffiſamment preparé pour le receuoir, & vous le ferez d'icy à quelque temps; ou parce que la choſe, que vous demandez, ne vous ſeroit pas maintenant vtile, & elle ſera apres; ou pour vous faire exercer la Foy & l'Eſperance, dont vous ſeriez priué, ſi vous l'obteniez incontinant. Dieu ne veut pas ſi toſt accorder voſtre demande, non pource qu'il ne l'entend pas, mais afin que vous la redoubliez & faſſiez plus d'inſtances ; Vous frappez à ſa porte & il n'ouure point, afin que vous frappiez plus fort ; Vous luy criez & il ne vous répond point, non pour auoir les oreilles fermées, mais pour vous obliger de crier plus haut. Comme nous voions parmy les hommes que quand quelqu'vn frappe à la porte d'vn logis, & qu'on ne vient point luy ouurir, il redouble ſon coup plus fortement; Et ſi apres auoir appellé, on ne luy répond point, il pouſſe ſa voix pour ſe faire mieux entendre. I'adiouſteray encore vne autre raison que sainct Nilus apporte à ce propos. Gardez vous bien, dit-il, d'agir auec Dieu en maistre, & vouloir qu'il vous donne tout aussi-tost ce dont vous le priez, sçachez qu'il vse de delay & de remise pour vous faire iouïr plus long temps du benefice de l'oraison, n'y ayant rien de plus excellent, ny de plus releué que de luy parler & communiquer auec sa diuine Majesté. En troisiéme lieu, nous deuons nous souuenir que quelque retardement que Dieu apporte à nos depéches, toujours il nous dépeche bien tost, tant parce que tout retardement pour long qu'il soit, n'est à comparaison de son eternité qu'vn moment, comme pource qu'il nous accorde ce que nous luy demandons, aussi tost qu'il se peut pour nostre plus grand bien : c'est accorder vne chose bien-tost, & expedier promptement vn homme, quand on l'expedie & qu'on luy donne son fait dés aussi-tost qu'il est vtile pour luy, & que luy donner auparauant luy seroit nuisible.

Reste la quatriéme condition, qui est la Pieté, mais parce qu'elle demande vn plus long discours, nous briserons icy.

De orat. cap. 31.

## SECTION V.

### *Vne autre condition requise.*

LA quatriéme & derniere condition est, que la priere se fasse auec pieté, c'est à dire: Premierement auec foy: *Si quis vestrum*, dit S. Iacques, *indiget sapientia, postulet à Deo, qui dat omnibus affluenter & non improperat, & dabitur ei; postulet autem in fide nihil hæsitans: qui enim hæsitat, similis est fluctui maris, qui à vento mouetur & circumfertur. Non ergo æstimet homo ille, quod accipiat aliquid à Domino.* Si quelqu'vn a besoin de la sagesse, qu'il la demande à Dieu, lequel donne abondamment & à pleines mains sans reprocher iamais, pour ce qui est de soy, à celuy qui luy demande ny qu'il n'en est pas digne, ny qu'il demande trop souuent, ny qu'il luy a déia donné tant de fois, & qu'il est importun, comme les riches ont coûtume de faire aux pauures, & on la luy donnera; mais qu'il demande auec vne foy ferme sans douter. Car qui doute s'il sera exaucé ou non, est semblable aux vagues de la Mer, lors qu'elle est agitée, que le vent pousse deça & delà; & il peut bien s'assûrer que l'incertitude de son esprit chancelant, le rendra incapable de rien obtenir du Seigneur.

Il faut donc que nostre priere soit animée d'vne foy viue, premierement que Dieu est infiniment bon, riche, puissant, liberal, fidele en ses pro-

*Iacob.* 1. 5.

messes, & qu'il a vn amour extreme & vne prouidence plusque paternelle & plusque maternelle
pour nous, comme pour ses enfans, qu'il sçait
auoir beaucoup de besoins, & n'en pouuoir tirer
le remede que de luy. De plus, qu'il nous donnera tres-assurément ce que nous luy demandons,
s'il est expedient pour nostre salut, attendu qu'il
y a engagé sa parole, à laquelle il ne veut ny peut
manquer. *Omnia*, dit-il en sainct Marc, *quæcum-* Marc. 11. 24.
*que orantes petitis, credite quia accipietis, & euenient vo-*
*bis.* Et en sainct Matthieu, *omnia quæcumque petieri-* Matth. 21. 22.
*tis in oratione credentes, accipietis.* Tout ce que vous
demanderez auec vne foy ferme, tenez pour certain que vous l'impetrerez.

Aussi nostre Seigneur exigeoit pour l'ordinaire cette vertu de ceux, qui le prioient de quelque
chose, pour la leur accorder, & leur en faisoit à Matth. 9. 28.
ce dessein faire vn acte; comme à ces Aueugles,
à qui, lors qu'ils le supplierent de leur rendre la
veüe, il dit: Croiez vous que ie le puisse? Et eux
répondans qu'oüy, il les guerist. Comme encore
à ce Pere affligé, qui s'adressant à luy pour la deliurance de son fils, que le diable tourmentoit
horriblement, il luy dit, si vous pouuez croire,
vostre affaire est faite, dautant que tout est possible à celuy qui croit. A quoy répondant, ie Marc. 9. 22.
crois, Seigneur, mais augmentez & fortifiez ma
foy, son fils fut deliuré. Dans la mesme conduite
nostre Seigneur disant, Ie vous assure que si vous Matth. 14. 21.
auez vne foy forte & indubitable, vous obtien-

drez tout ce que vous demanderez, Theophylacte remarque qu'il lie & enchaine la foy auec
la priere, parce que la foy en est le fondement,
le soûtien & comme l'ame qui doit animer & remüer toutes ses parties. Pour le mesme sujet il
auoit coûtume de rapporter les guerisons qu'il
auoit operées, à la foy de ceux qu'il auoit gueris, &
leur dire, vostre foy vous a rendu la santé: c'est
pourquoy sainct Augustin nous dit. *Si fides deficit,
oratio perit. Vnde & Apostolus cum ad orandum exhor-
taretur, ait: Omnis quicumque inuocauerit nomen Domini, saluus erit; sed vt ostenderet fidem esse fontem orationis,
nec posse ire riuum vbi caput aquæ siccaretur, adiunxit, quomodo inuocabunt, in quem non crediderunt?* Si la Foy
manque, l'oraison perit auec elle, & est enseuelie
sous ses ruines: pour cette cause l'Apostre ayant
dit pour nous exciter à l'oraison, que quiconque
inuoquera & priera le Seigneur, sera sauué, afin
de faire voir que la foy est la source d'où l'oraison
boüillonne, & que le ruisseau ne peut couler,
mais se seiche necessairement, quand sa fontaine
est tarie, il adjoûte, mais comment inuoqueront-
ils celuy, en qui ils ne croient point?

Secondement il faut que la Priere se fasse auec
Esperance, *postulet in fide*, dit sainct Iaques, c'est à
dire aux termes de la saincte Ecriture, non seulement auec foy, mais encore auec confiance, qui
est vne esperance forte & vigoureuse, & vne attente indubitable que la chose nous sera accor-
dée, *modus quidam & robur spei*, l'appelle S. Thomas,

Matth. 9. 22.
Marc. 5. 34.
& 10. 52.
Luc. 7. 50.
&c.

August. ser.
36. de Verb.
Dom.
Rom. 10. 13.

1.2. q. 129.
ar. 6.

# SPIRITVEL. 249

mas, laquelle est requise entierement pour rendre la priere efficace, parce que, comme remarque le mesme sainct Docteur, *Oratio efficaciam merendi habet à charitate, at vero efficaciam impetrandi à fiducia.* L'oraison tire sa force de meriter la recompense eternelle, de la vertu de charité, & celle d'impetrer ce qu'elle demande, de la vertu de confiance: ce qui auoit fait dire long-temps auparauant à l'Abbé Isaac, *Pro certo se non exaudiendum quisque non dubitet, cum se dubitauerit exaudiri.* Que celuy qui doute s'il sera exaucé de Dieu en sa iuste priere, & qui manque de confiance pour le succez de sa demande, en tienne le refus tout assûré. Ce qui n'est que rebattre ce que sainct Iacques nous a appris cy-dessus.

2.2.q.83. a.15.

Cassian coll. 9. cap. 34.

Il faut donc conceuoir vne grande esperance quand nous prions Dieu, & nous approcher, comme nous auertit sainct Paul, du thrône de sa misericorde auec vne pleine confiance & vne persuasion inébranlable que nous serons écoutez fauorablement, laquelle nous deuons faire découler de sa bonté infinie, de sa liberalité nompareille, de sa magnificence plus que roiale, & de l'inclination extréme qu'il a de donner, de sa fidelité inuiolable en ses promesses, de ses richesses immenses qui ne s'épuisent ny se diminuent point pour faire des largesses, mais plûtost qui s'augmentent, puis qu'en donnant & faisant misericorde il se rend effectiuement plus misericordieux, & en suite plus digne d'honneur, de loüan-

Hebr. 4. 16.

II. Part.  ii

ge & d'amour; qu'il faut fonder sur ce qu'il veut estre prié, & que pour cela il a rendu la priere vn moien necessaire à nostre salut, qu'il la commandée, que son Fils nostre Seigneur nous a appris à prier, & a dressé luy mesme nos requestes, & qu'il nous dit entre-autres choses pour nous donner courage & assurance, que si les hommes, estans méchans comme ils sont, ne donnent pas pourtant à leurs enfans vn caillou pour du pain, ny vn serpent pour vn poisson, ny au lieu d'vn œuf vn scorpion, à combien plus forte raison Dieu, qui est nostre Pere, & infiniment bon & riche, nous donnera-t'il son esprit & ses dons, quand nous les luy demanderons? De plus, nous la deuons établir sur ce qu'il veut que dans les prieres que nous luy ferons, nous l'appellions non pas nostre Seigneur ny nostre Iuge, mais nostre Pere, pour nous obliger à y apporter vne affection & vne confiance filiale, & nous assûrer qu'il y exercera enuers nous vn soin & vn amour de Pere; Et enfin sur ce qu'il nous sollicite & nous presse de luy demander, & nous fait des reproches quand nous y manquons. Ce qui nous monstre euidemment & plus clair que le Soleil, qu'il a vn tres-ardent desir de nous donner, & qu'infailliblement nous obtiendrons la chose que nous luy demandons, si elle nous est salutaire.

Ie veux à ce propos & pour nous ouurir le cœur à vne haute esperance dans nos prieres, apporter vn passage signalé de sainct Augustin, qui par-

*Luc. 11, 11.*

*Ioan. 16. 23.*

*Fer. 2. in Rogat. serm. 1.*

lant à son peuple, luy dit: *Suauis Dominus & mitis, fratres charissimi, habet ianuam pietatis, nec repellit inde pulsantes, sed culpat potius negligentes ; neque enim aliquid petitur quod non habeat, vt cùm non dederit, erubescat. Diues est & pius, affluens & benignus, dat & non improperat ; imo tunc thesauri domus eius tristitiam patiuntur, quando desunt delectabilia fastidia petitionum. Ipse Dominus dicit, vsque modo nihil petistis, petite & accipietis.* Mes tres-chers freres, nostre Seigneur est doux & benin, la porte de son Palais est tenüe par la pieté & par la misericorde, afin de ne point renuoier ceux qui y frappent, au contraire il blâme ceux qui sont paresseux d'y venir, parce qu'on ne luy peut rien demander qu'il n'ait, pour auoir honte, s'il le refuse, de ne pouuoir le donner. Il est puissant en biens & porté tout ensemble à les distribüer, sa liberalité est égale à ses richesses, il donne sans reproche. Que mesme ses coffres, côme ils regorgent, semblent se plaindre & en quelque façon se fâcher, quand on n'y vient rien prendre; c'est luy faire plaisir que d'y mettre la main, nos instances luy sont fort agreables. Voiez côme il nous conuie, vous n'auez encore rien demandé iusques à present, dit-il, demandez & vous aurez. *Ego sum ostium & ianua ; pulsate & aperietur. stant Angeli ad ianuam vt introducant, non vt repellant, vt suggerant, non vt terreant. Nulla est pompa in ianua mea; si accedat pupillus parua manu pulsare ianuam paternam, nunciant eum Angeli Domino, pupillus pulsat, defensionis pietatem expectat, responde illi, Domine; Tibi enim dere-*

Psal. 9.35.

*lictus est pauper, orphano tu eris adiutor: respondet qui miseris pater est, Ego sum iudex viduarum & pater orphanorum.* Ie suis la Porte, frappez & on vous ouurira, il n'y a point de gardes à ma porte pour empescher le monde d'entrer: mes Anges y sont bien, mais c'est pour l'ouurir & non pour la fermer, non pour épouuanter, mais pour donner des instructions comme il faut dresser ses requestes. Si vn pupille vient tout seul & sans compagnie frapper à la porte de la bonté paternelle de Dieu, aussi tost les Anges luy font sçauoir & luy disent, Seigneur, c'est vn pauure pupille qui frappe & qui implore vostre secours, secourezle, s'il vous plaist, & mettez-le à couuert sous vostre protection, vous souuenant que vostre Prophete asseûre que vous estes le Refuge du pauure & le Protecteur de l'orphelin: A qui ce riche & misericordieux Pere des miserables répond; Oüy, ie le feray, pource que ie suis le iuge des veuues, & le pere des pupilles. *Hoc amat ianua Saluatoris, vt pulsatoribus semper abundet opportunis, importunis: Propterea ipse Dominus videns ianuã suam à petitorum voce, à pulsantium clamore silere, inuitat omnes ad orationẽ, omnibus paratus tribuere pietatem. Petite, & si non acceperitis, adhuc petite, & perseuerate pulsare; nolite deficere, quia non necat Deus fame animã iusti.* La porte du Sauueur aime d'estre bordée d'vn grand monde, & de voir beaucoup de gens qui frappent, qui crient, & qui importunent. C'est pourquoy quand ce Diuin Sauueur la voit deserte, que persone n'y heurte & n'y demande, il excite tous à demander, disposé de faire du bien à tous: demandez, dit-il, & si on ne vous donne rien, continüez à demander & perseuerez à frapper; ne vous rendez point qu'on ne vous ayt fait l'aumône, parce qu'enfin Dieu ne laissera point mourir de faim le iuste à sa porte.

En troisiéme lieu, vous voudrez sçauoir si la Priere pour auoir son effet, doit estre faite en état de charité. A quoy ie répond qu'il n'y a point de doute que cela n'y soit tres-vtile, & que la charité, qui rend le suppliant iuste & le fait enfant de Dieu, & en suite tres-agreable à ses yeux, n'y contribüe extremément, mais pour sçauoir si elle y est absolûment necessaire, plusieurs Docteurs disent que non, de sorte que si le pecheur, qui est ennemi de Dieu à cause d'vn peché mortel, dót son ame est soüillée, le prie de quelque chose auec les conditiós requises desquelles nous auós parlé, il l'obtiendra indubitablement. La raison qu'ils apportent est, parce que la force, qu'a la priere d'impetrer, n'est pas appuiée sur la vertu ny sur les merites de celuy qui prie, mais sur la misericorde de Dieu & sur sa promesse, qui ne l'a point determinée, ny attachée aux iustes seulement, mais l'a étendüe generalement à tous, puis qu'il dit, *Omnis qui petit, accipit*; Tous ceux qui demandent, obtiennent, or qui dit tous, n'exclud persone.

Si vous opposez les paroles de Dauid, *Iniqui-*

Suarez t. 2. de Relig. lib. 1. c. 25. Layman. lib. 4. Tract. 1. n. 10. & alii.

Psal. 65. 18.

254　L'HOMME

*tatem si aspexi in corde meo, non exaudiet Dominus.* Si ie sens ma conscience criminelle d'vne offense mortelle, i'ay beau prier, Dieu ne m'exaucera point. Et celles-cy de l'aueugle-nay. *Scimus quia Deus peccatores non audit, sed si quis Dei cultor est & voluntatē eius facit, tunc exaudit.* Nous sçauós que Dieu ferme les oreilles aux requestes des pecheurs, mais si quelqu'vn le sert fidelement & accomplit ses volontez, c'est celuy-là, de qui il les écoute & les enterine. Sainct Thomas répond qu'il est vray que si le pecheur, entant que pecheur, prie Dieu, c'est à dire, luy demande quelque chose mauuaise, ou quelque chose bonne pour vne fin vicieuse, il n'est point reçû; mais s'il le supplie de luy accorder quelque chose qui regarde sa conuersion & son salut eternel, qu'il est oüy & exaucé, parce qu'il ne la demande plus comme pecheur qui veut demeurer dans son peché, mais comme vn pecheur qui en veut sortir; & comme vn iuste qui se forme & s'organise.

Partant que le pecheur ait bon courage, & s'assûre que s'il s'adresse à Dieu pour son changement & pour son salut, s'il luy demande, comme il faut, sa deliurance de la captiuité du diable, la ruine du vice qui le perd, la victoire de la passion qui le maitrise, & les vertus dont il a plus de besoin, il l'obtiendra : Que si l'oraison du pecheur peut auoir tant de force aupres de Dieu, quelle puissance n'y aura pas celle du iuste?

Quatriémement, l'oraison pour estre faite

Iean. 9. 31.

2. 2. q. 83.
a. 16.

dans l'esprit de pieté, doit estre accompagnée d'attention & de reuerence pour prendre garde à nous, pour sçauoir ce que nous disons à Dieu, quelle demande nous luy faisons, & pour luy porter le respect que nous deuons; car si nous ne sommes attentifs à ce que nous luy disons, si nous traitons auec luy d'vne façon égarée & volage, auec vn esprit diuerti & emprunté qui n'est pas à soy, & que nous ne nous écoutions pas nous mesmes, comment voulons nous qu'il nous écoute? si nous nous oublions de nostre deuoir pour ne pas rendre à sa Majesté infinie l'honneur qui luy est dû, pensons nous, n'estans que des atômes & des vers de terre en sa presence, pouuoir estre fauorablement oüis & exaucez?

Il est clair que ces deux conditions sont absolûment requises pour l'efficacité de la Priere; ce qui se peut voir manifestement par cette comparaison beaucoup moindre. Si le Roy auoit promis à vn villageois de luy accorder tout ce qu'il luy demanderoit, il supposeroit toujours, encore qu'il n'en fit aucune mention, qu'il le donneroit, pourueu qu'il le luy demandât auec la bien-seance & le respect que sa qualité exige, dautant que s'il luy demandoit en tournant la teste deça & delà, ou luy faisant des grimaces, ou luy disant quelque iniure, persone ne peut douter qu'il ne fut éconduit, & qu'au lieu de la grace qu'il poursuit, il ne meritât d'estre puny.

## L'HOMME

### SECTION VI.

*De l'affection & de la feruëur dans la Priere.*

EN cinquiéme & dernier lieu pour donner la force d'impetrer à nostre priere, il la faut faire auec affection & feruëur, & auec vn veritable & ardent desir d'obtenir ce que nous demandons. Pour cette cause elle est coparée dans les sainctes Lettres à l'encens, qui pour monter & rendre son odeur, doit estre mis sur le feu. Pour le mesme sujet elle y est appellée clameur; c'est le nom que Dauid donne ordinairement aux siennes, & dit que quand il demandoit quelque chose à Dieu, il ne parloit pas, mais qu'il crioit, pour monstrer l'ardeur extréme & la grande affection, auec laquelle il s'y prenoit, parce que la clameur est vne voix qui se fait auec contention & effort. *Domine*, Psalm. 101. 2. dit-il, *exaudi orationem meam, & clamor meus ad te veniat.* Seigneur, exaucez ma priere, & que ma Psalm. 17. 7. clameur arriue à vos oreilles. Et ailleurs, *ad Deum meum clamaui*, i'ay crié à mon Dieu. Et derechef, Psalm. 87. 10. *clamaui ad te Domine, tota die; expandi ad te manus meas.* Seigneur, vous sçauez que durant tout le iour ie n'ay fait que vous enuoier mes cris, & que i'ay ouuert mes bras aussi bien que mon cœur, & ay haus-Psal. 118. 147. sé les mains pour vous prier. *Præueni in maturitate & clamaui*, ie me suis leué de bon matin pour faire mon

mon oraison & pour crier. *Clamaui in toto corde meo.* Psal.118,145.
I'ay crié de tout mon cœur & de toute ma puissance. Et ainsi en beaucoup d'autres lieux, & mesme iusques à ce poinct qu'il venoit par fois à s'en enroüer, comme il le témoigne par ces paroles, *Laboraui clamans, raucæ factæ sunt fauces meæ.* Psalm. 68, 4. Ie me suis lassé à force de crier, & iusques là que i'en ay esté tout enroüé; ce qui pourtant se doit entendre non tant de l'effort du corps, comme de l'affection de l'esprit, qu'il exprime par ces mots que nous disons assez souuent: *De profundis cla-* Psalm 129,1. *maui ad te, Domine,* I'ay crié à Dieu dans mon orai- Titelm. ibi. son du plus profond de mon cœur.

Sainct Paul écrit dans cette pensée aux Romains; Vous n'auez pas reçû l'esprit de la vieille Roman. 8, 15. loy, qui est vn esprit de valets, lequel fait que l'on traite auec Dieu auec vne crainte seruile, mais vous auez reçû l'esprit d'adoption des enfans, *in quo clamamus, Abba, Pater,* qui nous fait crier à Dieu, Pere, Pere. Où le Cardinal Caietan remarque, *non ait, in quo dicimus, sed in quo clamamus, magnitudine affectus, quod est proprium verè filiorum.* L'Apostre ne se sert pas du terme, nous disons, mais de celuy, nous crions, Pere, Pere, pour témoigner la grandeur de l'affection, auec laquelle les vrais enfans s'adressent à Dieu. Et vn peu plus bas il leur mande, que le sainct Esprit dans la loy nouuelle, *postulat pro nobis gemitibus inenarrabilibus,* Ibid. v. 26. nous apprend à faire nos prieres auec des gemissemens inenarrables.

II. Part. k k

Si cette affection & cette ardeur manque à nos prieres, elles n'ont point pour tout de force, ou en ont fort peu. Ainsi Dauid dit, *clamor meus in conspectu eius introiuit in aures eius*, ma priere a esté admise en la presence de Dieu & a trouué ouuerture dans ses oreilles, parce que c'estoit vne clameur. *Dominus exaudiet me, cum clamauero ad eum.* Le Seigneur m'entendra quand ie crieray, car si ie parle à voix basse, non pas de la bouche, mais du cœur, c'est à dire, si ie le prie froidement & laschement, ie n'obtiendray rien. *Cum clamarem ad eum, exaudiuit me*, il m'a écouté autant de fois que i'ay crié. Et Dieu mesme suiuant ce procedé dit au Prophete Ieremie, *clama ad me, & exaudiam te*, crie à moy, & ie t'éxauceray ; si tu ne cries, tu ne seras pas oüy, dautant que mes oreilles sont sourdes à toutes les voix, si ce n'est aux clameurs.

L'encens ne monte point & ne fait sentir son parfum s'il ne brûle. Il n'y a rien que de chaud qui ait la force de monter ; c'est la chaleur qui rend les choses legeres, & qui en suite leur donne la disposition pour se porter en haut, où la froideur les rend pesantes & les fait descendre : Ainsi la priere ne s'éleue point à Dieu & ne repand pas son odeur deuant sa majesté, si elle n'est échauffé & allumée par le feu de la deuotion, la froide & la tiede demeurent sans effet. Tous les Apostres manquerent en la passion de nostre Seigneur ; sainct Pierre le renia, & tous les autres l'abandonnerent & prirent la fuite ; pourquoy cela? Ne fut-ce pas parce qu'ils n'eurent point recours à la priere contre l'aduertissement que nostre Seigneur leur en auoit donné, où s'ils le firent, ce fut laschement iusques à s'y endormir? ce n'est pas donc assez de prier, si on ne prie feruemment, comme il ne suffit pas au soldat d'auoir vne épée & de la manier, si elle n'est affilée, ny à l'archer de tenir vn arc & poser dessus sa flesche, si la corde n'est tenduë & bandée, car à moins de cela, la flesche ne peut estre décochée ny lancée, ou bien elle n'ira guere loin. Les Philistins victorieux du peuple de Dieu, luy dénoiét tout pouuoir de tenir des armes en leur maison & de les porter, pourueu que la pointe en fut rabattüe & le tranchant emoussé, sçachans bien qu'auec ce manquement elles ne pourroient pas leur nuire : de mesme le diable nous permet librement l'exercice de l'oraison, & nous laisse faire autant de prieres & mentales & vocales que nous voulons, moiennant qu'elles soient sans tranchant & sans pointe, c'est à dire, froides & languissantes, sans affection & sans ardeur.

Il n'y a que ceux qui prient de bon cœur & feruemment lesquels soient exaucez, d'autant que l'oraison feruente procede d'vn cœur veritablement touché & d'vn grand desir, auquel Dieu prend bien plus garde, qu'aux paroles & à tout le reste. Si vn enfant demande quelque chose à sa mere auec vne certaine negligence, bien souuent il ne l'obtient pas, mais s'il la demande auec

KK ij

instance, auec empreſſement & auec larmes, il l'emporte, ſa mere ne pouuant la luy refuſer ſi elle ne luy eſt pas nuiſible, & meſme par fois quád elle l'eſt, alleguant pour ſa raiſon qu'elle ne ſçauroit voir ſon enfant pleurer. *Prope eſt Dominus omnibus inuocantibus eum in veritate*, nous apprend Dauid; Dieu ſe tient prez de ceux qui l'inuoquent en verité, & il eſt bien diſpoſé de leur accorder leurs requeſtes. Qu'eſt-ce à dire qui l'inuoquent en verité? c'eſt à dire, non point laſchement ny froidement, mais auec affection & chaleur; car qui l'inuoque auec laſcheté & froideur, ne l'inuoque pas en verité, dautant qu'il fait euidemment paroiſtre par cette negligence, que le deſir qu'il a de ce qu'il demande, n'eſt qu'apparent & de parole, & qu'il ne ſe ſoucie guere de l'obtenir, parce que, s'il en auoit vn veritable deſir, il le demanderoit ſans doute auec plus d'ardeur.

C'eſt pourquoy efforçons nous d'animer toutes nos prieres d'vne grande & ardente affection, rendons les de l'encens qui brule, faiſons en des clameurs, & quand nous demanderons quelque choſe à Dieu, demandons luy du plus profond de nos cœurs & du plus intime de nos ames. Voyons comme les Saincts s'y ſont comportez. C'eſt vne choſe merueilleuſe de l'incroiable ferueur & de l'affection extreme auec laquelle ils faiſoiét leurs prieres, les Diſciples firent la leur, comme raconte ſainct Luc, auec tant d'ardeur, que le lieu en trembla. *Effudi animam meam*, dit Anne la mere de

Samuel au grand preſtre Heli de la ſienne, ſi vous me voiez en cet état comme toute tranſportée, ne me prenez point pour vne perſone qui a trop bû, mon émotion ne vient pas de là, mais de ce que i'ay répandu toute mon ame deuant Dieu, que i'ay vuidé en ſa preſence toutes les affections de mon cœur & épuiſé tous mes ſentimens, de ſorte qu'il ne m'en reſte plus. Nous liſons de S. François qu'vn de ſes Religieux le vid vn iour priant auec tant d'ardeur, qu'il ſembloit que de viues flammes ſortoient de ſa bouche & de ſes yeux, & que s'eſtant ietté entre ſes bras, parce que le Sainct dans cette diſpoſition enflammée s'eſtoit approché de luy, il l'auoit leué en l'air bien la hauteur d'vne lance. Iean Diacre aſſûra auec iurement, au rapport de Leontius Eueſque en la vie qu'il a faite de ſainct Simeon Salus, que regardant ce Sainct leuant les mains au ciel durant ſon oraiſon, il auoit apperçû de gros bouïllons de feu ſortir de ſa bouche auec ſes paroles, & tout à l'entour de luy comme vne fournaiſe embraſée. S. Paphnuce priant Dieu en la priſon durant la nuit, l'on y vid vne grande lumiere, dont ceux, qui le gardoient, eſtans bien étonnez & en cherchans la cauſe entrerent dans le cachot du Sainct, qu'ils treuuerent en oraiſon, & que ſes bras, qu'il tenoit hauſſez au ciel, eſtoient comme deux flambeaux allumez. Nous pourrions en rapporter beaucoup d'autres, à qui durant leurs prieres la ſueur ſortoit à groſſes gouttes de tout

*Chron. de S. Franç. liu. 1. chap. 97.*

*Sur. 1. Iulij.*

*Sur. 28. April.*

le corps, en sorte que leurs habits mesmes en estoient tous trempez, tant ils y apportoient d'affection & d'ardeur; aussi l'effet suiuoit toujours leur desir, car ils obtenoient ce qu'ils auoient demandé. Ce sont les patrons sur lesquels nous deuons nous former.

Il faut à la verité quand nous prions Dieu de nous donner quelque chose qui regarde nostre salut, allumer nos desirs, échauffer nos cœurs, & nous mettre en action, & ferueur. On dit communement que qui ne sçait prier, doit aller sur la mer & qu'il l'apprendra, dautant que quand il se verra accueilly de la premiere tempeste, en danger de faire naufrage & à deux doigts de la mort, il deuiendra bien-tost disert & deuot, il priera Dieu & tous les Saincts, & demandera secours auec vne instance & affection merueilleuse, à qui le luy pourra donner. Nous faisons la nauigation de nostre salut sur vne mer beaucoup plus orageuse, où les perils sont sans comparaison plus grands, & les naufrages bien plus ordinaires; nous y auons extremement besoin d'assistance, il la faut donc chercher & poursuiure selon l'importance de la chose.

Et puis quand nous demandons à Dieu les choses de nostre salut, sçauons nous bien ce que nous luy demandons? Nous luy demandons des choses si grandes & si releuées, qu'elles passent infiniment toutes nos pensées & toutes nos paroles. Nous luy demandons son Paradis, sa gloire, ses richesses, ses plaisirs & la possession eternelle de luy mesme, & n'est-ce rien que cela? y a t'il chose en ce monde comparable, & qui au prix d'elles ne soit moins qu'vn festu & vn grain de poussiere parangonné à tous les royaumes de la terre? Nous le prions de nous donner l'humilité, la patience, l'obeïssance, la charité, les vertus, les dons du S. Esprit & ses graces, dont le moindre degré & la plus petite participation vaut mieux que tout ce que la France, l'Espagne, & tous les Empires & la Nature toute entiere renferment de riche & de rare dans leurs thresors, & apres cela nous demanderons ces choses si grandes & si precieuses, & ces biens inestimables comme des choses communes & de peu, & encore auec moins de desir.

Ouï, il est certain que si nous auions grand' faim, ou si nous estions fort alterez, nous demanderions auec plus d'ardeur, auec plus d'empressement & plus d'importunité, vn morceau de pain & vn verre d'eau, que souuent nous ne demandôs à Dieu le Ciel & la ioüissance de sa Diuinité. où est nostre Raison, où nostre Iugement? nous moquôs-nous? & de la vié aussi que si peu de persones obtiennent l'effet de leurs prieres & impetrét les dôs de Dieu: de vray côment Dieu les leur donneroit-il, puisque par la laschété & la negligence de leurs prieres elles témoignent qu'elles n'en font point d'estat. Vous voulez que Dieu donne ses thresors, qui sont des biens immenses,

& qui coûtent à son fils trente trois ans d'vne vie continuellement laborieuse, & puis tout son sang & la mort dans vne Croix, à ceux qui les luy demandent, comme si c'estoient des bijoux ou des babioles d'enfant. Les choses grandes doiuent estre demandées auec vne grande affection, & il faut proportionner la vehemence du desir & l'ardeur de la supplication à l'excellence de la chose desirée.

Iettons les yeux pour nous confondre & tout ensemble pour nous instruire sur les Criminels quand ils sont deuant leurs Iuges en danger d'estre condamnés à mort, & sur les malades, à qui on va coupper ou brûler vn membre; quelles ardentes, quelles eloquentes, quelles pressantes & pitoyables prieres font-ils, celuy-là pour échapper la mort, & ceux-cy pour la crainte qu'ils ont de la douleur, & pour estre traitez doucement? Sainct Iean Climacus nous met deuant les yeux, les premiers; & sainct Augustin nous fournit vn exemple memorable des seconds en la persone d'vn certain aduocat de Carthage nommé Innocent, de qui il raconte, que comme les medecins luy eussent couppé plusieurs fistules auec des douleurs tres-sensibles, & aussi auec vn heureux succez, ils ne s'apperçûrent pas qu'ils en auoient laissé vne qui s'estoit derobée à leurs yeux & à leur connoissance, pour la guerison de laquelle ils luy dirent qu'il falloit necessairemét la coupper aussi bien que les autres. Ce pauure homme

Gradu 28.

Lib. 22. de Ciuit. cap. 8.

## SPIRITVEL.

homme bien étonné de ce malheur, & ayant des douleurs precedentes vne inexplicable apprehension de celles que cette seconde section luy deuoit causer, faisoit pitié à tous ceux qui le voyoient, & qui considerans sa desolation extreme croyoient fermemēt qu'il rendroit l'ame entre les mains des chirurgiens. L'Euesque du lieu & vn autre Euesque qui se treuua pour lors dans la ville, les Prestres aussi & les Diacres de cette Eglise le visitoient, le consoloient & luy donnoient courage du mieux qu'il leur estoit possible; lesquels la veille du iour, que l'operation se deuoit faire, *rogauit*, dit sainct Augustin qui fut present à cette actiō, *miserabilibus lacrymis vt mane dignarentur esse præsentes suo funeri, potius quam dolori.* il pria auec vne abondance de larmes tres-ameres, qu'il leur plût d'assister le lendemain matin plutost à sa mort qu'à sa douleur; & deuant que de sortir de son logis, nous nous mismes tous en prieres. *Vbi nobis ex more genua figentibus atque incumbentibus terræ ita se ille proiecit, tanquam fuisset aliquo impellente grauiter prostratus & cœpit orare; quibus modis? quo affectu? quo motu animi? quo fluuio lacrymarum, quibusque gemitibus atque singultibus succutientibus omnia membra eius, & pene intercludentibus spiritum, quis vllis explicet verbis?* flechissans donc les genoux & nous enclinans contre terre afin de luy obtenir secours du ciel, luy de son costé se ietta par terre, comme si quelqu'vn l'eut poussé auec violence & abbatu, & puis il commença sa priere, mais comment? qui pourroit raconter auec quels sentimens, auec quelle émotion & quels transports d'esprit, auec quel ruisseau de larmes, auec quels gemissemens & quels sanglots, qui faisoient trembler tous ses membres, & qui l'étouffoient quasi? Si les autres prioient & ne prenoient pas garde à ce qu'il faisoit, ie n'en sçay rien, mais pour moy, il me fut impossible de iamais prier, tant i'estois touché & hors de moy de ce spectacle : tout ce que ie pûs dire, fut seulement ce peu de mots en mon cœur, *Domine, quas tuorum preces exaudis, si has non exaudis?* Seigneur, quelles prieres de vos seruiteurs exaucez vous, si vous reiettez celles-cy? *Nihil enim mihi videbatur addi iam posse, nisi vt expiraret orando,* ausquelles il semble que cét homme ne pouuoit plus rien adiouster, sinon qu'il expirat en priant. Nous nous leuasmes tous, & apres auoir reçû la benediction de l'Euesque, sortismes du logis pour y retourner le lendemain matin, lequel estant venu & tous arriuez, le chirurgien pour commencer son operation decouurant la partie trouua le mal parfaitement guery. C'est ce que rapporte sainct Augustin.

Sur quoy ie dis que si ce malade a demandé à Dieu auec tant d'ardeur & auec vne affection si brulante la santé de son corps & la deliurance d'vne douleur bien courte, comment deuons nous le prier qu'il nous donne la victoire de nos vices, l'affranchissement des tourmens de l'enfer, la santé de nos ames & la possession de nostre beatitude eternelle? Certe luy demandans des choses incomparablement plus grandes & plus importantes, comme sont celles de nostre salut, il est raisonnable de le faire auec plus de contention & plus de force. Et mesme quand nous ne luy demanderions qu'vne miete de pain & vne goutte d'eau, nous sommes si peu de chose aupres de luy, & il est tellement releué en excellence, & en grandeur au dessus de nous, qu'il n'y a aucune sorte de respect, aucun genre d'honneur, aucune espece d'humiliation ny d'abaissement, il n'y a point de soûmission ny d'adoration, ny aucune posture de suppliant, que nous ne deuions prendre.

Partant taschons de presenter nos demandes à Dieu auec affection & chaleur; prions le, supplions le auec des instances, auec des redoublemens pressans, & auec importunité: coniurons-le par sa bonté, par sa misericorde, par sa promesse, par le zele qu'il a de sa gloire, par l'amour & le seruice dont il est digne, & par tout ce qui le peut émouuoir; vsons, pour ainsi parler, de force, & faisons luy violence, & disons luy comme Iacob à l'Ange, qu'il pria aussi auec larmes, ainsi que dit le Prophete Osée, que nous ne le quitterons point qu'il ne nous ait donné sa benediction, & assûrons nous qu'alors il enterinera sur le champ nostre requeste, ou bien tost apres, & toujours aussi-tost qu'il sera expedient pour nostre bien. *Genes 32. 26. Osée 12. 4.*

Voilà les quatre conditions de la Priere, auec

lesquelles elle vient à bout de tout & emporte infailliblement de Dieu ce qu'elle luy demande, parce qu'il en a donné sa promesse, & sans lesquelles aussi il n'est tenu à rien. Pour cette cause le secret de nos prieres est de faire tout nostre possible pour les assortir de ces conditions.

Nous demandons tous les iours à Dieu beaucoup de choses & nous n'obtenons rien, nous le prions de nous donner l'humilité, la patience, la douceur, la charité, & les autres vertus, & nous sommes toujours orgueilleux, impatiens, choleres, enuieux & chargez de vices ; d'où vient ce malheur, attendu que Dieu ne desire rien dauantage que de nous cóbler de ses dons, & nous sauuer? certe c'est parce que, comme dit sainct Iaques, nous ne demandons pas ces choses comme il faut, *petitis & non accipitis, eo quod male petatis* : le tout est en la façon, tout ainsi qu'vne épée d'vne trempe tres-fine peut faire de grands exploits & des coups merueilleux, il est vray, mais pourtant c'est selon le bras qui la tient & le mouuement qu'il luy donnera. L'oraison, dit sainct Chrysostome, est la clef des thresors de Dieu, auec laquelle vous les ouurirez & en prendrez autant que vous voudrez; il est ainsi, mais souuenez-vous qu'vne clef n'ouure point si on ne la met droitement dans la serrure, & qu'on ne luy baille le tour qu'il faut; car à moins de cela encore que vous soiez tout pres d'vn thresor, que vous en touchiez la serrure & en aiez la clef, vous ne

Iacob. 4. 3.

Hom. 36. in Acta.

SPIRITVEL. 269

l'ouurirez pas, & vous demeurerez toujours necessiteux: Il en va de mesme de la clef de l'oraison au regard des richesses de Dieu, si nous la tournons, comme il appartient, elles sont à nous; sinon, encore que nous aions en main le moyen de nous enrichir, nous resterons toujours dans nostre pauureté & dans nos miseres.

## CHAPITRE VIII.

Huitiéme Principe general de la Vie spirituelle.

*La Paix de l'ame.*

INQVIRE *pacem & persequere illam*, dit le Roy Prophete. Cherchez la paix & poursuiuez-la auec soin.

Psal. 33. 15.

On demande quelle est la meilleure disposition d'vne ame dans la vie spirituelle pour y faire vn grand progrez & arriuer à la perfection, si c'est de marcher en lumieres ou en tenebres, d'auoir beaucoup de sentimés de Dieu ou d'en auoir peu, d'estre arrousé & trempé de la pluie du Ciel dans ses exercices de pieté ou de les faire auec secheresse, d'estre sain ou malade, riche ou pauure, dans l'honneur ou dans les opprobres: Et on répond que c'est de tenir dans toutes ces dispositions, & en toutes sortes d'estats

ll iij

son cœur en paix, d'établir son esprit dans vne situation de repos, & conseruer son ame dans l'assiete d'vne tranquillité inebranlable. Surquoy nous demadons trois choses; La premiere, qu'est-ce que la Paix de l'ame, & quels sont les biens qu'elle nous apporte. La seconde, en quoy nous la deuons pratiquer. Et la troisiéme, comme quoy l'acquerir.

Serm. 52. de Verb. Domini.

Pour la premiere: *Pax*, dit sainct Augustin, *est serenitas mentis, tranquillitas animi, simplicitas cordis, vinculum amoris*. La Paix est la serenité de l'esprit, la tranquillité de l'ame, la simplicité du cœur, & le lien de l'amour. *Pax*, dit le mesme autre part,

Lib. 19. de Ciuit. ca. 13.

*est parium dispariúmque rerum sua cuique loca tribuens dispositio*, la Paix est vn arrangement & vne disposition des choses semblables & dissemblables, pareilles & nonpareilles si bien proportionnée & si bien prise, que chacune y tient iustement le lieu & le rang qu'elle doit auoir. Et derechef, *Pax est tranquillitas ordinis*, la Paix n'est autre chose que la tranquillité de l'ordre; qui consiste, comme Sainct Thomas l'explique, en ce que toutes les passions, dont vn homme peut estre touché, ne soient point en émotion mais en repos, de sorte qu'il n'est point émû ny agité, mais calme & tranquille Où les choses sont dās l'ordre & en leur lieu naturel, il faut necessairement que là se trouue la Paix; & au contraire, où elles sont derangées, pesle-melées & en desordre, là est infailliblement le trouble: *minus ordinata*, dit le mesme

Ibid.
2.2.q. 29. a. 1.

SPIRITVEL. 271

sainct Augustin, *inquieta sunt, ordinantur, & quiescunt.* Les estres, qui ne sont pas dans leur rang, sont en de continuelles inquietudes, aussi-tost qu'ils ont repris leur place, ils retreuuent leur repos.

Lib. 13. confess. cap. 9.

La Paix du corps, dit d'abondant le mesme S. Docteur au mesme lieu, est le iuste temperament des premieres qualitez & l'assiete conuenable de toutes ses parties; la Paix de l'ame sensitiue est l'accoisement de ses appetits; la Paix de la raisonnable est l'accord mutuel de ses facultez & de leurs operations; & celle de l'homme consiste en l'obeissance qu'il rend aux volontez de son Createur. Et voila ce que c'est que la Paix.

De laquelle nous deuons faire vn tres-grand estat & la pratiquer auec vn soin singulier. Le premier exercice que l'homme doit entreprendre en la vie spirituelle, disent les maistres de cette haute & diuine science, est celuy de sa paix interieure & du repos de son Esprit: parce que cette paix & ce repos est à l'homme vne source inepuisable de mille & mille biens. *Tantum est Pacis bonum*, dit sainct Augustin, *vt etiam in rebus terrenis atque mortalibus nihil gratius soleat audiri, nihil desiderabilius concupisci, nihil postremò melius inueniri.*

Lib. 19. de ciuit. cap. 11.

La Paix est vn si grand bien, qu'entre toutes les choses de cette vie, il n'en est pas vne, dont l'on entende parler plus volontiers, dont l'on ait plus de desir, & que l'on treuue meilleure; comme au contraire il n'y a aucun mal, que l'on apprehen-

de dauantage, & que l'on experimente plus nuisible que la guerre. Le souuerain bon-heur d'vn
Royaume est au iugement de tous les hommes
sensez, la paix & la concorde entre tous les suiets
pour pouuoir vaquer sans trouble chacun à ses
fonctions, comme le plus grand malheur, est sans
doute la guerre ciuile, où tous sont en diuision,
où le pere se bande contre le fils, & le fils contre
le pere, où le voisin prend les armes contre son
voisin & les citoyens s'entretüent; c'est pourquoy les sages Politics & les grands hommes d'E-
tat rapportent tous leurs conseils & tous leurs
desseins à maintenir la paix dans les Prouinces &
en éloigner la guerre, & c'est là où ils mettent le
plus haut poinct de leur science & de leur conduite.

Les deux plus grands biens de cette vie sont
sans controuerse la Grace de Dieu & la Paix de
l'ame, & les deux plus grands maux sont leurs
contraires, le Peché & le Trouble, le Peché qui
éteint la Grace, & le Trouble qui ruine la Paix.

1. Petri. 1. 2. Sainct Pierre pour le premier desire aux Fideles,
à qui il adresse ses epistres, la grace & la Paix.
Rom 1. 7. *Gratia vobis & Pax*, dit-il; & sainct Paul fait tou-
1. Cor. 1. 3.
2. Cor. 1. 2. iours l'ouuerture des siennes par le mesme souhait, comme par les deux plus grands biens de
l'ame. Dans cette pensée il écrit aux Romains,
*Prudentia spiritus, vita & Pax*, la Prudence de l'e-
Rom. 8. 6. sprit & le poinct fondamental de la vie spirituelle
consiste en la grace, qui est la vie de l'ame, & en la
paix.
Et

## SPIRITVEL. 273

Et pour le second, le diable fait tous ses efforts & emploie tous ses artifices pour priuer l'ame de l'vn & de l'autre; le premier dessein qu'il a pour perdre vn homme, est de luy rauir la grace de Dieu, comme la vie de son ame & le gage de son salut, & quand il ne peut en venir à bout, il fait tout son possible pour luy oster la paix de son ame, sçachant bien qu'ayant perdu la paix, il perdra aisement la grace s'il n'y prend garde, pour estre dans la pente du peché & en disposition comme prochaine de choir. Ioint que pour lors il ne sçauroit rien faire de bien, dautant que le le trouble par les confusions & les nuages dont il remplit l'esprit, empesche de bien agir; ne plus ne moins que de nuit on ne peut marcher droit ny rien faire bien à poinct.

De plus la Paix est le chemin le plus court & le plus assûré pour arriuer à la perfection ; la premiere chose qu'vn homme, lequel veut deuenir vertueux & se rendre parfait, doit entreprendre est vne veille pacifique sur soy-mesme, sur son interieur & sur son exterieur, & agir auec vne grande tranquillité en toute sa conduite; & qu'il tienne pour certain que suiuant ce procedé, il paruiendra facilement & bien-tost à vne haute perfectió, parce que la paix dispose excellément l'homme à la vertu, prepare son ame aux lumieres, aux graces & aux communications de Dieu, arrange tout en luy, fait qu'il se possede & est maistre de soy, *Dominus*, assûre Dauid, **virtutem**

II. Part. m m

*populo suo dabit: Dominus benedicet populo suo in pace.* Le Seigneur remplira son peuple de vertu, & versera sur luy ses benedictions, quand il le verra en état non pas de trouble, mais de paix; de cette paix de l'ame & de ce repos du cœur, que sainct Basile sur ce passage, appelle la plus parfaite des benedictions de Dieu. Sainct Iean Climacus dit que la tranquillité de l'ame, est ornée de vertus, comme le Firmament d'estoilles, & qu'on la peut nommer auec sujet, le ciel interieur de l'esprit.

*Anima quiescens fit sapiens*, dit le Philosophe, l'ame tranquille se fait aisément sage. Et le sainct Esprit nous en a laissé ces paroles dans l'Ecclesiastique, *Sapientia in opportunitate otij*. La sagesse s'aquiert lors que l'ame est en repos. L'ame dans la paix deuient mesme diuine, & vne image naïue de cette Nature infiniment douce & calme, qui ne se trouble iamais, quoy qu'elle fasse & quoy qu'on luy fasse. Dans tous les corps qui tournent, il y a vn poinct qui demeure perpetuellemét ferme & immobile, & les parties qui l'auoisinent de plus prez, ont moins de mouuemens & plus de repos; où celles qui en sont plus éloignées, font vn tour plus long & ont vn mouuement plus rapide: Dieu est ce poinct immobile dans l'vniuers, autour duquel tournent toutes les Creatures; plus vous approcherez de luy, plus vous serez tranquille, & aurez moins de mouuemens inquiets, au contraire plus vous vous en retirerez, plus vous serez agité, *factus est in pace locus eius*, dit Dauid. Dieu fait sa demeure dans la paix; d'où il faut inferer que le Diable fait la sienne dans l'inquietude. Dieu, dit Sainct Iean Climacus, repose dans l'ame tranquille, elle luy sert de throne; où celle qui se trouble, est le siege du Demon. Si la paix & l'ame paisible est le domicile de Dieu, il s'ensuit que Dieu l'abandonne lors qu'elle quitte sa paix & qu'elle s'altere, au moins en ce que l'alteration & le trouble luy oste la veüe ou le sentiment de sa presence, & met vn empeschement à son operation en elle. *(marg. Gradu. 24. ἐν ψυχαῖς ὡραίων ἐπαναπαύσεται Κύριος· ἡ ταραχώδης διαβόλου καθέδρα.)*

L'ame tranquille est dans la vraie assiete pour pratiquer les vertus & operer auec perfection; pour figure dequoy sainct Augustin remarque subtilement qu'en la Loy ancienne, le iour du Sabbat & du repos, on n'exerçoit principalement que des œuures qui regardoient le culte diuin, & que toutes les seruiles y estoient defendües: mais le trouble & l'emotion est le vray element du vice, & du peché; Aussi les sainctes Lettres disent que les Pecheurs sont touiours agitez & inquiets: ils vont, dit Dauid, comme des roües & des toupies, & sont emportez ainsi que la paille au gré du vent, *Deus meus, pone illos vt rotam; & sicut stipulam ante faciem venti.* Isaie adjoûte dans cette pensée, *Impij quasi mare feruens, quod quiescere non potest,* les Impies sont comme vne mer qui est touiours en tourmete & qui n'est iamais calme. Ainsi Caïn, comme raconte Moyse, passa sa miserable vie errant & vagabond sur la terre; ce que sainct *(marg. In Psal. 150. — Psal. 82. 14. alij apud Genebr. in modū trochi. Isaiæ 57. 20. — Genes. 4. 16.)*

Ierôme entend beaucoup plus des troubles, des alterations & des continuels transports de son pauure esprit, qui n'auoit aucun arrest ny aucune fermeté, que des changemens de demeure pour son corps.

Ie diray dauantage que la Paix n'est pas seulement le chemin de la Perfection, mais que la Perfection mesme se treuue dans la Paix. La Perfection de l'ame gist en la paix de toutes ses Puissances, comme celle du corps en la santé, qui n'est que la paix de ses humeurs & de ses membres. *In pace perfectio est*, dit sainct Augustin, *& ideo filij Dei pacifici*, la Perfection est dans la paix, d'où les enfans de Dieu, qui de tous les hommes sont les plus parfaits & les plus accomplis, portent le nom aussi bien que l'effet de pacifiques. *Summus sapientiæ finis est, vt simus mente tranquilla*, dit sainct Ambroise: la Fin & le comble de la sagesse est de maintenir toûjours nostre esprit en repos & de nous conseruer dans vne tranquillité inuiolable. Oüy, dit sainct Augustin, *hæc est vita consummati perfectique sapientis*, c'est là la vie du sage parfait & acheué.

Aussi ceux qui pretendoient à cette glorieuse qualité, auoient fort souuent en bouche & toujours en dessein, *vnum fieri*, de se faire vn & ne se point alterer. Pour ce sujet sainct Denys appelle les hommes excellemment vertueux, des hommes qui ne sont point diuisez ny my-partis, mais bien vnis & vn en eux mesmes. Et Origene remarque que l'Ecriture qualifie Elcana le pere de Samüel, & qui signifie possession de Dieu, *vir vnus*, vn homme, c'est à dire, comme il l'entend, qui n'est point partagé ny inegal, mais touiours le mesme. Seneque a establi la felicité de l'homme dans la solide & constante tranquillité de l'esprit, *summa beata vita*, dit-il, *est solida tranquillitas & eius inconcussa fiducia*. Et Aristote l'a posée là mesme & dans le calme de l'ame, laquelle se porte hautement & eminemment à son plus noble obiet: de vray le lieu, où les hommes possedent leur parfait bon-heur & leur felicité derniere, est la Ierusalem celeste, qui veut dire, Vision de paix.

Enfin la Paix dispose excellemment l'homme enuers son prochain, & le rend propre pour traiter auec luy agreablement, vtilement & efficacement. Aussi, selon la maxime, il n'appartient qu'aux choses stables de donner mouuement aux mobiles. Et vn esprit paisible est capable de pacifier ceux qui sont émûs & troublez, cóme vn vase plein d'huile, dit sainct Iean Climacus, ietté dans la mer lors qu'elle est en furie, d'appaiser son courroux & calmer l'agitation de ses flots.

Puis donc que la Paix est vn si grand bien, & vn si riche thresor, qu'elle nous fait arriuer à la perfection, & comprend la perfection mesme, faisons tout nostre possible pour l'acquerir. *Inquire pacem & persequere illam*, cherchez la Paix, poursuiuez-la auec grand soin, & courez apres à perte d'haleine. *Memento vt diem Sabbati sanctifices*, com-

1. Reg. 1.
v. 1.
Ibi Origen.

Epist. 44.

lib. 10. Ethic.
cap. 7.

gradu 8.
ὥσπερ ἀσκὸς
ἐλαίου μεστὸς.
ex Plin. lib.
2. cap. 102.
& S. Basil.
Hom. 1. in
Hexam.

Exod. 28. 8.

m m iij

me il fut enioint aux enfans d'Israël, souuenez-vous de sanctifier le iour du Sabbat, c'est à dire, de vaquer au repos de vostre ame. S. Macaire en l'homelie qu'il a faite du Sabbat ancien & nouueau, dit, que Moyse ordonna aux Iuifs par le commandement de Dieu, de celebrer le iour du Sabbat, en s'abstenāt, & eux & leurs animaux, de toute action seruile. Ce qui representoit, dit-il, le vray Sabbat que nostre Seigneur deuoit apporter aux ames dans sa loy nouuelle, & qui n'est autre que la paix & la solide tranquillité que possedent les ames, qui sont affranchies des pensees & des affections dereglées des Creatures, & qui se reposent doucement & constamment en Dieu; Ce sont ces Ames qui proprement chomment le Sabbat institüé de Dieu, qui celebrent le iour du veritable, du sainct & delicieux repos interieur, & font la feste de l'Esprit, qui se passe en contentemens inexplicables & en diuines delices, à laquelle le corps mesme prend part, aussi bien que les bestes au Sabbat des Iuifs, par ses mouuemens doux & tranquilles, & par ses operations moderées; c'est ce que dit S. Macaire.

Deuant qui sainct Paul écriuant aux Hebreux, auoit fait mention de deux repos donnez aux Iuifs, du repos du corps le septiéme iour de la semaine, qui de là a esté nommé le iour du Sabbat, & du repos du lieu & de la terre promise, où estoit la ville de Ierusalem. Ces deux repos en figuroiēt deux autres qui nous sont conferez dans le Christianifme: le repos du corps marque le repos du cœur & la paix interieure, dans lequel l'homme s'abstient de toutes les actions seruiles, & s'emploie à celles qui concernent le culte, la gloire & l'amour de Dieu; Et le repos de la terre signifie le repos de l'autre vie, de la terre des Bien-heureux & de la Ierusalem celeste. *Relinquitur sabbatismus populo Dei*, dit sainct Paul, voila à quoy le peuple de Dieu & les Chrestiens sont appellez, à ce repos interieur en cette vie, & à celuy de la felicité eternelle en l'autre: voila comme ils doiuent sabbatiser & chommer, *festinemus ergo ingredi in illam requiem*, poursuit l'Apostre, allons donc à grand pas à ce repos, & hastons nous de posseder cette paix de nostre ame, & cette douce tranquillité de nos esprits. cap 4. v. 9.

v. 11.

C'est vn don qui est propre aux Chrestiens, & vne occupation qui leur doit estre tres-particuliere. *In pace vocauit nos Deus* dit sainct Paul, & comme porte le Syriaque, *ad pacem*. Dieu nous a appellez pour auoir la paix, & nostre Seigneur se nomme à ce dessein en Isaie, le Prince de la Paix, il se fit homme pour l'apporter au monde, d'où sainct Paul le qualifie du titre de nostre paix. Quand il naquit, elle estoit generalement par tout l'Empire Romain; Les Anges la publierent hautement auec des chants d'alegresse; Vn peu deuant que de mourir, il la laissa à ses Apostres par testament; & apres sa resurrection il les salüa plusieurs fois en ces termes, la paix vous soit don- 1. col. 7. 15.

Isai 9. 6.
Ephes. 2. 14.
Luc. 2. 13.
Ioan. 14. 27.
Ioan. 20. 19.
& 21. 26.
Luc. 10. 5.

née; Enfin il leur enioignit que la premiere chose qu'ils diroient & qu'ils fouhaiteroient entrans dans vne maifon pour y porter fon Euangile & la doctrine de falut, fût la paix. Que donc la Paix foit noftre partage & noftre exercice.

A la verité elle le doit eftre fans comparaifon plus qu'aux anciens Philofophes, dont les plus fages l'ont toujours eftimée, recherchée & cultiuée par deffus tout. Qu'on fafse de moy tout ce qu'on voudra, dit Seneque, qu'on me tourmente, qu'on me perfecute & qu'on m'accable de maux, qu'il n'y ait aucune heure du iour qu'on ne me donne quelque fuiet de plainte : *non ideo me dicam inter miferrima miferum, non ideo aliquë execrabor diem: prouifum eft enim à me, ne quis mihi dies ater effet.* Ie ne me croiray pas pourtant miferable au milieu des plus grandes miferes, ie ne me tiendray point infortuné pour me voir affiegé & battu des plus terribles infortunes, affûrez vous que ie n'en maudiray point pour cela aucun iour, parce que i'ay gagné cela fur mon efprit, & ie l'ay mis dans cette affiete de fermeté, de n'eftimer, quoy qui m'arriue, aucun iour malheureux. Socrate dans cette veüe apprit à l'age de foixante & dix ans la mufique, parce qu'elle fert à appaifer les troubles de l'efprit & le pacifier. Et Epictete donnoit cet aduis à fon difciple, Abandonne tout le refte aux autres, qu'ils faffent comme ils l'entendent, qu'ils s'appliquent à ce qu'ils voudront, qu'ils s'étudiét à former de bons fyllogifmes, à bien raifonner,

*De beata vita cap. 15.*

*Lib. 2. apud Arrian. c. 1. ἔμα δ' ἄλλοις ἄφες.*

## SPIRITVEL. 281

fonner, & à dire des merueilles ſur chaque choſe; que ton étude ſoit de conſeruer le repos de ton eſprit. Qu'ils apprennent ce qui leur plaira, pour toy, appren à mourir, à eſtre malade, à eſtre tourmenté, à eſtre pauure, à ſouffrir des iniures auec paix & ſans te troubler. Et autre-part parlant à tous ſes diſciples, voicy ce qu'il leur dit. Ie vous enſeigne, vous me reconnoiſſez pour voſtre maiſtre, mon deſſein pour cela eſt de vous rendre des hommes tranquilles, conſtans, égaux, qui ne s'embaraſſent & ne s'empeſchent de rien, que choſe aucune n'inquiete, ne lie & ne captiue, qui ſoient libres, contens & bien-heureux, & qui en toutes choſes grandes & petites regardent Dieu. Et encore ailleurs il dit, il faut qu'vn Philoſophe, & moy i'adiouſte à plus forte raiſon vn Chreſtien, puiſſe dire de ſoy: Il ne me ſçauroit plus arriuer aucun mal du coſté des choſes exterieures; il n'y a point de larron pour moy, point de terre-tremble, point de calamité: Tout eſt plein de paix & d'vn repos aſſuré. Ces Philoſophes eſtoient riches en belles paroles, & nous le deuons eſtre en bons effets: ils promettoient la vraie paix de l'ame, qu'il ne gouſterent iamais, c'eſt vn bien qui nous eſt propre, & vn threſor qui ne peut eſtre poſſedé que par les vrais Iuſtes, ce que les Philoſophes n'ont point eſté. Voyons en ſuite en quoy particulierement nous deuons pratiquer la paix.

*Marginalia:*
οὐ ὑποθήκειη αἱ δεδόσθαι, &c.
Lib. item 2. cap. 19.

ἀκωλύτοις, ἀπροπουδίστους, ἐλυπήροις, ὑδαιμονοῦντας, εἰς τὸν θεὸν ἀφερῶντας ἐν παντὶ μικρῷ καὶ μεγάλῳ.

Lib. 3. c. 13. τῶν ἐμοὶ κακὸν οὐδὲ δυσάπτω συμβῶναι ἐμοὶ λῃστὴς οὐκ ἔστι, &c. πάντα εἰρήνης μεστὰ, πάντα ἀταραξίας.

nn

## SECTION I.

*En quoy nous deuons pratiquer la paix.*

Eccl. 24. 11. IN *omnibus requiem quæsiui,* dit le Sage fils de Sirach: I'ay cherché mon repos en tout. Le venerable Girard surnommé le grand, de qui Thomas à Kempis a fait la vie, disoit que l'homme ne deuoit point se troubler pour aucune chose du monde. *Pro nulla re mundi debet homo turbari,* Ce qu'il faut faire sans doute auec d'autant plus de soin que la paix est, comme nous auons dit, le plus grand bien, apres la grace de Dieu, que l'on puisse posseder icy bas, & le trouble, le plus grand mal, apres le Peché, qui y soit. Ioint que comme cette vie est extremement sujete au trouble & à l'inquietude, à cause de beaucoup d'accidens contraires qui arriuent tous les iours, à raison de la force des objets exterieurs, qui frappans nos sens, font en suite impression sur nos esprits, de la viuacité de nos passions qui aisement s'émeuuent, de la promptitude inexplicable de nos pensées qui nous emportent facilement, & qu'apres tout, Iob dit que c'est vne milice continuelle, l'on y doit veiller de plus prez. Or pour venir au détail,

Lib. 7. vitæ Patrū Occid. cap. 3.

Iob. 7. 1.

*Dans nos actions particulieres.*

Premierement vous deuez conseruer la paix

de voſtre ame & eſtre maiſtre de vous meſme quand vous faites quelque action tout ſeul, & pour cela il faudra que vous obſeruiez ce procedé. En premier lieu prenez bien garde de n'apporter iamais à l'action que vous voulez faire vn eſprit émû & paſſionné, parce que vous la commenceriez bruſquement, en confuſion & en tenebres, qui feroit manquer dez l'entrée, & broncher, comme l'on dit, ſur le ſeüil de la porte; mais il y faut venir auec vn eſprit tranquille & raſſis, pour en faire l'ouuerture auec lumiere. *Pauci ſunt,* diſoit Seneque, *qui conſilio ſe ſuáque diſponunt: cæteri eorum more quæ fluminibus innatant, non eunt, ſed feruntur.* Il eſt peu d'hommes qui ſe conduiſent auec conſeil, & qui ſe prennent en leurs affaires auec iugement: Tous les autres ne vont pas, mais ils ſont emportez par leurs impetuoſitez, comme ce que les riuieres entrainent & charient. Secondement, il faut deuant l'action recueillir vn peu voſtre eſprit, pour vous diſpoſer par ce moien à la bien faire; Comme nous voions que les ioüeurs de luth & de violes accordent leurs inſtrumens deuant que de ioüer, & apres les auoir mis au ton qu'il faut, alors, & non auparauant, ils font entendre leur melodie; c'eſt le modele de ce que nous deuons faire en noſtre conduite iournaliere. Troiſiémement, ne deuancez point l'heure ordonnée pour l'action, mais laiſſez-là doucement venir. *Omnia tempus habent,* dit Salomon, & comme traduit Vatable, *Omni rei eſt tempus deter-*

Epiſt. 23.

Eccl 3. 1.

nn ij

*minatum.* Chaque chose a son temps determiné. Et derechef, *Tempus & responsionem cor sapientis intelligit. Omni negotio tempus est & opportunitas.* L'homme sage & auisé a le iugement de connoistre en quel temps chaque chose doit estre faite : toutes les affaires ont leur conionɛture & leur moment. Nostre Seigneur disoit si souuent pour ce sujet: *Nondum venit hora mea*: Mon heure n'est pas encore venüe, il ne la hastoit pas, il ne la retardoit point, il l'attendoit paisiblement. Quatriémement, il ne faut iamais vous prescrire vn temps certain pour faire vne chose, de sorte qu'à quelque prix que ce soit, elle doiue estre acheuée à tel iour & à telle heure, autrement vous vous mettrez en danger euident de vous troubler, par ce que peut-estre il en faudra dauantage pour la bien faire. Et puis qui vous a dit, qu'il ne pourra pas vous suruenir quelque chose, que vous ne preuoiez pas, qui y apportera du retardement? Aiez seulemét le dessein d'y mettre tout le temps qui sera necessaire pour la faire comme il appartient, sans vous marquer d'autres bornes. En dernier lieu, quand vous la ferez que ce soit sans vous presser; Ne vous hastez point & n'y allez pas brusquement, & auec impetuosité; vsez bien de diligence, mais non de precipitation; *sat cito, si sat bene,* disoit Caton l'ancien, on fait vne chose assez tost, quand on la fait bien. *Multos etiam bonos,* nous apprend Tacite, *festinatio pessumdedit: semper in eo quicquid impensè cupimus aut odimus, mora salutaris eſt*, la trop grande viſteſſe a fait tort à pluſieurs, qui eſtoient meſme gens de bien, le delay dans les choſes, que nous deſirons ou que nous haïſſons beaucoup, eſt toujours ſalutaire. Parce que la chienne ſe haſte de faire ſes petits, elle les fait aueugles, dit Galien, comme produits auant le terme que la Nature exige pour les organiſer tout à fait & les acheuer. C'eſt vn vieil prouerbe, dont Platon fait mention, que qui va trop viſte, bien ſouuent n'a pas ſi toſt fait, parce qu'il fait toujours quelque choſe de trauers, pour laquelle racommoder il faut autant & plus de temps qu'il n'en eut fallu pour ne point manquer : comme ceux, dit Sainct Auguſtin, qui ſe preſſent de s'habiller, mettent ordinairement quelque piece à l'éuers, ou de trauers : Il n'appartiét qu'aux Cieux d'aller tres-viſte & ne point faillir; ceux qui cueillent les fruits auant que d'eſtre meurs, ne cueillent rien qui vaille, & perdent meſme toute l'eſperance d'vne choſe, qui auec vn peu de patience & vn peu de loiſir pouuoit eſtre bien vtile : Ainſi ceux qui vont trop bruſquement en leurs affaires, les ruinent au lieu de les accommoder.

Plato lib.7. de Republ.

Partant éuitons auec grand ſoin dans toutes nos œuures, la precipitation & l'empreſſement, comme la plus grande ennemie de la paix, & la la peſte de la deuotion; faiſons les ſur le patron que Dieu nous donne, qui produit toutes les ſiennes ſans perdre vn poinct de ſon repos; c'eſt le moien de les bien faire, comme de les perdre d'y proceder autrement. Ne plus ne moins qu'il est aifé de conduire vn vaiffeau quand il n'eft point agité, mais dans la tempefte ou il fait naufrage, ou fi on le fauue, c'eft auec beaucoup de peine. Le tout eft de bien s'imprimer cette verité qu'il n'eft pas queftion de faire vne chofe, mais de la faire bien, à quoy il faut pendant l'action auoir toujours l'efprit appliqué, & fi quelques penfées impertinentes fe iettent à la trauerfe pour vous en diuertir, repouffez les doucement, & imitez le bon & fage feruiteur, qui eftant enuoié par fon maiftre quelque part, ne s'amufe point à entendre ce que les petits enfans luy difent par les rües, ny à leur répondre, mais paffe fon chemin & ne penfe qu'à bien faire fon meffage.

*Auec noftre Prochain.*

Secondement quand vous aurez quelque affaire à deméler auec voftre prochain, comme la paix bien fouuét s'y altere, & les Efprits s'y émeuuent à caufe des diuerfes rencontres qui arriuent, & que les volontez ne s'aiuftent pas aifement à vn mefme poinct, veillez foigneufement à ne point perdre le precieux threfor de la tranquillité de voftre efprit, mais à le conferuer inuiolablement: & à ce deffein executez ce qui fuit, qui peut en quelque façon feruir encore au poinct precedent, comme auffi ce que nous y auons dit, contribüer pour la plus-part à celuy-cy.

Premierement, souuenez-vous que ce n'est pas vne petite chose d'auoir à traiter auec vn hôme, ny vne entreprise peu difficile de penser gouuerner son esprit, attendu l'inconstáce, l'inegalité, la bizarrerie, l'ignorance, la foiblesse, les passions & l'amour propre qui dominent en tous, & qui mettent la chose à ce poinct & lient tellement la partie, qu'il est facile d'entreprendre vne affaire auec vne homme, mais de la conduire à chef, bien malaisé. Nostre Seigneur pendant qu'il vecut en ce monde, auança fort peu pour le salut des Iuifs auec tous ses trauaux, auec toutes ses industries, ses predications & ses miracles. Et Dieu qui à chaque moment verse à pleines mains ses benefices & ses graces sur les Chrestiens & sur les autres, gagne toutefois bié peu aupres d'eux pour l'executió de ses desseins ; & il n'y a persone pour vile & abiecte qu'elle soit, il n'y a artisan ny villageois en sa maison, de qui on suiue moins les ordres, & on transgresse dauantage les volontez, que les siennes. Secondement, n'entreprenez iamais ny trop d'affaires, ny de trop grádes, pour bonnes qu'elles soient, dont ou la multitude ou la pesanteur vous accable, mais auparauant que de vous y embarquer, considerez-les & les soûleuez pour ainsi dire, afin de les aiuster à vos forces: comme vous voyez que l'on fait pour les fardeaux du corps, qu'vn homme peze deuant que de les mettre sur son dos, & chacun sçait combien peut porter son cheual, deuant que de le charger; il en faut faire de mesme pour les fardeaux de l'esprit. C'est vn trait de grande sagesse de se contenir dans ces bornes pour couler doucement sa vie.

Seneque nous en donne le conseil, lors qu'il dit, *In immensum proderit nobis illud Democriti salutare præceptum, quo monstratur tranquillitas ; si neque priuatim, neque publicè multa aut maiora viribus nostris egerimus. Nunquam tam feliciter in multa discurrenti negotia dies transit, vt non aut ex homine, aut ex re offensa nascatur, quæ animum in iras paret.* L'auis salutaire de Democrite nous seruira extremement pour conseruer la paix de nostre cœur, que ny en particulier ny en public, nous n'embrassions pas plus d'affaires, ny plus grandes que nous en pouuons executer. Celuy qui s'embarasse en beaucoup de choses, ne passera iamais si heureusemét la iournée, qu'il ne luy arriue ou de la part des hommes, auec qui il traite, ou de celle des choses mesmes, quelque suiet de déplaisir, & quelque accident qui le fasche & le mette en mauuaise humeur. Et puis il apporte deux comparaisons, la premiere pour le trop grand nombre d'affaires, & la secõde pour le trop grand poids. *Quemadmodum per frequentia vrbis loca properanti in multos incursitandum est, & alicubi labi necesse est, alicubi retineri, alicubi respergi; ita in hoc vitæ actu vago & dissipato multa impedimenta, multa querelæ incidunt : Itaque vt quietus possit esse animus, non est iactandus, nec multarum, vt dixi, rerum actu fatigandus, nec magnarum supráque vires appetitarum.*

*Lib. 3 de ira cap. 6. 7.*

Facile

*Facile est leuia aptare ceruicibus, & in hanc aut in illam partem transferre sine lapsu. At quæ alienis in nos manibus imposita ægrè sustinemus, victi in proximos effundimus, & dum stamus sub sarcina, impares oneri vacillamus. Quoties aliquid conaberis, te simul & ea quæ paras, quibusque pararis, ipse metire.* Ne plus ne moins que qui va à Rome par les ruës les plus hantées, doit necessairement s'attédre d'estre poussé, pressé, heurté, de faire icy vn faux pas, d'estre là arresté, & qu'autre part on luy fera rejallir de la boüe sur ses habits, & mesme sur le visage, où s'il alloit par celles qui ont moins de mode, il iroit à son aise, sans toutes ces incommoditez : le mesme auient dans la trop grande multitude d'occupations; c'est pourquoy afin de conseruer vostre esprit en repos, il n'en faut pas trop prendre, ny aussi qui soient trop difficiles, mais proportionnées à vostre pouuoir, car il est aisé de porter vne charge qui n'est point pesante, & la changer d'vne épaule à l'autre pour son soulagement; où si elle est trop lourde, ou nous la déchargeons sur d'autres, ou nous la iettons par terre, ou si nous la gardons, nous plions & nous ahannons dessous. Partant pour aller au deuant de tous ces inconueniens, quand vous aurez quelque chose à faire, mesurez vous toujours auparauant auec elle, & auec ceux, auec qui vous la deuez traiter.

Que si ce sont des hommes choleres, impatiens, ombrageux, importuns, ou autrement malaisez, apportez encore plus de soin pour estre tranquille, & tenir vostre ame dans vne situation de douceur, & souuenez vous que lors vous estes dans vn panchant fort glissant, & que comme celuy qui porte vn flambeau allumé au milieu de la paille, ou prez de la poudre à canon, doit vser d'vne circonspection merueilleuse, pour empescher l'embrasement: Vous deuez vser de la mesme conduite auec des gens ainsi faits. Certe il faut proceder auec quantité de persones auec autant d'adresse, & se balancer auec vn temperament aussi iuste pour ne point troubler sa paix & la leur, que ceux qui marchent sur la corde, pour ne point choir.

Que si quelqu'vn vient à vous empescher tout à fait de faire quelque chose que vous auiez resoluë, ou vous en diuertir, l'ayant déja commencée, & y apporter du retardement, ne vous faschez point pour cela, mais conseruez vous dans la mesme assiete interieure & exterieure que vous estiez, sans vous émouuoir, considerant que si cet homme vous empesche de faire vne action que vous auiez projettée, il vous donne au mesme temps le moyen d'en faire vne autre meilleure, à sçauoir, vne action de patience, de qui sainct Iaques dit, *Patientia opus perfectum habet.* La Patience produit vn œuure parfait. Car il faut sçauoir que dans le Christianisme l'Agir n'est pas si noble que le Patir, attendu que le Patir nous a sauuez, & que dans les passions & les souffrances est enfermée vne action heroïque, qui est la victoire de soy-mesme.

## SPIRITVEL.

Iamais l'homme n'est oisif s'il veut, & il ne doit point s'inquieter ny s'affliger, mais au contraire demeurer en grand repos, quád il se voit retenu de faire quelque chose qu'il desiroit, parce qu'il peut à toute heure & en tout lieu s'occuper tres-excellemmét en son interieur, faisant des actions de foy, d'esperance, d'amour, de loüange, de benediction, d'adoration, d'humiliation enuers Dieu, & s'vnissant à luy.

I'adiouste encore pour les Domestiques, qu'on doit auoir vne particuliere attention & vne veille plus exacte sur soy quand on agit auec eux, pour ne point s'impatienter, se fascher & crier en beaucoup d'occasions, mesme fort legeres, qui arriuent tous les iours; parce que comme ce sont des persones qui dependent de vous & auec qui vous auez plus de liberté, vous y auez aussi moins de retenüe, & vous vous y donnez moins de contrainte.

### Dans nos desirs mesme bons.

En troisiéme lieu pour maintenir nostre ame en paix, il faut singulierement prendre garde à la códuite de nos desirs, dautát que les plus grádes sources de nos inquietudes & de nos mutineries interieures, sont les desirs dereglez, empressez & trop ardens que nous auons, ou d'acquerir quelque bien dont nous sommes priuez, où d'estre deliurez de quelque mal qui nous fait peine. Nos desirs sont nos vrais bourreaux; ce sont les

oo ij

sangsuës qui nous tirent tout le bon suc de l'ame, & la paix du cœur, les épines qui nous déchirét, & les vers qui rongent nostre esprit: C'est pourquoy si vous auez dessein de posseder vostre ame en paix, il faut vous resoûdre à n'auoir point de desir, & dire à Dieu auec le Sage fils de Sirach, *Domine Pater, omne desiderium auerte à me*, ô Seigneur, mon vray Pere, detournez de moy tout desir capable de me troubler. Et Dauid deuant luy, *Ne tradas me, Domine, à desiderio meo Peccatori*. Seigneur, ne me liurez point au Pecheur par mon desir; où sainct Augustin dit, que chacun ouure la porte de son cœur & donne entrée dans son ame au diable, que le Prophete entend icy par le Pecheur, & qui est l'auteur de l'inquietude & de la confusion, auec ses desirs & ses souhaits.

Eccl. 13. 5.

Psalm. 139. 9.

Que si vous en auez quelcun, mettez ordre qu'il soit fort moderé, & sans attache qui vous lie ny vous captiue à quoy que ce soit, & pour cela il faut que vous gagniez vne victoire importante sur vous & sur la promptitude de vostre esprit, qui est de laisser passer l'impetuosité du premier mouuement, ne rien decider, ne rien faire ny rien dire par sa boutade, mais attendre le second & agir par son impression, parce que comme nous auons esté plantes & bestes, deuant que d'estre hommes, c'est à dire, que nous auons fait les actions de la vie vegetante & de la sensitiue, plustost que celles de la raisonable, comme il est euident par l'estat, auquel nous nous sommes treuuez dans le ventre de nostre mere, & encore quelques années apres, aussi pour l'ordinaire nos premiers mouuemens tiennent encore de la beste, & sont mouuemens de passion; où les seconds sont productions de raison & de discernement: ce qui a donné lieu à ce dire ancien, que les secondes pensées sont plus sages que les premieres.

Quand donc vous desirerez quelque chose, si vous sentez que vostre desir s'allume, qu'il vous pique & vous presse d'aller, de venir, de dire, de faire, & en suite qu'il altere la paix de vostre esprit & vous inquiete, ne faites iamais rien de tout ce à quoy il vous pousse, & ne passez point outre, que vostre esprit ne soit rentré dans son calme, & que vostre agitation ne soit entierement appaisée. Que si vous ne pouuez differer la chose, faites la, mais tenant la bride forte à ce cheual fougueux, c'est à dire, à vostre desir échauffé, afin qu'il ne vous emporte, & moderez-le autant que vous pourrez; faites-la, non parce que vous la desirez, mais parce que vostre deuoir vous y oblige, & pour ietter encore plus d'eau sur cette ardeur, souuenez-vous que Dieu vous regarde, & affermissez-vous dans la memoire de sa presence, luy disant, que c'est à luy seul, à qui vous voulez plaire en faisant cette action, & non pas contenter vostre volonté, ny satisfaire à la vostre.

J'entend le mesme pour les bons desirs, &

pour les souhaits des choses les plus sainctes, car dez qu'ils ne sont plus moderez & qu'ils entrent dans l'excez, ils ne sont plus bons, ny moiens propres pour arriuer à vne bonne fin, mais plustoft c'en sont des empeschemens; parce qu'il doit y auoir de la proportion entre le moyen & la fin, & du rapport entre le chemin & le terme. On raconte à ce propos du Bien-heureux Louys de Gonsague de nostre Compagnie, qu'il ne bannissoit pas seulement de son esprit tous les desirs & toutes les affections des choses indifferentes, mais encore des plus sainctes, dez aussi-tost qu'il sentoit qu'ils estoient vn peu trop boüillás, qu'ils troubloient tant soit peu la paix de son cœur, & luy donnoient des soins en quelque façon inquiets, & des pensées superflues: ce qui le faisoit viure toujours dans vne profonde paix, & posseder vne tranquillité d'esprit comme inalterable.

*Sacchinus in eius vita lib. 2. cap. 5.*

Le zele des ames doit estre icy compris, parce qu'encore que contribüer au salut des hommes, soit la chose du monde la plus excellente, &, comme dit sainct Denys, la plus diuine, il faut pourtant la faire dans ses bornes & auec le téperamét requis: cóme procurer le salut du prochain c'est prédre part à la qualité du Sauueur, on doit aussi l'exercer dans son esprit, qui est vn esprit de charité & de paix, & non de passion ny de trouble. Il faut se proposer toujours l'exemple que Dieu & nos bons Anges nous en dónent, qui desirét, qui pourchaſſent & ſollicitent inceſſamment le ſalut de ceux pour qui vous trauaillez, & auec plus de ſoin, & plus d'ardeur incomparablement que vous, ſans toutefois s'empreſſer ny s'inquieter.

Voſtre perfection vous doit eſtre toujours mille fois plus conſiderable que celle de tous les autres hommes, & ainſi pour auancer la leur, meſme beaucoup, vous ne deuez rien faire qui nuiſe tant ſoit peu à la voſtre; parce que Dieu le veut ainſi, & qu'il a eſtably cet ordre dans la charité & dans l'amour que vous deuez auoir pour vous & pour voſtre prochain. Et de vray ne tiendroit-on pas pour vn grand dereglement de faire du bien à quelcun en ſe faiſant du mal? Ne ſeroit-ce pas vne choſe étrange & entierement hors de raiſon de vous noyer, pour ſauuer vn homme que les eaux emportent, ou vous ietter dans vn precipice pour l'en tirer? *Quid prodeſt homini*, diſoit noſtre Seigneur à ce propos, *ſi mundum vniuerſum lucretur, anima vero ſuæ detrimentum patiatur?* quel profit fait vn homme de gagner tout le monde & ſauuer toutes les ames, s'il vient à perdre la ſienne, ou meſme s'il luy preiudicie en quelque façon? Matth. 16. 26.

Il eſt rapporté en la vie du celebre, ſage & ſaint homme le P. Iean Auila, qu'ayant eſté ſollicité de pluſieurs, à cauſe de la grande renómée de ſa vie & de ſa doctrine qui eſtoit répáduë par toute l'Eſpagne, d'aller demeurer en la ville où eſtoit la Cour du Roy, il ne le voulut iamais, encore

Grenade en la vie d'Auila Partie 2. §. 3.

qu'il connût qu'il y feroit plus de fruit pour le bien des ames qu'ailleurs, dautant que tout ce qui est de grand dans le Royaume se trouue là, disant pour sa raison, qu'il desiroit tellement s'employer au salut du prochain, qu'il ne vouloit point mettre son recueillement ny sa paix en peril d'vne dissipation dereglée parmy le tintamare & les intrigues de la Cour, prenant pour soy le conseil qu'il donnoit à ceux de ses disciples qui estoient predicateurs, à qui il auoit coustume de dire. Pas plus d'enfans que de laict, ny plus d'affaires que de forces.

*Dans nos pertes.*

Quatriémement quand il arriue des pertes & & des infortunes dans les choses qui regardent cette vie, pour les biens, pour les honneurs, la reputation, la santé, les parens & les amis, il faut s'efforcer d'y conseruer le repos de son esprit & se posseder soy-mesme, considerant que tous nos troubles & tous nos deconforts ne nous rendrôt pas les choses perdües; qu'ils nous en feront perdre vne encore bien plus chere & bien plus precieuse, qui est la paix interieure & la possession de nous mesmes; que Dieu nous redemande ce qu'il nous auoit presté, & qu'il iuge qu'il en faut ainsi disposer pour nostre salut : c'est pourquoy ne vous affligez point auec excez, mais pensez à faire valoir cette perte à vostre profit, & ce domage temporel téporel au gain de la felicité eternelle. Voyez ce que fait vn marchand dans vn naufrage au retour des Indes, d'où il reuient auec vn vaisseau tout chargé de riches marchandises, il tasche de les sauuer toutes, & s'il ne peut, de sauuer les plus precieuses, & s'il ne peut encore, de mettre au moins à couuert sa vie; faite le mesme dans toutes vos pertes, songez à sauuer l'ame, à retenir la grace & la paix, & apres vous connoistrez vn iour que toutes vos pertes n'auront pas esté grandes, & que mesme elles ne vous auront pas esté nuisibles, mais fauorables.

*Dans nos imperfections & nos pechez.*

La derniere chose, où nous deuons veiller de prez à conseruer la tranquillité de nostre esprit, & où il semble que le trouble & l'inquietude est plus raisonable, sont nos imperfections, nos vices, & nos pechez; A cet effet vous garderez ces auis & tiendrez cette conduite.

Premierement il ne faut iamais se troubler, s'inquieter, se depiter, ny aigrir son cœur, ny effaroucher son esprit, pour ses defauts & pour ses chûtes. Il ne faut point s'abbatre ny se decourager, disant que c'est toujours à recommencer, qu'on ne fait que tomber, qu'apres tant de bons propos on est toujours de mesme, apres tant de moyens on ne se corrige pas, apres tant de remedes on est toujours malade, qu'on a beau faire,

II. Part. P p

qu'on ne viendra iamais à bout de ses passions ny de ses vices. On ne doit ny s'abandonner à ces sentimens, ny lâcher ces paroles, parce que ce n'est pas pour guerir le mal, mais pour l'empirer. A la verité si tous ces troubles & toutes ces tempestes interieures pouuoient contribüer tant soit peu à nostre changement, ie serois d'auis qu'on s'en seruit; mais comme au lieu de le procurer, elles sont plustost pour l'empescher & nous mettre en plus mauuaise disposition, en ce qu'elles nous serrent le cœur, nous gesnent l'esprit, nous glacent la volonté, nous abbattent le courage, & ostent les forces pour vouloir mesme nous amender, & nous iettent plustost dans vn certain desespoir de le pouuoir faire, il n'y a point d'homme sage qui ne iuge qu'on ne doit point les approuuer ny les admettre, mais les condamner & & les bannir.

Iamais le trouble ne fit aucun bien à persone, *Verumtamen vanè conturbatur omnis homo*, dit Dauid. Certainement tout homme se trouble & s'inquiete en vain, ses inquietudes & ses troubles ne sçauroient que luy nuire, & il ne peut auec tout leur vsage rien auancer, oüy bien le gaster; d'autant que le trouble obscurcit la raison, corrompt le iugement, deregle & desaiuste l'interieur & l'exterieur d'vn homme, & réuerse toute sa composition & toute son harmonie, ce qui le rend incapable pour lors des lumieres, & des sentimens de Dieu, & en suite de bien faire ce qu'il a en

Psal. 38. 7.

main; d'où vient que tout ce qui trouble vn homme & luy oste la paix de son ame, ne peut venir de Dieu, mais vient necessairement ou du diable qui est l'auteur de la diuision, ou de la nature corrompüe.

C'est pourquoy ce qu'il faut faire quand on a failly, est, premierement sans se troubler ny s'impatienter, se conuertir dans son interieur à Dieu, & s'humilier profondement deuant sa misericorde, auoüant franchement sa faute & luy disant que nous fussions tombés encore plus bas sans son secours, reconnoissans sincerement en sa presence nostre extreme inclinatió à tout mal, & nostre impuissance à tout bien. Secondement conceuoir vn veritable regret de son peché, & luy en demander pardon comme vn enfant le demande à son pere, auec vn ferme propos de ne le plus commettre; apres quoy en troisiéme & dernier lieu aiez l'œil sur vous auec plus d'attention pour ne point retomber, sans vous amuser à faire des recherches pointilleuses & inquietantes, si vous auez tout dit en vostre confession, si vous auez fait vostre acte de contrition, si Dieu vous a pardonné, & d'autres choses qui ne seruent qu'à peiner vn pauure esprit & le mettre à la torture. Voila ce qu'il faut pratiquer en nos chûtes, & toujours auec le mesme ordre, auec la mesme confiance en Dieu, & le mesme repos d'esprit à la derniere fois comme à la premiere. Tout ce que Dieu demande d'vn pecheur c'est le déplaisir de son peché, la declaration au prestre dans le tribunal de la penitence s'il est mortel, auec la satisfaction, & l'amendement; Rien plus. Mais aussi il faut penser à le luy donner.

Quand nous auons failly nous deuons aller à Dieu auec la mesme confiance, qu'vn enfant, qui est tombé dans la boüe, va à sa mere, qu'il va treuuer pleurant & luy monstrant ses mains salies, lesquelles sa mere nettoye, le console & l'appaise : dautant que Dieu se comporte de la mesme façon enuers les ames vraiement repentantes.

*Des Scrupules.*

Disons vn mot des scrupules, lesquels ont coûtume de causer beaucoup de peine aux ames qui en sont trauaillées, & de troubler grandement la paix de leurs esprits.

Ie dis donc premierement, que le scrupule, auec lequel on va s'imaginant qu'il y a du peché, où il n'y en a point, pour des soupçons mal fondés & des raisons trompeuses, est vne maladie de l'ame.

Secondement, que c'est vne maladie qui luy nuit beaucoup & l'empesche d'auancer dans le chemin de la vertu & de la perfection; d'où mesme elle tire son nom, parceque *scrupus*, dont *scrupulus* fait le diminutif, signifie vne petite-pierre & vn petit grauois qui se trouue dās le soulier du voyageur, qui luy fait peine & l'incommode en son marcher. Le scrupule est vn mal qui cause de grandes tristesses & de profonds ennuis à l'ame ; qui la remplit de tenebres; qui luy monstre des choses qui ne sont pas, & luy en cache d'autres qui sont; qui luy donne des fraieurs, des angoisses & des pressures de cœur, & met obstacle à la grace & aux operations de Dieu en elle : pource que Dieu demande vne ame paisible & tranquille, & comme il ne la veut point dans le libertinage ny la dissolution, aussi desire-t'il qu'elle ne soit pas dans les contraintes ny les gesnes, mais dans vne saincte liberté, *vbi spiritus Domini, ibi libertas*, dit S. Paul. Le scrupule est vne nuée au deuant des rayós du Soleil de Iustice, vne bouffée de vent de bize aux ardeurs du sainct Esprit, & vn venin qui empoisonne le cœur, & ronge tellement l'esprit qu'il deuient sec, maigre & hectique, comme ces corps attenüez & décharnez, qui n'ont que la peau & les os.

1. Co. 3. 17.

Troisiémement ie dis que cette maladie est d'vn costé incurable, & de l'autre qu'elle se peut guerir aisément & en peu de iours, à sçauoir, si la persone qui en est atteinte, croit conseil; car si elle le fait & qu'elle suiue exactement & fidelement l'auis d'vn homme capable, elle s'en verra infailliblement deliurée en peu de temps : mais à moins de cela ce mal est rebelle & sans remede.

Ie dis en quatriéme lieu, que la persone scrupuleuse ne commet pas facilement vn peché mortel dans le sujet de son scrupule, parce qu'au fond elle ne voudroit pas offenser Dieu, comme ie suppose, & comme c'est l'ordinaire de ces persones, qui ne sont scrupuleuses que pour trop craindre Dieu, & apprehender auec excez & mal à propos son offense, si elle auoit vne claire connoissance du peché; de sorte que n'ayant pas assez de lumiere pour en faire vn iuste discernement, elle n'est pas bien capable pour le commettre. De plus parce qu'obeïssant simplement à vn bon directeur, s'il y auoit du mal, il n'iroit pas sur elle, mais sur celuy qui la conduit, son obeïssance & sa soûmission l'en mettant à couuert; c'est pourquoy elle n'a qu'à faire ponctuellement, teste baissée & les yeux clos, ce que son directeur luy dit, nonobstant tous ses doutes & toutes ses craintes, franchissant hardiment & auec vn cœur resolu toutes les resistances de son esprit, & bondissant au delà de toutes les difficultez qui se presentent & qui luy font peur, les méprisant comme des phantômes & des masques hideux, qui ne sont que pour épouuanter les enfans; & c'est assez pour guerir ce mal, si on est capable de guerison.

### Conclusion.

Voila donc en quoy il faut nous tenir paisibles & conseruer la tranquillité de nos esprits, qui est dire en tout. C'est là l'étude principale que nous deuons entreprendre, à sçauoir, de maintenir nostre cœur en paix, détourner soigneusement tout ce qui la peut alterer, & s'il est tant soit peu emû & troublé, calmer son emotion & appaiser son trouble. *Justus*, dit le Sage, *in æternum non commouebitur.* Et autre part. *Non contristabit iustum quicquid ei acciderit.* Le Iuste se maintiendra dans vn calme perpetuel, il ne s'inquietera iamais, & quoy qui luy arriue, rien ne luy fera perdre le repos de son esprit, ny la ioie de son cœur.

Prou. 10. 30.
Prou. 12. 21.

C'est vne chose étrange que la paix estant si douce & si vtile, & au contraire le trouble accompagné toujours d'amertumes & de plusieurs grands maux, il y a neantmoins des Esprits si ennemis de la paix & si amis du trouble, que s'il n'y a persone qui leur donne de la peine, ils s'en donnét eux-mesmes & sont ingenieux auec leurs soins superflus, auec leur faulses imaginations & leurs ombrages, auec leurs desirs de choses vaines, inutiles, impossibles, & auec leurs intrigues, à se tourmenter, comme certains poissons qui ne viuent que dans les eaux d'orage. *Viam pacis non cognouerunt*, dit Dauid, ce sont gens qui ne sçauent ce que c'est que de paix. Et Iob excellemment, *dulcedo illius vermis*; où sainct Gregoire pour éclaircissement dit ces mots, *peruersæ mentis dulcedo vermis est, quia inde delectabiliter pascitur, vnde per inquietudinē incessanter agitatur.* Les plaisirs d'vn esprit dereglé sont les vers, c'est à dire, d'estre mangé des vers & rongé de soucis, de sorte qu'il fait de ses

Psal. 13. 3.

Iob. 24. 20.
Lib. 16. moral. cap. 29.

inquietude ses son alimét & ses mets plus delicieux: ainsi que le mesme Iob dit ailleurs. *Radix iuniperorum erat cibus eorum, & esse sub sentibus delicias computabant.* Ils se nourrissoient de geneures & de ronces, & s'estimoient bien à leur aise, quand ils estoient couchez sur les épines : comme le dernier Duc de Bourgogne Charles le Hardi, qui consuma ses iours en agitations & en troubles perpetuelles, & qui disoit, ainsi que son tombeau le porte encore, qu'il n'auoit iamais eu de repos en sa vie; Prince miserable auec toutes ses grandeurs & toutes ces richesses. Ce qui n'est pas en ces gens turbulens & dans ces vies orageuses, vn effet seulement de leur Nature, mais encore vn chastiment de la Iustice de Dieu, qui punit ainsi ces ames tempestatiues & inquietes, suiuant cette parole qu'il dit par le Roy Prophete, *quibus iuraui in ira mea, si introïbunt in requiem meam.* Ie leur ay iuré dans ma cholere, qu'ils n'entreront point dans mon repos; Qui de la guerre font la paix & la paix de la guerre, & viuans, comme dit le Sage, *in magno inscientiæ bello magna mala pacem appellant*, dans les troubles d'vne épaisse & tres-dommageable ignorance, tiennent pour repos & pour bonheur les plus grands maux, dont nostre vie peut estre agitée.

Gardons nous autant qu'il nous sera possible, de ce terrible supplice, & tout au contraire, *festinemus ingredi in illam requiem*, faisons tous nos efforts pour posseder cet agreable repos de nos esprits,

Iob. 30. 4. & 7.

Matthieu en la vie de Louis XI. Liu. 7.

Psalm 94, 11.

Sap. 14, 22.

SPIRITVEL. 305

prits, & iouïr de la paix de nos cœurs. Certainement le Dieu que nous seruons estant vn Dieu de paix, il n'y a point d'apparéce de le seruir auec trouble. *Vir peritus animæ suæ suauis est,* dit le sainct Esprit: l'homme sage & prudét traite doucement son ame, & la tient dans vne disposition tranquille, comme necessaire au seruice de Dieu & à la pratique de la vertu. *Fili,* nous dit-il encore, *in mansuetudine serua animam tuam, & da illi honorem secundum meritum suum.* Mon fils, fai que ton ame soit toujours calme, & connoissant que c'est vne creature tres noble, le chef-d'œuure des mains de Dieu, & son image, rend luy l'honneur qu'elle merite, ne la troublant & ne la fâchant point indiscretement, mais veillant auec grand soin à sa tranquillité.

Eccl. 37. 22

Ibid. c. 10. 31.

Apres auoir monstré comme nous deuons nous maintenir dans vne paix inalterable en toutes choses, considerons maintenant par quels moyens nous y pouuons paruenir & posseder ce precieux thresor.

## SECTION II.

*Par quels moyens nous pouuons conseruer la paix de nostre ame, & ne nous troubler iamais.*

LE premier est, de monter à la source de toute nostre conduite, à sçauoir, à nostre esprit,

II. Part. qq

le purifier de ses erreurs, & pour ses opinions faulses & trompeuses luy en faire prendre de bonnes & de veritables. C'est vne chose fort rare de treuuer vn homme qui ait l'esprit bien sain, & qui ne soit gasté & corrompu de beaucoup de grotesques, d'extrauagáces, & de fausetez. Il y a quantité de choses qui nous donnent de la peine & nous troublent sans sujet, l'imagination d'vn mal bien leger, & qui peut-estre n'aduiendra iamais, nous fait grand' peur, comme vn masque hideux à de petits enfans; vne chimere, vn ombrage, sera capable de nous allarmer, & sera autant d'impression sur nous, qu'vn épouuentail sur les oiseaux. *Quod accidere vides animalibus mutis*, dit Seneque, *idem in homine deprehendes; friuolis turbamur & inanibus. Taurum color rubicundus excitat; ad vmbram aspis exurgit; vrsos leonésque mappa proritat: omnia, quæ naturâ fera ac rabida sunt, consternantur ad vana: Idem inquietis & stolidis ingeniis euenit, rerum suspicione feriūtur.* Ce que vous voyez arriuer aux bestes, vous le remarquerez en l'homme, si vous y voulez faire reflexion. Nous sommes fort faciles à prendre des terreurs paniques, & à nous effraïer de choses vaines & ridicules. La couleur rouge irrite le Taureau. L'Aspic se hausse & s'élance pour vne ombre, & vn linge secoüé effarouche les Ours & les Lions. Tout ce qui est d'vn naturel sauuage & furieux s'émeut de peu; les esprits inquiets & lourdaux sont suiets aux mesmes accidens, il ne faut qu'vn soupçon & la seule apparence d'vne

*Lib 3. de ira cap. 19. & 30.*

chose pour les blesser sensiblement & les bouleuerser. De plus l'on ne iuge des choses que par la monstre, par l'éclat & par le present; peu les demasquent pour les considerer; peu les regardent dans leur fond, & en determinent par leurs suites & par l'auenir: tout le monde quasi est pris à ce piege. C'est pourquoy vn des premiers principes que Pythagore donnoit pour arriuer à la sagesse estoit, de ne point marcher par les chemins publics, c'est à dire, comme Philon l'explique, ne point suiure les opinions vulgaires, qui à la façon des torrens entrainent quasi tous les hommes, & du naufrage desquels il n'y en a presque pas plus qui se sauuent, qu'il y en eut qui se garentirent de celuy du deluge.

*ταῖς λεωφό-ροις μὴ βαδί-ζειν ὁδοῖς.*
Philo lib. quod liber sit omnis virt. studiosus.

Ce qui nous trauaille, ce qui nous tourmente & nous fâche, disoit Epictete, ne sont pas tant les choses, comme les opinions, que nous auons des choses; que nous deuons pour cette cause auoir autant de soin de guerir & d'arracher de nos esprits, que les carnositez, les loupes & les abscez de nos corps. Et autre part il dit fort sagement; ce qui est nay libre, ne sçauroit estre captif que par soy-mesme; chose aucune ne peut mener son ame en prison ny mettre son esprit dans les fers, que luy mesme; rien n'aura le pouuoir de troubler son repos ny luy nuire, s'il veut; il faut que ce soit luy qui se fasse dommage, qui s'inquiete, qui soit son bourreau & son meurtrier, & cela auec ses opinions, estimant faussement que

Apud Arrian. lib. 1. cap. 11.

*τὰ φύματα & τὰ ἀποστήμα-τα.*

Eod. lib. c. 19.

les choses sont toutes autres qu'elles ne sont en effet. A raison de quoy il nous donne ailleurs cet aduis fort importāt. Quand quelque objet beau, riche, éclatant, ou bien contraire, se presente à tes yeux, pren soigneusement garde de ne laisser point emporter ton esprit à la premiere impression qu'il y fait, mais di à ton esprit, Ne bouge, arreste, ne passe point plus outre que ie n'aye auparauant consideré cette chose, que ie n'aye examiné d'où elle vient, où elle va, ce qu'elle apporte, & ce qu'elle doit laisser : fai cette discussion constamment, parceque d'elle depend ta liberté ou ta seruitude, ta paix ou ton trouble.

Qui veut se posseder, doit donner fort peu de pouuoir sur soy aux choses qui sont hors de soy, il doit & chercher & treuuer dans le fond de son esprit, & en Dieu qui y loge, son repos & sa felicité : c'estoit la maxime celebre des anciens Philosophes, de laquelle ils parloient beaucoup mieux qu'ils ne la pratiquoient. *Sapiens seipso contentus est,* dit Seneque, *hoc felicitatem fine designat: omnia mea mecum porto.* L'Homme sage est content de soy-mesme & dans soy-mesme: ce sont là les bornes qu'il donne à sa beatitude, il ne les étend pas plus auant: Il dit, ie porte tout mon bien auec moy, comme Stilpon le maistre de Zenon, quand il veid sa ville prise & saccagée. Il est vray, le Sage ne veut que soy; ie ne dis pas pour viure, mais pour bien viure ; parce que pour viure absolûment, plusieurs choses luy sont necessaires, mais pour viure auec contentement, *illi tantum opus est animo sano & erecto,& despiciente fortunam*, il n'a besoin que d'vn esprit sain, moderé, & qui soit superieur à la fortune. Et autre part, il dit dans la mesme pensée. *Id egit rerum natura vt ad bene viuendum non magno apparatu opus esset, vnusquisque facere se beatum potest: leue momentum in aduentitiis rebus est.* La nature a sagement pourueû qu'il ne nous fallut pas beaucoup de choses pour viure bien heureux, chacun le peut deuenir s'il veut, cela est en son pouuoir, & toutes les choses exterieures y peuuét fort peu, soit pour y oster, soit pour y mettre. Partant, *huc cogitationes tuæ tendant*, dit-il en vn autre lieu, *hoc cura, hoc opta, omnia alia vota Deo remissurus, vt contentus sis teipso, & ex te nascentibus bonis. quæ potest esse felicitas Deo propior? Redige te ad parua, ex quibus cadere non possis.* Que toutes tes pensées tendent là, que tous tes soins visent à ce but, que tous tes souhaits se proposent pour vnique fin, abandonnant librement à Dieu tout le reste, que tu treuues ton repos dans ton esprit & te contentes de tes propres biens. quelle felicité peut approcher plus prez de la diuine? Redui-toy à choses petites, & qui ne dependent point d'autruy.

Ces Philosophes en disent trop, estimans que l'homme peut estre content de soy-mesme, & puiser dans son propre fond sa beatitude. C'est vne lourde erreur, dont sainct Augustin les reprend: il faut necessairement vne cause plus no-

*Consolat. ad Heluiam c. 5.*

*Epist. 10.*

Serm. 13. de Verb. Apost. cap. 7.

ble pour produire cet excellent effet, & sçauoir, afin de rendre la doctrine de ces gens veritable & vtile, que nous pouuons treuuer noftre satisfaction & noftre contentement en nous, pourueu que Dieu y soit, de qui seul il nous peut venir, parce que nous sommes naturellement müables & inquiets; noftre entendement, noftre volonté & toutes nos puissances sont d'elles-mesmes changeantes & enclines au trouble, il n'y a que Dieu qui soit capable de nous rendre constans, & nous établir dans vn vray & solide repos.

Tellement que comme sous l'Empire de Iustinian, on ne treuua point d'autre remede pour asseurer la ville d'Antioche contre les frequents & horribles terre-trembles, dót elle estoit secoüée, & ausquels elle estoit fort sujete, que d'écrire sur les portes des maisons ces mots, qui furent reuelez à vn seruiteur de Dieu, *Christus nobiscum, state.* Iesus-Christ est auec nous, demeurez fermes: parce qu'en effet toutes celles, sur lesquelles on les écriuit & qui porterent cette sauuegarde, furent garéties de la ruine, dont elles estoiét menacées, & sous laquelle toutes les autres furét enseuelies; ce qui fut cause que la ville d'Antioche, par ordre exprez de l'Empereur, quittant le nom, qu'elle auoit tiré de son Fondateur homme superbe & turbulent, prit celuy de Theopolis, comme qui diroit, ville de Dieu: Il faut de mesme que Dieu soit dans noftre cœur, pour le deliurer de

*Euagr lib. 4. cap. 6. Cedren. Niceph. apud Baron. anno Christi 528.*

# SPIRITVEL.

ses agitations, & de ses tremblemens de terre, il faut qu'il y loge pour l'affermir & le pacifier. I'adiouste que pour nous mettre à couuert de toutes les inquietudes & de tous les orages, nous nous plaçions, suiuant ce que nous auons dit cy-dessus, dans le cœur de nostre Seigneur, où sans doute nous possederons vne tranquillité inebranlable, & où rien ne nous pourra nuire.

*2. Part. ch. 4.*

Le second moyen pour acquerir la paix, est la Patience, qu'elle produit comme son propre effet & son fruit naturel ; parce que cette vertu a pour son employ & sa tasche de donner à l'ame vne trempe d'acier, & la rendre capable de souffrir les maux, dont cette vie est toute semée, auec paix & tranquillité interieure, sans se troubler, & sans donner au dehors ny par paroles, ny par gestes, ny par mouuemens, ny par action quelconque aucune marque d'vn esprit emû & passionné. Tertullien dit d'elle ces paroles choisies & la depeind de ces belles couleurs, *vultus illi tranquillus & placidus; frons pura nullâ mœroris aut iræ rugositate contracta; remissa æque in lætum modum supercilia; os taciturnitatis honore signatum; color qualis securis & innoxiis.* La patience porte vn visage paisible & gracieux; vn front serein, où l'on ne void aucune ride de tristesse ny de cholere; la veüe modestement basse, auec des sourcils qui temoignent vne ioie moderée; vne bouche qui parle peu & qu'vn sage silence ferme; sa couleur telle, que l'ont les persones assurées & qui se sentent la conscience nette.

*Lib. de Patientia, c. 15.*

*In patientia vestra*, disoit Nostre Seigneur, *possidebitis animas vestras*. Vous possederez vos ames par vostre patience, vous en serez les maistres & en iouïrez en paix; sur quoy sainct Gregoire dit fort à propos, *idcirco possessio animæ in virtute patientiæ ponitur, quia radix omnium custosque virtutum Patientia est; per patientiam verò possidemus animas nostras, quia dum nobis ipsis dominari discimus, hoc ipsum incipimus possidere quod sumus*. La possession & le domaine de l'ame est attribüé à la vertu de Patience, parce que c'est la racine & la gardienne de toutes les autres. Or nous possedons nos ames, & nous en acquerons la seigneurie par la patience, pource que lors qu'elle nous apprend à nous commander & à nous retenir, elle fait que dez-lors nous commençons de posseder ce que nous sommes, de le tenir en propre, & estre à nous. Voila le bien que la Patience nous apporte.

Où sans elle nous menons vne vie chagrine, ennuieuse, & miserable, parce que comme il est impossible de ne point endurer beaucoup & de nous & des autres en ce monde, attendu qu'il est tout plein de miseres; si nous n'auons patience, nous serons toujours tristes, toujours mécontents & toujours dans les épines. C'est le fait d'vn homme sage d'adoucir ses maux, & puis qu'il doit passer par les épines, de se piquer le moins qu'il peut, & non de se les rendre plus aigües & augmenter ses peines; parce qu'autrement ce seroit faire comme les animaux, dont parle Seneque,

Luc. 21. 19.

Homil. 35. in Euang.

neque, *Sic laqueos fera dū iactat*, dit-il, *adstringit; sic aues viscū, dū trepidātes excutiunt, plumis omnibus illinunt. Nullū tam arctum est iugum, quod non minus lædat ducentem quam repugnantem. Vnum est leuamentū malorum ingentium, pati & necessitatibus suis obsequi.* Quãd les bestes se demenent & se tourmentent dans leurs pieges pour s'en degager, elles s'y engagent dauantage, & serrent le lacet encore plus: les oiseaux pris à la glu par vn pied ou par vne aile qui se débattent afin de s'en depetrer, s'engluient des deux & de tout le corps. Il n'est point de ioug si pesant ny si lourd, qui ne soit plus leger & plus supportable à qui le porte sans resistance, qu'à qui y resiste & regimbe. Le lenitif des grãds maux est de les souffrir & de s'accommoder à ce qu'on ne peut euiter, d'obeïr au plus fort, & ne se roidir contre: c'est vn trait de haute prudence de plier doucement sous la rigueur des accidens, de faire de necessité vertu, & vous rendre profitable vne chose, que vous ne sçauriez échapper, & qui autrement vous sera nuisible.

Lib. 3. de ira cap. 16.

Le troisiéme moyen de la Paix est l'Humilité, que nostre Seigneur nous marque par ces paroles celebres. Apprenez de moy à estre debonnaires & hũbles de cœur, & vous treuuerez le repos de vos esprits. Comme les tenebres se dissipẽt au leuer du Soleil, dit sainct Iean Climacus, les troubles & les amertumes s'écartent d'vne ame à la presence de l'Humilité. Et plus bas faisant parler la Superbe, & luy demandant qui est son

Matth. 11.29

Gradu 8.

*Ὁ ἐμὲ γχέωσιν-
κ̀ς, πρόσηγο-
ρούεται τῦφος.
ἐμὴ ἐπίβελος,
ταπεινοφρο-
σύνη.*

pere, elle répond, mon pere c'eſt l'orgueil & le
faſte: ma plus grande ennemie & qui me dreſſe
de plus fortes embuſches, s'appelle l'Humilité.
Le Docteur myſtique Iean Ruſbroche nous dit à
ce propos: La vraie Humilité a cet auantage merueilleux de nous donner le precieux threſor de
la ſolide & intime paix de noſtre eſprit, parce
qu'elle bannit les angoiſſes, les fâcheries & toutes les peurs des abbaiſſemens, des mépris & des
affronts. En effet ſi nous voulons examiner de
prez la cauſe de nos inquietudes & de nos tri-
ſteſſes & monter iuſques à leur ſource, nous
treuuerons que c'eſt quelque orgueil caché,
quelque ambition ſubtile, & quelque ſecrete
eſtime de nous meſmes, & toujours quelque defaut d'humilité: de vray vne choſe ne peut iamais
eſtre en repos que dans ſon centre, dehors elle
eſt en vn mouuement continuel, ou au moins en
diſpoſition de ſe mouuoir: c'eſt le meſme de
l'homme, qui dans le centre de ſon Neant, où
l'Humilité le doit mettre & le tenir, poſſedera ſa
paix & ſa tranquillité, mais dehors il ſera perpetuellement emû & agité.

Le quatriéme moyen eſt, comme nous auons
déja remarqué cy-deuant, la Vacüité, ou au moins
la moderation de nos deſirs. Car ce que les vens
ſont à la mer pour la troubler, les deſirs le ſont à
nos cœurs pour les inquieter. Voulez-vous oſter
les tempeſtes & les orages à la mer, & la rendre
toujours calme ? oſtez luy les vens, parce que

ce sont eux qui l'émeuuent & la mettent en furie; si vous pretendez de mesme que vostre cœur soit paisible, bannissez en les desirs, dautant que ce sont eux qui l'alterent & causent ses tourmentes. Cela est si vray & si euident, que mesmes les plus aueugles l'ont apperçû; puisque Tiresias dans ces lieux sombres où il est, répondit à vn certain Philonide qui luy auoit demandé quel genre de vie estoit le meilleur pour viure content & iouïr du repos de son esprit, que c'estoit la vie priuée & de ne rien affectionner auec excez: & entre les sentences fameuses qui estoient grauées en lettres d'or au temple de Delphes, & que l'on attribuoit à Chilon le Lacedemonien, on y lisoit celle-cy, il ne faut desirer aucune chose par trop.

Ὁ τῶν ἰδιωτῶν ἄριστος βίος. περὶ μηδὲν ἐσπουδακώς. Lucian. in Necromāt.

Plin. lib. 7. cap. 37.

Ces quatre moyens sont fort bons pour pacifier nos cœurs, & pour mettre nos esprits en repos; il y en a encores d'autres qui y peuuent contribüer; mais le meilleur sans controuerse & le plus efficace pour produire cét effet, auquel mesme tous les autres se reduisent en quelque façon, c'est la conformité de nostre volonté à celle de Dieu, la parfaite soûmission à ses ordres, & vne obeïssance aueugle aux dispositions qu'il fait de nous.

En effet toutes nos peines & toutes nos inquietudes ne viennent que de nos resistances, lors que nous tirons contre quelqu'vn, que l'on fait ce que nous ne voudrions pas, & qu'on ne fait point ce que nous voudrions, d'où Iob dit. *Quis restitit ei & pacem habuit?* qui a iamais resisté à Dieu & a conserué en suite le repos de son esprit, & n'a point esté troublé? au contraire, *Pax multa,* dit Dauid, *diligentibus legem tuam, & non est illis scandalum.* Ceux qui aiment vostre loy & qui suiuent vos ordres, ioüissent d'vne profonde paix, ils ne souffrent point de scandale, rien ne les broüille, & ne les empesche d'aller à vous, parce qu'ils estiment qu'il ne se fait rien au monde, & que chose aucune ne leur arriue qui ne vienne de vous, qui gouuernez tout auec vne infinie bonté & vne souueraine sagesse, & que par consequent ils croyent leur estre nuisible, mais plustost qu'ils se persuadent leur estre propre & vtile. C'est pourquoy Seneque a dit fort sagement, *da operam, ne quid vnquam inuitus facias: Non qui iussus aliquid facit, miser est, sed qui inuitus facit. Itaque sic animum componamus vt quicquid res exiget, id velimus.* Prend garde de ne faire iamais rien contre ton gré ; vn homme n'est pas miserable pour faire vne chose qu'on luy commande, mais pour la faire par force & par contrainte. Pour cette cause disposons tellement nostre & esprit & mettons le en telle assiete, que nous ne fassions rien mal volontiers & auec opposition, mais que nous voulions les choses tout ainsi qu'elles arriuent.

Et parce qu'on peut dire beaucoup de choses & fort profitables sur ce sujet, nous les rangerons à trois, dont la premiere sera de parler des dispositions, que Dieu fait de nous & des voies par lesquelles il nous conduit à luy & à nostre salut. La seconde, de monstrer comme quoy nous les deuons suiure. Et la troisiéme, de faire voir les biens immenses que cette suite & cette obeissance nous apporte.

## SECTION III.

*Des voies de Dieu sur les Hommes, & de quelques vnes de leurs qualitez.*

POur la premiere, le sainct Esprit nous en fera l'ouuerture auec ces paroles qu'il dit du Patriarche Iacob conduit par la Sagesse diuine, & que la saincte Eglise applique à tous les Iustes: *Hæc iustum deduxit per vias rectas.* La sagesse a mené l'homme iuste à son salut par des chemins droits.

Sap.10.10.

Ces chemins sont les moyens & les inuentions que Dieu employe pour nous detourner du peché, pour corriger nos inclinations deprauées, arracher nos habitudes vicieuses, éteindre le feu de nos côcupiscéces, nous porter à la vertu, nous faire exercer les bonnes œuures, nous acheminer à la perfection où il nous appelle, & pour operer nostre salut; parce que comme l'on tend & qu'on arriue au terme du voyage par les chemins & par les voyes, on va de mesme & on

r r iij

paruient à son salut par ces moyens.

Ces voyes sont differentes pour tous les hommes, Il est bien vray, qu'il y en a de communes, ainsi que de grands chemins battus, comme sont les commandemens de Dieu & de l'Eglise à tous les Chrestiens, & les constitutions & les regles d'vne religion à ceux qui l'ont embrassée, mais outre ces voyes publiques il en est de particulieres & de petits sentiers, par lesquels Dieu coduit chaque ame, de sorte que comme pour la nature il ne s'est point encore treuué deux hommes tout à fait semblables, deux visages entierement pareils, ny deux humeurs où il n'y ait eu quelque diuersité, ainsi il n'y a pas eu iusques auiourd'huy deux Iustes qui aient esté absolument égaux dans la grace, non plus que deux Bienheureux dans la gloire, de chacun desquels l'Eglise pour cela dit, *Non est inuentus similis illi*, celuy-cy n'a pas son semblable. Ce qui releue extrememement la magnificence de ce tres-excellent état, & la beauté de cette auguste & glorieuse compagnie, de ce qu'estans tous tres-beaux & doüez de perfections admirables & de rauissans attraits, ils sont neantmoins tous en quelque façon differens; Aussi le Prophete Royal chante que la Reine, c'est à dire l'Eglise, est à la droite de Dieu, *in vestitu deaurato circumdata varietate*, vestüe d'vne grande robe toute brochée d'or & brillante de toutes sortes de pierreries & d'ornemens diuers. Or si les hommes sont dissembla-

Psal. 44. 10.

bles dans l'état de la gloire? ils le font conſequemment dans celuy de la grace, qui eſt la gloire ébauchée, & en ſuite dans les moyens de la grace.

Chaque ame a ſa conduite particuliere & ſon propre ſentier pour aller à Dieu. Ne plus ne moins que dans vn Cercle toutes les lignes vont de la circonference au centre par des eſpaces & des voyes diuerſes; Ainſi les ames ſont iſſües de Dieu, comme de leur premier principe, que quelque Ancien a dit ſubtilement eſtre vn cercle, dont le centre eſt par tout & la circonference en nul lieu, & vont à luy comme à leur derniere fin & à leur centre par des routes differentes; l'vn y va par les lumieres, l'autre par les tenebres; l'vn par les richeſſes, l'autre par la pauureté; celuy-là par les honneurs, celui-cy par les mépris; qui par la ſanté, qui par les maladies; & celuy meſme qui auiourd'huy y va tout couuert des rayons du Soleil & baigné de ioye, marchera demain dans la nuit & par les épines auec vne grande varieté & bigarrure.

Toutes ces routes ſont bonnes & infaillibles, parce qu'elles ſont marquées & données par la bonté, par la ſageſſe & par la puiſſance de Dieu; c'eſt pourquoy Abacuc les appelle des ſentiers qui menent à l'éternité bien-heureuſe & à la felicité du Paradis; Salomon des voyes qui conduiſent à la iuſtice, à la vertu & à la perfection; & ſon Pere des chemins de vie, & derechef auec le Sa-

Cap. 3. C.

Prou. 8. 20.

Pſal. 15. 11.

ge, des chemins droits, c'est à dire, suiuant la definition que les Mathematiciens donnent de la ligne droite, les plus courts pour arriuer au salut, & qui ne forlignent point des deux extremitez, du terme du depart & du terme de l'abord, parce qu'ils viennent de Dieu & qu'ils adressent à Dieu.

Outre ces qualitez de rectitude & de bonté qui reluisent dans les voies de Dieu sur les ames, il y en a encore d'autres qui sont tres-remarquables, comme d'estre admirables, cachées, & souuent mesme contraires en apparence.

Elles sont admirables, *Mirabilis Deus in sanctis* *suis*, dit Dauid, Dieu est admirable en ses saints, non seulement quand ils sont faits & acheuez, mais encore lors qu'il les fait & les forme ; admirable pour le façons qu'il leur donne, pour les traits qu'il graue dessus eux, pour les figures qu'il leur imprime, & pour les instrumens dont il se sert à les élabourer. *Deduxit illos in via mirabili*, dit le Sage parlant du voyage des enfans d'Israël à la terre promise, qui figuroit celuy des predestinez au ciel, Dieu les a tirez de l'Egypte & les a menez en la Palestine d'vne maniere merueilleuse & par des chemins étranges, faisant des prodiges au ciel, en la terre, sur les eaux, sur les bestes & sur les hommes pour les y conduire.

Mais pour entendre mieux cecy il faut prendre la chose de plus haut & monter iusques à sa source. Il est donc à sçauoir que le plus grand

dessein

Psal. 67. 36.

Sap. 10. 17.

deſſein que Dieu ait eu, a eſté celuy du ſalut de l'homme, ie dis de l'homme & non de l'Ange, encore qu'il ſoit d'vne nature plus parfaite & plus noble, parce qu'il auoit reſolu de receuoir incomparablement plus d'honneur & plus de ſeruice de la Nature humaine que de l'Angelique, comme il paroit euidemment en la diuine perſone de noſtre Seigneur, de qui la plus legere action & le moindre regard a plus glorifié Dieu, que tous les hommages, que les Anges luy rendront iamais. Ce qui ſe doit auſſi entendre par proportion de noſtre Dame. Comme donc le ſalut de l'homme eſt le plus haut projet & le plus grand affaire que Dieu ſe ſoit propoſé, il a auſſi pour le negotier & l'executer, employé des moyens qui auoient du rapport à vne telle fin, moyens excellens & admirables, & qui l'ont eſté beaucoup plus que ceux dont il s'eſt ſeruy pour ſauuer les Anges.

Ie ne veux pas dire qu'il a pour le ſalut de l'homme fait le ciel & la terre, le Soleil, la Lune & les étoiles, les elemens, & tous les corps, qui ſont ou doüez ou priuez de vie, & generalement tout ce que la Nature renferme dans ſon vaſte & riche ſein; qu'il luy a donné ſes Anges les Princes de ſa Cour pour l'aider, pour le defendre & l'inſtruire. C'eſt aſſez pour comprendre tout, de repreſenter qu'il a voulu qu'à cette fin ſon fils vnique ſe fit homme, qu'il naquit dans vne extreme pauureté & mépris en vne étable, qu'il menaſt

II. Part. ſs

vne vie de trente trois ans tissüe de trauaux & de peines continuelles, & qu'apres il la finist mourant auec des douleurs & des opprobres inexplicables dans vn gibet, au milieu de deux larrons. Voila vn moyen merueilleux que Dieu a choisy pour le salut de l'homme, qui est sans doute le plus étrange moyen, & la chose la plus nouuelle & la plus étonnante qui se soit iamais veüe au monde. Adioustez à cela le tres-sainct Sacrement de l'Autel, où pour nostre bien & pour nous appliquer les merites de la vie & de la mort de son fils, il fait des prodiges & renuerse toute la Nature.

Comme donc le moyen vniuersel du salut de l'homme est si admirable, & la nouueauté des nouueautez, il faut que les particuliers, qui en sont des dependances & des suites, luy ressemblent en quelque façon, & portent des choses qui étonnent. Tous les élûz sont dessinez & tracez sur nostre Seigneur, ce sont les Images de ce grand Prototype, & les Copies de ce diuin Original, parce qu'ils sont éluz de Dieu pour estre, ainsi que sainct Paul le dit & le rebat souuent, associez à ses dispositions, pour estre entez & incorporez auec luy, & prendre part aux états de sa grace & de sa gloire, *Complantati similitudini mortis eius, simul & resurrectionis*. Tellement que ce sont comme les branches de cet arbre de vie vnies intimement à luy & viuantes d'vn mesme suc, & d'vne mesme seue; ils sont formez sur les mesmes re-

1. Cor. 1, 9. &c.

Rom. 6. 5.

gles, iettez dans le mefme moule, & conduits par les mefmes voies, d'où il leur dit, *Ego difpono vobis, ficut difpofuit mihi Pater, regnum.* Ie vous prepare le royaume eternel, cóme mon pere me l'a preparé, ie vous y mene par les mefmes fentiers par lefquels il m'y conduit. Nous y deuons aller par les mefmes chemins, & pratiquer pour y arriuer, les mefmes moiens ; & comme ceux que mon pere m'a affignez, ont efté étranges, & au dela de tout ce que les efprits creés euffent pû deuiner, les voftres auffi doiuent en tenir & leur auoir de la reffemblance.

Luc. 22. 29.

## SECTION IV.

*Les Voies de Dieu fur les Ames font cachées.*

LEs Voies & les conduites de Dieu fur les Ames ne font pas feulement admirables, mais elles font de plus cachées ; elles font fecrettes & obfcures, de forte que fouuent on n'y void goutte. *Viro,* dit Iob, *cuius abfcondita eft via & circumdedit eum Deus tenebris.* Dieu mene l'homme à fon falut par des chemins fombres & couuerts, & par de petits fentiers dérobez, & il l'entoure tellement de tenebres, que vous diriez qu'il ne fait fon voyage que de nuit. *Semitam ignorauit auis, nec intuitus eft eam oculus vulturis,* dit le mefme. Les oifeaux, qui ont les meilleurs yeux, n'ont point

Iob. 3. 23.

Iob. 28. 7.

fs ij

connu ses traces, & le vautour, de qui la veüe est si subtile & si perçante, ne les a point apperceües. *Numquid ingressus es*, amplifie-t'il autre part, *profunda maris, & in nouißimis abyßi deambulasti? Numquid apertæ tibi sunt portæ mortis & ostia tenebrosa vidisti? Indica mihi, si nosti, in qua via lux habitet, & tenebrarum quis locus sit, vt ducas vnumquemque ad terminos suos, & intelligas semitas domus eius. Numquid ingressus es thesauros niuis aut thesauros grandinis aspexisti, quæ præparaui in tempus hostis, in diem pugnæ & belli? Quis dedit vehementissimo imbri cursum, & viam sonantis tonitrui, vt plueret super terram absque homine, in deserto, vbi nullus mortalium commoratur? Numquid nosti ordinem cœli, & pones rationem eius in terra?* Estes-vous entré dans les concauitez de la mer des iugemens de Dieu, & auez vous marché dans le fond de ses abysmes? Les portes de la mort, non seulement de la corporelle, mais encore plus de la spirituelle, vous ont elles esté ouuertes pour voir ce qui se passe dans l'obscurité de son palais? dittes moy si vous pouuez où la lumiere & les tenebres, dont Dieu remplit les ames, font leurs demeures, & comme elles se forment, afin de sçauoir par où il les faut conduire pour arriuer au terme de leur voyage & à leur felicité. Auez vous penetré dans les reseruoirs, où ie garde la neige & la grefle, pour m'en seruir à combattre mes ennemis & étonner les esprits? Sçauez-vous qui fait tomber auec tant de roideur, & pourquoy, les pluies mélées de tonnerres, qui arrousent

*Iob. 38. a, v. 16.*

des terres incultes & des deserts inhabitables, où il semble qu'elles sont inutiles? Connoissez-vous l'ordre admirable du ciel & le mouuement regulier de ses globes, les conduites parfaitement aiustées de ma predestination, & les dispositions infiniment sages de ma Prouidence sur le gouuernement des hommes? Tout cela vous est caché.

Aussi sainct Augustin appelle la Vocation des Eluz, à laquelle tous les moyens choisis de Dieu pour la faire reüssir & la mettre à chef, comme la pauureté, les mépris, les maladies, les tristesses & les autres se rapportent, parce qu'ils en font partie & la composent auec d'autres choses, profonde & secrete. Toutes les conduites de Dieu se reduisent ou à la misericorde, ou à la iustice, *Vniuersæ viæ Domini misericordia & veritas*, dit Dauid, *inuestigabiles sunt autem viæ eius*, adioûte pour l'éclaircissement sainct Augustin, *inuestigabiles igitur sunt & misericordia, quâ gratis liberat, & veritas quâ iuste iudicat*. Or les voyes de Dieu sont inuestigables & ses procedez inconnuz, & par consequent sa misericorde à deliurer & bien faire gratuitement, & sa Iustice à iuger & punir auec merite.

Pour marque de cecy les enfans d'Israël furent menez à la terre promise par des chemins perdus, & par des solitudes où persone n'auoit encore mis le pied. *Iter fecerunt per deserta*, raconte le Sage d'eux, *que non habitabantur*, ils marchoient & ti-

*De Prædest. sanct. cap. 6. 8. 10. 16.*

*Psalm. 24. 10.*

*De Prædest. sanct. c. 6.*

*Sap. 11. 9.*

roient en Ierufalem par des deferts inhabitez, Dieu pour les y adreffer leur auoit donné deux colomnes, l'vne de nuée pendant le iour, & l'autre de feu durant la nuit, que le mefme Sage appelle, *ducem ignotæ viæ*, vn guide pour les conduire par des chemins, dont ils n'auoient aucune connoiffance. Et ces colomnes regloient abfolûment l'ordre de leur voyage, les faifant tourner maintenant à l'orient, puis à l'occident, au feptentrion, & au midy, marcher, arrefter fans fçauoir autrement, que par leur adreffe, ny où, ny quand ils deuoient aller, où demain ils logeroiét, s'ils feroient fejour où ils eftoient, ou s'ils en partiroient bien-toft, n'allans pas droit, mais par des detours, tantoft auançans, apres retournans fur leurs pas, & rodans par fois long-temps autour de quelque montagne, d'où Moyfe leur dit, *circuiuimus montem Seir longo tempore*. Voila l'image des routes, par lefquelles les Elûz vont à leur falut, & le portrait des difpofitions de Dieu en la conduite des hommes, & tout cela font des enigmes à nos efprits.

Sap 18.3.

Deuter. 2. 1

En effet ne font-ce pas chofes bien cachées & des enigmes pour nous, qu'vn homme dans vne ville, dans vne compagnie, dans vne religion faifant fort bien, s'y employant auec beaucoup de fuccés, & eftat pour y rendre de grands feruices, Dieu le retire & l'appelle à foy en la fleur de fon âge, étouffant de cette forte toutes ces belles efperances comme en leur berceau, & en laiffe viure & vieillir d'autres, qui y sont inutiles & souuent nuisibles? Qu'vn homme qui a de l'esprit, de la capacité & du trauail, ne reüssit à rien quoy qu'il entreprenne, d'où tout ce qu'il fait est plustost accueilly de mépris que reçû auec estime, où d'autres, qui ne le meritent pas plus, ny tant que luy, treuuent de l'approbation & agreent? On dit d'vn tel homme qu'il n'est pas heureux, & on attribüe à l'heur, ce qu'il faudroit rapporter à Dieu, qui le va ainsi gouuernant & dispensant la conduite de sa vie pour son bien. Qu'vn homme de vertu qui aura de fort bons desseins & de grande consequence pour la gloire de Dieu, qu'il taschera d'auancer auec beaucoup de soin & auec des intentions tres-pures, s'y verra troublé, choqué & contrôllé, sans pouuoir passer outre, & non seulement par les mechans qui établiront les leurs vicieux sur la ruine des siens, mais encore par les bons qui penseront bien faire, & y deuoir proceder de cette façon?

Mais quelles merueilles n'arriuent pas tous les iours en la vocation des hommes à la vie Religieuse? Il y en a qui voudroient bien en auoir la volonté, à qui toutefois elle n'est point donnée; d'autres qui l'ont, & ardente, & qui pourtant ne peuuent l'effectüer par manquement de santé ou de biens, comme tant de pauures filles, qui d'ailleurs pour les loüables qualitez, dont elles sont doüées, y seroient fort propres; Il en est d'autres au contraire qui y entrent, Dieu les y contraignant & forçant, pour ainsi dire, apres auoir tenu ferme long-temps contre luy, & fait tout leur possible pour luy resister & pour secoüer cette pensée. Combien de Damoiselles issües de tres-noble maison, parce qu'elles n'ont pas assez de bien pour estre mariées selon leur condition, & ont trop de cœur pour se mes-allier, se determinent de se rendre religieuses, ce qu'elles ne feroient pas, si elles estoient plus accommodées? Combien d'hommes pour des disgraces ou dans des recherches de mariage, ou dans d'autres affaires prennent les mesmes routes ? ô *altitudo diuitiarum sapientiæ & scientiæ Dei*, s'écrie auec sujet sainct Paul, *quam incomprehensibilia sunt iudicia eius & inuestigabiles viæ eius!* ô profondeur de la sagesse de Dieu! ô abysmes de sa science! que ses iugemens sont incomprehensibles, & ses voyes cachées! Voila comme Dieu nous mene.

Rom. 11. 33.

Mais pour vne plus grande intelligence de ces obscurités mysterieuses & de ces sacrées tenebres, dont Dieu enueloppe ses conduites & couure les chemins par lesquels il nous mene, il faut remarquer que la vie presente est vne vie d'obscurité & de foy, comme la future, vne vie de clarté & de vision, *per fidem ambulamus, & non per speciem*, dit sainct Paul, nous marchons maintenant de nuit dans les tenebres de la foy, & non dans la lumiere d'vne connoissance euidente; Ainsi la dispensation & la direction de nostre salut tient de la foy, c'est vn mystere de foy, non seulement

2. Cor. 5. 7.

feulement pour les chofes que nous deuons croire, mais encore pour celles que nous deuons faire & fouffrir ; Nos afflictions interieures & exterieures, nos triftesses, nos opprobres, nos maladies, nos antipathies & nos contrarietez naturelles auec le prochain, les trauerses de nos defleins, les oppofitions à nos volontez, & toutes les autres pieces qui compofent l'ouurage de noftre falut, font des fecrets, & comme des articles de foy, où il y a beaucoup plus à croire qu'à voir.

Surquoy nous deuons confiderer & bien noter, que comme les myfteres de la loy ancienne eftoient des figures de ceux de la nouuelle ; de mefme les myfteres de la loy nouuelle & de l'état de la grace, dans lequel nous viuons à prefent, font des reprefentations & des ombres de ceux de la loy & de l'état de la gloire, qui eft en la vie future, & où nous efperons de viure toujours. Et ne plus ne moins que les Iuifs ne comprenoient pas la verité des myfteres de leur loy, qui maintenant nous eft découuerte dans la noftre ; ainfi les myfteres de la noftre, & les chofes qui regardent l'œconomie de noftre falut, nous font cachées & couuertes d'vn voile, qui nous fera tiré en la vie future.

*Vmbram*, dit fainct Paul parlant du rapport de la loy de Moyfe à la noftre, *habens lex futurorum bonorum, non ipfam imaginem*, & comme traduit le Syriaque, *fubftantiam*, la loy ne portoit que l'ombre

Hebr. 10. 1.

A lap. ibi.

II. Part. t t

& l'image des biens de la loy de grace, & non la verité ny la substance; & l'Eglise expliquant celuy de la nostre à celle du Paradis, au suiet du principal de nos sacremens & du plus adorable de nos mysteres, qui est l'Eucharistie, prie en ces termes: *Fac nos quæsumus, Domine, diuinitatis tuæ sempiterna fruitione repleri, quam preciosi corporis & sanguinis tui temporalis perceptio præfigurat.* Donnez nous, Seigneur, la iouïssance eternelle de vostre diuinité, dont la participation temporelle & passagere de vostre corps precieux & de vostre sang est vne figure; & l'Apostre encore dit, *videmus nunc per speculum in ænigmate, tunc autem facie ad faciem.* Nous ne connoissons icy bas les choses diuines qu'obscurement, & comme dans des miroirs, mais au ciel nous les verrons à nû & dans les splendeurs d'vne tres-éclatante lumiere.

<small>Postcomm. missæ de sancto Sacramento.</small>

<small>1. Cor. 13. 12.</small>

Pour cette cause les Apostres n'entendoient pas la plus-part des choses que nostre Seigneur leur disoit. Marchant sur les eaux & s'approchant de leur barque ils le prirent pour vn phantôme, & s'écrierent de peur: *Non enim intellexerunt de panibus,* adiouste sainct Marc, *erat enim cor eorum obcæcatum,* parce qu'ils n'auoient pas compris le mystere des pains vn peu auparauant multipliés, pour nourrir le peuple qui le suiuoit, & qui deuoit leur faciliter la creance, & les assurer qu'aiāt fait vn si grand miracle, il pourroit bien operer celuy-cy de marcher sur les eaux. Disant aux Iuifs qu'ils missent par terre le Temple, & qu'en trois

<small>Marc. 6. 49. 52.</small>

jours il le rebastiroit, ce fut vn enigme aux Apostres qui n'en sçûrent l'explication, comme écrit sainct Iean, qu'apres que nostre Seigneur fut refuscité, & que le temple de son corps ruiné par la mort, eut esté glorieusement & superbement refait. Allant pour la derniere fois en Ierusalem & s'ouurant à eux des tourmens & de la mort qu'il y deuoit endurer, sainct Luc dit, *ipsi nihil horum intellexerunt, & erat verbum istud absconditum ab eis, & non intelligebant quæ dicebantur*, que leur esprit n'entroit point là dedans, & que ce leur estoit vn langage inconnu. Quand sainct Pierre luy resista, pour ne point luy bailler ses pieds à lauer, Nostre Seigneur luy dit: *quod ego facio, tu nescis modo, scies autem postea*. Tu n'entens pas ce que ie fais maintenant, mais tu l'entendras apres. Et lors qu'il répondit à nostre Dame sur la plainte qu'elle luy faisoit de la peine, où son absence auoit mis son pere Ioseph & elle, qu'il deuoit faire sa commission & vaquer aux affaires de Dieu son pere, S. Luc remarque. *Ipsi non intellexerunt verbum, quod locutus est ad eos*; que Ioseph & nostre Dame mesme ne conçûrent pas bien ce qu'il leur vouloit dire. C'est ainsi que les voyes de Dieu sur nous sont obscures.

Il faut pourtant auoüer que comme dans les mysteres de la Foy il y en a qui sont clairs, & que nous pouuons connoistre auec la seule lumiere de nostre raison, comme l'vnité d'vn Dieu Createur de l'Vniuers, la verité du Soleil, & de la Lu-

Ioan. 2. 19. 21.

Luc 18. 31.

Ioan. 13. 7.

Luc. 1. 49.

tt ij

ne, la necessité de la mort, l'immortalité de nostre ame, qu'il en est aussi, qui passent nostre capacité, & où auec tout nostre esprit, nous ne pouuons atteindre, comme la Trinité, l'Incarnation, l'Eucharistie, & la plus-part des autres. Ainsi en la negotiation de nostre salut, il y a de certaines choses qui y tendent euidemment & y ont vn rapport visible, comme les predications que nous entendons, les bons liures que nous lisons, les sainctes inspirations que nous receuons, qui nous detournent du vice, ou nous portent à la vertu, & semblables ; mais aussi il s'en treuue d'autres, & beaucoup, qui tirent à la mesme fin en cachete comme plusieurs diuerses rencontres qui nous arriuent, des reuers, des infortunes, des maladies & autres accidens, qui sur l'heure ne nous plaisent point, mais au contraire nous déplaisent & nous font fascheux, que pourtant nous verrons apres par les euenemens & les suites nous auoir esté salutaires, dont pour cela nostre Seigneur nous peut dire aussi bien, qu'à sainct Pierre, *Quod ego facio, tu nescis modo, scies autem postea*, ce que ie fais maintenant, ce que ie t'enuoie & ce que i'ordonne pour ton salut, t'est inconnu ; mais donne toy patience, tu le connoistras en vn autre temps, & tu verras qu'il en falloit vser ainsi pour ton bien ; Ne plus ne moins qu'il y a de certaines riuieres, comme le Tigris en Asie & le Niger en Afrique, deux fleuues fameux, qui roulent leurs eaux partie sur la terre, de sorte qu'elles paroissent aux yeux de tous, & partie sous terre par des canaux cachez & des lits souterrains.

## SECTION V.

*Pourquoy les voyes de Dieu sont ainsi cachées.*

MAis pourquoy les voyes & les dispositions de Dieu sur nous, sont elles ainsi cachées & y voyons nous si peu? Ie répond que c'est premierement, parce que nous auons fort peu d'esprit & de lumiere, de sorte que mesme la plus-part des choses corporelles & sensibles qui frappent nos sens, qui sont proportionnées à nostre maniere d'entendre, & sont de nostre ressort, nous sont inconnües: car en effet qui sçait à beaucoup prez toutes les natures, toutes les proprietez & tous les effets des choses materielles, tout ce qui se passe dans les cieux, tout ce qui se fait & qui se deffait sans relasche dans les élemens & dans les corps mixtes? à combien plus forte raison ne pourrons nous pas atteindre à la connoissance des choses spirituelles & diuines? *difficile æstimamus*, dit le Sage, *quæ in terra sunt, & quæ in prospectu sunt inuenimus cum labore; quæ autem in cœlis sunt, quis inuestigabit?* Nous auons peine auec toute la force de nos entendemens de penetrer dans le fond des choses de la terre, & ce n'est qu'auec rompement de teste & fatigue de nos esprits que nous acquerons la notion de ce qui est deuant

Sap. 9. 16.

tt iij

nos yeux, comment donc serons nous capables de rechercher auec succez les choses du ciel, & deurons nous presumer de pouuoir les entendre?

A la verité si nous n'auons pas assez de capacité pour connoistre les choses exterieures que nous voyons & que nous touchons, il y a beaucoup moins d'apparence que nous puissions sçauoir les interieures qui se dérobent à nos sens, que nous puissions bien entendre comme il faut traiter les maladies de nos ames, comme guerir l'orgueil, la curiosité de nos esprits, l'opiniastreté de nos iugemens, la foiblesse de nostre volonté, l'attache dereglée qu'elle a aux Creatures, l'extrauagance de nostre imagination, le desordre de nos passions, & tous nos autres vices, que nous pouuons bien reconnoistre, mais non pas y apporter les remedes. Tout ainsi que pour vostre corps, vous pouuez sentir la fieure qui vous brûle, & la blessure qui vous cuit, & tout ensemble ignorer l'appareil qu'il faut mettre sur la blessure, & la medecine que vous deuez prendre pour la fieure, en quel iour, & en quel temps, quelle doit estre sa composition & sa dose, s'il faut vous seigner, de quel bras, de quelle veine & choses semblables, qui sont du fait d'autruy: Ainsi sommes-nous pour la guerison des maladies de nos ames & des playes de nos cœurs.

Ie répond en second lieu, que quand nous au-

SPIRITVEL. 335

rions beaucoup plus d'esprit & plus de pointe que nous n'auons, nous n'en aurions pas pourtant assez pour percer dans les conduites de Dieu sur nous & sur tous les hommes, parce qu'elles sont extremement hautes, & fort releuées au dessus de toute nostre portée, *Vias illius quis intelligit?* dit le Sage fils de Sirach, qui entend les voyes & les traces de Dieu? Et Dauid deuant luy, *Domine probasti me & cognouisti me, tu cognouisti sessionem meam & resurrectionem meam; semitam meam & funiculum meum inuestigasti, & omnes vias meas prænidisti.* Seigneur, vous m'auez consideré, & vous me connoissez parfaitement, quelle sera ma vie, ma mort, & ma resurrection; vous sçauez par quel sentier vous voulez que i'aille à vous, & enfin où i'arriueray, & quel sera mon partage; vous auez present deuant vos yeux tout l'affaire de mon salut, le commencement, le progrez & le bout, & puis il s'écrie. *Ecce, Domine, tu cognouisti omnia, mirabilis facta est scientia tua ex me, confortata est & non potero ad eam.* Voicy, Seigneur, que vous sçauez distinctement tout, rien ne vous est inconu, & vostre connoissance, & les ordres, que vous auez dessinez sur moy, sont si sublimes, que ie ne sçaurois auec tous mes efforts arriuer à les comprendre. Et Eliu l'amy de Iob deuant luy auoit dit. *Ecce Deus excelsus in fortitudine sua, & nullus ei similis in legislatoribus, quis poterit scrutari vias eius? Ecce Deus magnus vincens scientiam nostram.* Dieu est tres éminent en son pou-

Eccl 16. 11.

Ps. 138. a. v. 1.

Iob. 36. 22.

uoir, & il n'est point de legislateur qui approche de luy aux loix qu'il a dressées, aux ordonnances qu'il a faites, ny aux moyens qu'il a pris pour paruenir à ses fins, qui pourra penetrer dans ses conseils? ô qu'il va bien au delà de toutes les bornes de nostre esprit & de nostre science! c'est pourquoy aussi l'épouse parlant des cheueux de son Epoux, c'est à dire, suiuant l'interpretation de Theodoret & de Cassiodore, de ses pensées, parce qu'elles émanent de son esprit, comme les cheueux naissent de la teste, dit qu'ils sont semblables à la palme & au corbeau, *Coma capitis eius sicut elatæ palmarum, nigra quasi coruus*, ses cheueux ont du rapport aux reiettons de la palme, & sont noirs comme le corbeau, ils ont du rapport à la palme, qui est vn symbole de l'amour (parce qu'elle semble en auoir) qui est tres-vtile à beaucoup d'vsages, & qui estant rude & aspre au pied, va s'adoucissant à mesure qu'elle monte, & produisant en haut des fruits excellens; d'autant que les pensées que Dieu a pour nous, & les conduites qu'il tient dans la negotiation de nostre salut procedent de l'amour qu'il nous porte, nous sont tres-auantageuses, & encore que souuent d'abord elles soient contraires à nostre esprit & choquent nostre nature, nous voyons pourtant dans la suite qu'elles nous sont tres-salutaires, mais elles sont noires comme le corbeau, pource qu'elles sont obscures.

Ie dis en dernier lieu, qu'encore que nous

*eussions*

Cant. 5. 11.

eussions assez de force & de clarté d'esprit pour comprendre les Voyes de Dieu sur nous; Dieu toutefois nous les cache, aussi bien qu'il cacha autrefois aux demons plusieurs choses qui regardoient la vie & la mort de nostre Seigneur, qu'ils pouuoient connoistre naturellement, afin de nous obliger & nous mettre dans la salutaire & heureuse necessité de pratiquer la foy, l'humilité, la soûmission, la confiance, l'amour & beaucoup d'autres vertus : ce qui fait paroistre que ces voies secretes & cachées sont meilleures que celles, où nous voyons plus clair.

## SECTION VI.

*Les Voies de Dieu sur les Ames semblent souuent contraires à leurs fins.*

COmme Dieu surpasse infiniment en excellence & en toute sorte de perfections toutes les Creatures de l'Vniuers, & que les Anges & les hommes, qui en sont les plus nobles, ne sont deuant luy que des grains de poûfiere & des atomes, & tout leur esprit & toute leur sagesse, à coparaison de la sienne, qu'ignorance & tenebres, ses ordres & ses desseins, qui sont les productions de son esprit, seront aussi extremement au dessus des leurs. Dauantage comme la felicité que Dieu prepare aux hommes considerée tant du costé de la cause operante, qui est Dieu, comme de celuy de la finale, qui est la possession eternelle de luy mesme, est la chose du monde la plus sublime, il faut inferer que les voyes, par lesquelles Dieu les y mene, seront aussi transcendantes & au delà de toutes nos idées. *Non cogitationes meæ cogitationes vestræ,* dit-il par le Prophete Isaie, *neque viæ vestræ, viæ meæ: quia sicut exaltantur cœli à terra, sic exaltatæ sunt viæ meæ à viis vestris, & cogitationes meæ à cogitationibus vestris,* mes pensées ne sont pas vos pensées, ny mes façons d'agir ne s'accordent pas auec les vostres, mais autant que les cieux sont exaucez par dessus la terre, mes pensées & mes façons sont releuées au dessus des vostres.

Dieu en la conduite d'vne mesme affaire prend d'autres conseils & employe d'autres moyens que nous, il y fait ce que nous n'y ferions pas, & n'y fait point ce que nous y ferions, & voyons le en vne chose tres-commune qui est l'amour: si Dieu & l'homme aiment vne mesme persone, ils se comportent en leurs affections d'vne maniere toute differente, l'homme croira que son amour l'oblige à faire du bien à cette persone, à luy procurer des honneurs, à luy trouuer des plaisirs & à le combler de richesses, & n'estimera iamais qu'il le doiue traiter rudement, luy enuoyer des maladies, le rendre pauure, le reduire à la mendicité, ny l'exposer aux persecutions ny aux opprobres, au contraire il tiendroit cela pour des marques infaillibles d'vne haine declarée: où Dieu met le sien à luy faire tous ces maux, & à luy

*Isai. 55. 8.*

refuser, ou luy retrancher tous ces biens, comme il paroit euidemment en son fils nostre Seigneur, en nostre Dame, & en tous ceux qu'il a le plus aimez. Voila donc deux iugemens & deux procedez d'amour bien opposez.

Ainsi sainct Pierre s'estant choqué de ce que nostre Seigneur auoit dit & à luy & aux autres Apostres, qu'il seroit pris, iniurié, foüetté & apres attaché à vn gibet, & luy ayant dit, ah! Seigneur, à Dieu ne plaise, cela ne sera point: nostre Seigneur le renuoya bien loin, & luy repartit aussi-tost, qu'il parloit en homme animé de l'esprit humain & non de l'esprit diuin, monstrant par là la diuersité des sentimens de Dieu & des hommes, & comme leurs iugemens estoient appointez contraires. *Matth. 16. 22.*

Ne voyons-nous pas tous les iours dans le monde que ceux qui peuuent le bien, comme les Grands, qui ont tant de commodité d'auancer la gloire de Dieu & de profiter aux hommes, ne le veulent pas, & que ceux qui le veulent, n'en ont pas le pouuoir; comme tant de iustes qui n'ont ny autorité ny moyens? Dieu enuoye souuent des inspirations de salut & communique des graces à des ames qu'il connoit deuoir en abuser, & les denie à d'autres qui en feroient bon vsage: ce sont ces pluies, dont Iob nous a parlé cy-dessus, qui tombent inutilement dans vn desert, & sur des cailloux, pendant que les terres voisines, qui en profiteroient beaucoup, *Iob. 38. 25.*

meurent de soif. Or si c'estoit à nous il est certain que suiuant nostre lumiere, nous agiriōs tout autrement, & que nous donnerions la puissance de faire du bien à celuy qui en a la volonté, & les graces à ceux qui seroient pour s'en bien seruir, & non aux autres qui les rendroient infructueuses: Non plus que nous ne semons pas le froment sur du sable, mais sur vn bon fond, & ne baillons pas nostre argent à celuy, que nous sçauons qui le iettera dans la riuiere, mais à qui l'emploiera bien. C'est donc ainsi que les voies de Dieu sont bien autres que les nostres.

De plus les voyes de Dieu sont souuent opposées aux fins, ausquelles elles se rapportent; de sorte que la chaleur n'est pas plus contraire au froid, ny la secheresse à l'humidité qu'elles le sont, au moins en apparence, aux desseins pour lesquels Dieu les employe. Il auoit promis à Abraham vne grande lignée par le moyen de son fils Isaac, & puis deuant que de luy donner femme, il luy commande de le faire mourir, comment cela s'accorde-t'il, ou plustost comment ne se choque t'il point? s'il veut que sa race se perpetuë & se multiplie par Isaac, pourquoy luy commande-t'il de luy oster la vie? & s'il demande si tost sa vie, pourquoy luy promet-il des enfans de luy? Isaac venant en suite à se marier, Dieu luy donne vne femme sterile, quelle liaison peut auoir la sterilité auec la fecondité promise, & la fecondité auec la sterilité? Dieu enuoya Gedeon

*Genes. 21. 12.*

*Genes. 22. 1.*

*Genes. 25. 21*

*Iudic. cap. 7.*

contre vne multitude innombrable de Madianites, d'Amalechites & de plusieurs autres peuples pour les combattre & les deffaire, & neantmoins il luy fait licentier quasi toutes les troupes qu'il auoit amassées à cet effet, & ne luy laisse que trois cents hommes, ausquels encore il fait prendre pour toutes armes offensiues & defensiues, vne trompete d'vne main, & de l'autre vne bouteille vuide, dans laquelle il y auoit vne lampe allumée. Nostre Seigneur guerit vn aueugle nay, mais quel appareil & quel collyre mit il sur ses yeux? ce qui les deuoit aueugler, s'il les eut eu bons; il y mit de la boüe. Ioan. 9. 6.

Mais examinons vn peu plus au long pour preuue de cecy les conduites de Ioseph & de Dauid. Dieu auoit resolu d'éleuer temporellement Ioseph sur ses freres, & encore qu'il fut le dernier pour l'age, le faire le premier en dignité & en honneur, qui les obligeroit vn iour à luy faire la reuerence & s'abaisser deuant luy, comme le figuroient les deux songes qu'il eut & qu'il raconta à son pere & à ses freres, le premier de sa gerbe, deuant laquelle celles de ses freres s'enclinoient, & l'autre du Soleil, de la Lune, & d'vnze étoilles qui l'adoroient. Dieu donc ayant pris ce dessein, voyons comme il l'achemine, & de quels moyens il se sert pour le faire reüssir. Genef. 37. 7.

D'abord il permet que ses freres conçoiuent vne furieuse enuie & vne cruelle haine contre luy, qui les portoit à luy parler toujours en cholere & ne luy dire iamais vn bon mot. En suite de cette enuie & de cette haine, ils prennent resolution entre eux de le faire mourir, & pour ne point tremper leurs mains dans son sang, encore que leur cœur dénaturé en fut tout sanglant, ils le deualent dans vne profonde cisterne, pour le laisser là miserablement mourir de faim, sans que la liaison d'vn mesme sang, ny le doux nom de frere, ny sa beauté, ny sa douceur, ny son innocence, ny les prieres & les coniurations qu'il leur fit, ny les larmes qu'il versa en leur presence, ny la consideration de leur pere qu'ils sçauoient en deuoir receuoir vne afflictió incósolable, les pûssent flechir. Tiré de là, il est vendu à des marchans Ismaëlites, & par ceux-cy à Putiphar grand Seigneur en la cour du Roy d'Egypte, qui circóuenu par sa femme impudique, le fait pour recópense d'vn signalé seruice qu'il luy auoit rédu, & d'vne chasteté heroïque qu'il auoit exercée, ietter en

*Philo. Chrysost. Genebrard apud Salian. anno mundi. 2307. & 2316.*

prison, où il demeura treize ans selon quelques-vns, & selon les autres & l'opinion la plus veritable, trois, en angoisses & en miseres, parce qu'il y fut battu, foüetté, outragé & extremement mal

*Psal. 104. 18.*

traité, *humiliauerunt*, dit Dauid de luy, *in compedibus pedes eius, ferrum pertransiit animam eius, donec veniret verbum eius*. Ils ont mis à cet illustre Innocent les fers aux pieds & l'ont chargé de chaînes exerçans enuers luy de grandes rigueurs, iusques au temps que Dieu auoit ordonné pour le tirer de là, & le constituer le premier de toute l'Egypte apres le Roy.

SPIRITVEL. 343

Ainsi Dieu éleua Ioseph, & le fit monter à la gloire qu'il luy auoit destinée, mais par quels degrez? par l'enuie & la haine de ses freres, par le dessein qu'ils auoient conçû de sa mort, par la captiuité & l'esclauage, par la prison & par les maux; & puis la faueur du Roy, l'abondance & la famine de l'Egypte, la necessité de son pere & de ses freres, estoient à l'insçû d'eux tous & de Ioseph mesme, des dispositions & des preparatifs, des acheminemens & des secrets ressorts, qui ébauchoient & conduisoient le dessein de Dieu à son effet, de façon qu'il peut dire à ce suiet ces paroles, qu'il dit à vn autre par le Prophete Eze- *Ezech. 14. 23.* chiel, *cognoscetis quod non frustra fecerim omnia, quæ feci.* Vous verrez que ce n'est pas sans cause que i'ay fait tout cela, & que i'ay ainsi disposé tous ces euenemens. Voila pour Ioseph.

Que dirons nous maintenant de Dauid? Dieu l'auoit fait sacrer Roy de son peuple par le Prophete Samüel en la place de Saül: par quels moyens en suite luy fit-il prendre possession du Royaume & luy mit-il la corone sur la teste? Il n'y a point tant de diuersité, tant de tours, tant de retours, ny tant de detours dans vn dedale, tant d'oppositions ny de contrarietez parmy les choses les plus antipathiques, qu'il y en a en la fortune de ce fameux berger. Premierement *Salian. in ec.* pour le temps il reçut l'onction, & par l'onction le droit au Royaume en la vingtiéme année de son âge, & la huictiéme du regne de Saül, & en attendit dix iufques à fa mort, pour en auoir la iouïſſance, qui encore ne fut pas pleine ny toute entiere, dautant qu'Iſboſet ſon fils la luy diſputa ſept ans & demy. Secondement pour les obſta-cles, quels furent ceux qu'il rencontra & qu'il ſouffrit? Saül rongé d'vne enuie extreme contre luy emploia tout ſon eſprit, tout ſon pouuoir, toute la malice & toutes les inuentions d'vne haine enragée, pour le trauerſer & le faire mourir. Il le perſecuta à outrance, ſans relaſche, & le fit chercher par tout pour le prendre: ayant eu auis qu'il eſtoit au lict malade, dans ſa maiſon, *afferte*, dit-il, *ad me in lecto vt occidatur*, qu'on me l'apporte dans ſon lict tout malade qu'il eſt, afin que ie le faſſe mettre à mort. Il luy lança par trois fois diuerſes vn iauelot ou demie pique qu'il tenoit ordinairement en la main, à deſſein de le percer à iour. Il luy donna vn regiment de mille hommes à commander & l'enuoia à la petite guerre faire des courſes ſur les Philiſtins, afin qu'il periſt par leurs mains. Il le contraignit par ſes continuelles recherches & ſes violentes pourſuites de s'enfuir dans les ſolitudes, de ſe cacher dans les cauernes & de grimper ſur des rochers & des lieux inacceſſibles, *ſuper abruptiſſimas petras*, dit l'Hiſtoire ſaincte, *quæ ſolis ibicibus peruiæ ſunt*, où ſeulement les cheures ſauuages peuuent aller, de chercher ſa ſeureté chez les Princes étrangers, comme il fit chez le Roy de Geth, & puis chez celui de Moab; & la furie de Saül paſſa ſi auant,

qu'il

qu'il fit massacrer en vn iour, & en sa presence, cruellement & tres-iniustement quatre vingts & cinq prestres, dont Achimelech estoit le chef, & apres passer par le fil de l'épée tout ce qui se treuua dans leur ville iusques aux enfans & aux bestes, parce qu'Achimelech auoit innocemment donné passage à Dauid & ne l'auoit point arresté. Et mesme vn iour, & en table il darda son iauelot contre son propre fils Ionathas, parce qu'il aimoit Dauid & soûtenoit son party. Voila par où Dauid paruint au thrône royal, & ce qu'il fallut qu'il essuiast, deuant que de pouuoir iouïr de ce que Dieu luy auoit si solennellement promis.

Mais apres tout, se peut-il rien figurer de plus extraordinaire en cette matiere, que le moyen que Dieu a choisi pour conuertir & sauuer les genre humain, à sçauoir la Croix & la mort d'vn hôme cloüé auec toutes les douleurs & toutes le infamies possibles à vn gibet? Ce qui a toujours esté trouué si étrange, si extrauagant, & si contraire à la Raison, que les Grecs, comme rapporte l'Apostre, en ont tenu & la chose & la creance pour vne pure folie ; & si abominable, que les Iuifs, qui auoient la connoissance du vray Dieu, qui estoient instruits par ses Prophetes & gouuernez par ses loix, estimoient vn scandale, vn horrible blaspheme, & vne impieté execrable de penser cela de Dieu.

1. Cor. 1. 23.

Sainct Iean Chrysostome expliquant les paroles de sainct Paul, dit celles-cy, Dieu a remporté

Hom. 4. in 1. ad Cor.

II. Part. xx

*Ηᾳ ῶ ἐναν-*
*τίων ἐκράτησεν*
*ὁ Θεός.*

la victoire de ceux qu'il combattoit par les machines des choses contraires. Quand nous sollicitons les Iuifs de croire, ils nous répondent: chassez les demons, resuscitez les morts, faites des miracles, & puis nous croirons: & que repliquós nous à cela? rien, sinon que celuy, en qui vous deuez croire, a esté crucifié. Ce qui tát s'en faut qu'il soit capable d'attirer ceux qui ne veulent pas venir, que mesme il est pour chasser ceux qui en auroient la volonté. Si nous disons aux Grecs qu'ils embrassent nostre foy, ils nous demandent des raisons & de l'éloquence, ils desirent des richesses, des honneurs & des plaisirs, & nous leur retranchons tout cela, & ne leur prechons que la Croix, dans laquelle on ne voit que pauureté, mépris & douleurs, & qui a esté premierement annoncée par des pescheurs inconnuz, ignorans, & le rebut du monde. Comme donc nous ne leur donnons point les choses qu'ils exigent de nous, mais nous leur presentons celles qui sont diametralement opposées, & que neantmoins celles-cy les ont vaincus & subiuguez à Iesus-Christ, il faut dire que Dieu nous mene à nostre salut par des voyes, qui semblent bien contraires.

Ainsi le royaume du Ciel & les richesses immenses qu'il contient, sont promises à la pauureté volontaire; Ainsi l'on paruient aux grandeurs & à la gloire par les abbaissemens & les opprobres; Ainsi on acquiert les plaisirs & les delices du Paradis par les souffrances du corps & par les afflictions de l'esprit, & la claire vision de nos mysteres est la recompense de la connoissance obscure & de la foy, que nous en auons eüe en terre: C'est de cette sorte que l'on va par les tenebres à la lumiere, par les miseres à la felicité, par les maladies à la santé, & par la mort à la vie.

## SECTION VII.

*Les Voies de Dieu sur nous, sont souuent contraires à nos desirs.*

Dauantage les Voyes & les Conduites de Dieu ne sont pas seulement contraires en apparence aux fins, ausquelles elles tendent, ainsi que nous venons de dire, mais elles le sont encore souuent à nos desirs, à nos entreprises, à nostre honneur & à nos petits contentemens, nous faisant faire ce que nous ne voudrions pas, & nous empeschant de faire ce que nous voudrions bien; tous les iours nous rencontrons en diuerses façons des resistances, des retardemens & des obstacles à nos desseins, du temps, du lieu, des accidens qui arriuent, des affaires qui suruiennent inopinément, des persones, & par fois de celles, de qui on les attendoit le moins, peu de chose nous taillant souuent bien de la besogne, aussi bien que les moûcherons & les grenouilles à Pharaon, de qui Dieu ne voulut pas domter l'orgueil par des Lions & par des

Elephans, mais par ces foibles infectes.

Ie pourrois apporter beaucoup d'exemples sur ce sujet, mais ie me contenteray de celuy de S. Bernard qui est fort illustre. Ce tres-sainct personnage inspiré de Dieu, embrazé de son zele, & ayant receû le pouuoir, & mesme le commandement du Pape Eugene, precha la Croisade, allant auec vn soin merueilleux & auec vn infatigable trauail par les royaumes, par les prouinces, par les villes, par les bourgades, & excitant tout le monde à cette saincte guerre auec tant de benediction & tant de succez, qu'il y fit resoudre l'Empereur Conrad III. & Louys le ieune qui regnoit pour lors en France, auec ses Princes, & vn nombre presque innombrable d'hommes; de sorte qu'il se fit vne armée tres-puissante tirée d'Allemagne, de France, d'Italie, d'Espagne, d'Angleterre, d'Hongrie, & de toute l'Europe, pour passer en la Terre saincte, & recouurer, conseruer & accroistre en ce troisiéme voyage les conquestes, que les Chrestiens y auoient faites aux deux precedens: le dessein estoit sainct, la guerre tres-iuste, le zele tres-loüable, mais le succez n'en fut pas heureux, dautant que l'armée par la perfidie des Grecs perit presque toute miserablement en Syrie, & l'Empereur fut contraint de retourner en Allemagne, & le Roy en France, sans auoir rien fait, & n'y auoir gagné que bien du mal, & vne perte tres notable.

Au premier bruit de cette lamentable dérou-

*Otho Frising. in Feiderico lib. 1. ca. 34. Genebr. ad annum 1145. Manrique to. 2. Ann. Cistercienf. ann. 1145.1146. 1150.*

te, comme sainct Bernard auoit esté le premier mobile, le principal ressort & l'ame de toute l'entreprise, on se iette sur luy, on parle, on crie contre luy, on oublie sa saincteté, on ne se souuient plus de ses miracles, on le fait passer pour vn trompeur, pour vn inconsideré & pour vn étourdy, qui auoit enuoyé tant de soldats, tant de persones ecclesiastiques & seculieres de toute sorte de conditions à la boucherie, & comme autant de victimes à la mort. *Incidimus*, dit-il luy mesme, écriuant de cecy au Pape Eugene, *in tempus graue, quod & ipsi pene viuendi vsui videbatur indicere cessationem: quàm confusi pedes Euangelizantium pacem, annuntiantium bona; diximus pax & non est pax, promisimus bona, & ecce turbatio.* Nous sommes tombez dans des temps fascheux, qui nous ont reduits à vne telle extremité & à vn tel poinct de detresse, que nous sentions plustost les amertumes de la mort que les douceurs de la vie; ô que les predicateurs de la Croisade, qui répondoient de la faueur & de la protection du ciel sont confus ? nous auons predit la paix, & nous voicy en trouble ; nous auons promis des biens, & nous sommes comblez de maux.

Et puis voulant iustifier son procedé & les dispositions de Dieu, il poursuit de cette sorte. *Quasi vero temeritate in opere isto aut leuitate vsi simus. Cucurrimus plane in eo, non quasi in incertum, sed te iubente, imo per te Deo. Judicium hoc abyssus tanta vt videar mihi non immerito pronunciare beatum, qui non fuerit scandaliza-*

Lib. 2. de considere cap. 1.

*tus in eo. Quomodo tamen humana temeritas audet reprehendere, quod minime comprehendere valet?* Il ne faut pas pourtant precipiter son iugement ny licencier sa langue pour condamner cette affaire, comme s'il y auoit de la temerité & du hazard, & que nous y eussions commis quelque legereté. Il est vray que nous y auons agi auec ardeur, mais non pas auec inconsideration; car ç'a esté par vostre commandement, & pour mieux dire, par le commandement de Dieu, qui nous a esté intimé par vostre bouche. Ce triste accident & le mauuais succez de cette guerre est vn grand secret de Dieu, & vn abysme si profond, que ie pense pouuoir auec sujet declarer bien-heureux celuy, qui ne bronchera point au iugement qu'il en fera. Neantmoins comment l'esprit humain est-il si insolent, d'oser reprendre ce qu'il ne peut conceuoir?

Exod. 3. & alibi.

Et apres pour preuuer sa cause, & appuier son fait, il apporte deux exemples remarquables tirez de l'Ecriture, dont le premier est de Moyse, qui promit, & plusieurs fois, aux Israëlites de la part de Dieu vne terre découlante en lait & en miel, & qu'il les y feroit entrer, & si pourtant ny luy ny eux n'y mirent pas le pied, mourans tous dans la solitude, & ce bon-heur estant reseruéà leurs enfans. Surquoy sainct Bernard dit, *Nec est quod ducis temeritati imputari queas tristis & inopinatus euentus, omnia faciebat Domino imperante, Domino côoperante & opus confirmante, sequentibus signis.* Il ne faut pas dire pour cela, que ce diuin Conducteur se soit trompé, & qu'il ait ou dit, ou fait quelque chose temerairement. Il faisoit tout, Dieu le luy commandant, le faisant auec luy, & l'autorisant par de grands prodiges.

Le second est d'vn de la Tribu de Benjamin qui ayant commis vn crime horrible, toutes les autres Tribus resolurent de le punir, & d'en tirer vengeance par les armes, surquoy ils mettent aux champs vne grande armée, Dieu ayant agreé leur dessein, & mesme nommé le chef qui conduiroit leurs troupes, ils viennent aux mains auec les Benjamites, & eurent du pire vne fois, deux fois, encore que la seconde fois il fussent retournez à la bataille par les ordres exprez de Dieu, mais la troisiéme ils remporterent la victoire.

*Iudic. 20.*

*Prælianrur*, dit sainct Bernard, *freti & manu validiori, & causa potiori, & quod his maius est, fauore diuino, & tamen vincuntur. Terga dedere sceleratis victores sceleris, & paucioribus plures. Sed recurrunt ad Dominum, & Dominus ad eos, Ascendite, inquit. Ascendunt denuo, denuóque fusi & confusi sunt. Ita Deo primùm quidem fauente, secundò & iubente iusti iustum certamen ineunt, & succumbunt.* Ils combattent plus forts que leurs ennemis & pour la multitude de leurs soldats, & pour la iustice de leur cause, &, qui est encore plus, pour la faueur diuine, & nonobstant tout cela, ils sont vaincus; Les vangeurs du crimes sont mis en fuite par les criminels, & le plus grand nombre tourne le dos au plus petit. Ils vont derechef à l'oracle pour sçauoir ce qu'ils doiuent faire, s'ils retourneront au combat, ou s'ils poseront les armes; Dieu leur dit, retournez. Ils y retournent donc sur cette assûrace, & de nouueau ils sont battuz. Ainsi les iustes entreprennent par le consentement de Dieu premierement, & puis par son commandement vne iuste guerre, qui leur fut pourtant desauantageuse & funeste. Mais enfin ils furent victorieux ; c'est ce que dit S. Bernard,

*Lib. 3. vitæ eius cap. 4.*

Que Dieu exerça, encore qu'il l'eut poussé à prêcher la Croisade, & que ce Sainct eut fait, & deuant le voyage, & apres le retour & la disgrace, des miracles pour confirmer sa legation. Certe il pouuoit en quelque façon dire à Dieu, aussi bien que le Prophete Ieremie, *Seduxisti me, Domine, & seductus sum, factus sum in derisum tota die, omnes subsannant me.* Seigneur, vous m'auez seduit & ie me vois trompé en mon attente, parce que ie m'estois promis que vous beniriez le cours de ma predication, comme vos paroles me l'auoient fait esperer, & bien loin de là, tout le monde se moque de moy & m'accable d'iniures. Ce n'est pas toutefois que Dieu trompe effectiuement, dautant qu'il execute toujours les choses, selon qu'il entend ses promesses, & non toujours suiuant les interpretations, que les hommes leur donnent.

*Ierem. 20. 7.*

SECTION

## SECTION VIII.

*Pourquoy les voyes de Dieu sont ainsi contraires.*

Quelqu'vn maintenant pourra demander, pourquoy les voyes & les conduites de Dieu sont elles ainsi contraires, ou apparemment à leurs fins, ou veritablement à nos volontez & à nos inclinations? A qui ie répond que c'est pour deux raisons.

La premiere est prise de Dieu, qui estant d'vn costé infiniment sage, & de l'autre nous ayant marqué nos fins, luy seul sçait quelles voyes sont les plus propres, les plus assûrées & les plus courtes pour y arriuer: d'où vient que venant à nous conduire par celles qui portent ce visage de contrarieté, nous deuons tenir pour indubitable que ce sont les meilleures. De plus comme Dieu a vne puissance infinie, tous moyens luy sont bons, & il n'est rien de si foible ny de si inutile pour l'execution d'vn dessein, qu'il ne l'y fasse bien seruir quand il veut; tout ce qui entre dans sa main, y prend de la force & y deuient vn moyen de salut; l'eau, qui ne peut naturellement que lauer les taches du corps, y essuie celles de l'ame par le bapteme; le feu qui brûle, y rafraichit dans la fournaise de Babylone; la maladie y cause la guerison; la pauureté y donne les richeffes, & les infamies la gloire. Ce n'eſt pas le meſme des hommes & de toutes les cauſes naturelles, car il faut qu'il y ait toûjours de la proportion entre les moyens, dont ils ſe ſeruent, & les fins qu'ils ſe propoſent; ſi on veut que i'écriue, il me faut bailler vne plume & toute taillée ; ſi on deſire qu'vn oiſeau vole, il luy faut donner des ailes; mais quand Dieu employe ſon pouuoir abſolu ſur ſes creatures, & qu'il déploie ce bras, au mouuement duquel elles obeïſſent toutes ſans reſiſtance, alors ny la plume n'eſt point neceſſaire pour écrire, ny les ailes pour voler : toutes les choſes les plus ameres & les plus mortelles deuiennent en la main de Dieu, douces & ſalutaires, parce que cette main eſt infiniment bonne, infiniment ſage & forte; où les plus cheres & les plus agreables à noſtre nature, comme les richeſſes, les honneurs, les plaiſirs, les amis, hors de la main de Dieu & dans la noſtre, ſe tournent en poiſon: Ainſi donc les voyes contraires ne ſont contraires qu'à nos yeux & à nos eſprits, & non point à Dieu, à qui tout eſt propre pour l'accompliſſement de ſes volontez; non plus qu'vne medecine n'eſt amere qu'au gouſt du malade, & non à ſa ſanté, mais elle y eſt vtile.

La ſeconde raiſon ſe tire de nous, qui n'ayants pas vn plus grand empeſchement de noſtre vray bien & de noſtre felicité que nous meſmes, Dieu pour nous en faire iouïr, tend toujours à nous oſter à nous meſmes, à nous aneantir, à rompre

SPIRITVEL. 355
noſtre propre volonté & à detruire noſtre iugement, qui ſont les deux plus grandes ſources de tous nos maux ; ce qu'il execute adrétement & efficacement par ces voyes contraires & qui nous choquent.

Certe comme nous ne pouuons eſtre contens ny bien-heureux par la poſſeſſion de nous meſmes, mais par celle de Dieu, il eſt abſolûmēt neceſſaire, afin de le deuenir, de nous vuider de nous meſmes, & nous remplir de Dieu, & pour cela en chercher & pratiquer les moyens, dont les meilleurs ſont les conduites qui font mourir noſtre nature à elle meſme, qui la purifient, & font comme ſortir de ſes entrailles la corruption & le puz dont elle eſt pleine, & de cette façon la mettent en état que Dieu y entre & la rempliſſe.

## SECTION DERNIERE.

### Conclusion du sujet.

POur recueillir en peu de mots ce que nous auons dit cy-deſſus en pluſieurs, il faut remarquer & bien retenir que les voyes, par leſquelles Dieu nous conduit à noſtre ſalut, ſont differentes ; qu'elles ſont appropriées à la condition des perſones, & aiuſtées aux deſſeins qu'il a ſur elles ; qu'elles ſont admirables, à cauſe de leur principe & de leur fin, & pour estre des dependances du merueilleux & étonnant moien, dont il s'eſt ſerui pour ſauuer le genre humain, à ſçauoir l'Incarnation, la Vie & la Mort de ſon Fils; qu'elles ſont cachées, dautant que nous marchons pendant cette vie dans l'obſcurité de la Foy, dont elles ſont des ſecrets & des myſteres; Enfin qu'elles ſont ſouuent contraires à nos inclinations, & en cela ſont les meilleures, parce que nous purifiant dauantage & nous faiſant plus mourir à nous meſmes, elles nous rendent plus capables de la vie & de la poſſeſſion de Dieu.

Toutes ces voies diuerſes, étranges, cachées & contraires, où nous ne voions goutte, ſont de Dieu en leur tout & en chacune de leurs parties, en leur ſubſtance & en leurs accidens, & leurs circonſtances du temps, du lieu, des perſones, iuſques aux choſes les plus menües. Toutes les eaux du fleuue Tygris, dont nous auons parlé, auſſi bien les ſecretes qui coulent par des conduits ſoûterrains, que celles qui ſe font voir ſur la terre, viennent d'vne meſme ſource; & non ſeulemét les pieces principales d'vne Montre, le tambour, le balancier & les autres, mais encore les plus petites, ſont de la main d'vn meſme maiſtre, de ſorte qu'il n'y a rien qu'il n'ait arrangé, ſurquoy il n'ait ietté les yeux, n'ait appliqué ſon eſprit, & qui ne ſoit l'effet de ſa ſciéce; Il en eſt de meſme de toute la conduite de noſtre ſalut, où il n'y a rien pour les occupations & pour les demeures, pour les gains, & pour les pertes, pour les honneurs & les mépris, pour les ioies & les tristeſſes, pour les plaiſirs & les douleurs, pour la ſanté & les maladies, pour la vie & la mort, & generalement pour tout, qui ne ſoit tracé, arreſté & enuoié de Dieu.

D'où ſans doute nous deuons inferer que toutes ces diſpoſitions ſont bonnes, ſainctes & diuines; que ce ſont des voies de perfection, des ſentiers de vie, & des chemins courts & aſſûrez de l'eternité: parce qu'elles viennent de Dieu, qui leur donne à toutes grace & force de moien de ſalut, & en fait des inſtrumens de noſtre ſanctification, de qui la Bonté ne peut ſe porter qu'à de bonnes fins, la Sageſſe ne ſçauroit errer, & rien n'eſt impoſſible à ſa Puiſſance. *Viæ eius*, dit le Sage, *viæ pulchræ. Dominus ſapientiâ fundauit terram, ſtabiliuit cœlos prudentiâ: ſapientiâ illius eruperunt abyſſi.* Toutes les voies de Dieu ſont belles, tous ſes ordres ſont excellemment bien deſſinez, bien reſolus & bien donnez; il a fondé la terre auec vne parfaite ſageſſe, qu'il fait magnifiquement reluire en tout ce qui ſe paſſe, tant au gouuernement general des Empires, des Royaumes, des Etats, des Prouinces, des Villes, des Familles, des Corps Eccleſiaſtiques & Religieux, comme en la direction de chaque homme particulier. Tout ce qui regarde le Ciel & le ſalut eternel, & tous les iugemens de Dieu pour la miſericorde ou pour la iuſtice, ſont accompagnés d'vne prudence infinie.

Prou. 3. 17. & 19.

Ces veritez donc estant ainsi établies, il faut que chacun fasse vn grand état de sa voie, qu'il estime beaucoup les choses dans lesquelles il se treuue, comme vne telle condition, vn tel emploi, vne telle demeure; qu'il a vn corps ainsi disposé, vne ame ainsi faite, auec vne telle memoire, vn tel entendement & vne telle volonté; les accidens qui luy arriuent agreables & fâcheux, richesses, pauureté, gloire, infamie, & les autres, comme le chemin par lequel Dieu le conduit à son salut & à sa felicité, & qu'il le suiue conformement à cette parole, qu'il luy dit par le Prophete Isaïe, *Hæc est via, ambulate in ea, & non declinetis neque ad dexteram, neque ad sinistram.* Voila le chemin, par lequel vous deuez aller & paruenir à vostre perfection & à vostre beatitude, tenez-le, sans le quitter ny vous en detourner d'vn pas, soit à droite ou à gauche.

Isai. 30. 11.

Et ayez soin de prendre le vostre & non celuy d'autruy, parce que le vostre vous menera à vostre salut, où celuy d'vn autre vous conduiroit à vn precipice: le chemin de vostre voisin est bon pour luy, & il seroit mauuais pour vous pour luy ce sera vn chemin de vertu & de saincteté, mais pour vous ce seroit vn sentier semé d'imperfections & de vices. Que chacun suiue la route que Dieu luy a marquée, sans se soucier de celles des autres.

Et qu'il la suiue fidelement & constamment, faisant vn bon vsage de tout ce que Dieu luy envoye, de tous les moyens qu'il luy donne pour se sauuer, à quoy deux choses sont necessaires.

La premiere, qu'estant ignorant & foible, comme il est, il ne choisisse point ses voyes, ny les moyens de son salut & de sa perfection, mais laisse à la Prouidence diuine, qui est infiniment bonne, sage & puissante, toute la liberté de les choisir pour luy. A dire le vray comme Dieu a ordonné le chemin & les moiens, par lesquels il a fait sortir l'hôme de soy comme de son premier principe, c'est aussi à luy de côstituer ceux, par lesquels il doit retourner à luy comme à sa derniere fin.

La seconde chose est, que l'homme se donne tout à Dieu dans la voye qu'il luy a destinée, & dans le bon vsage des moiens qu'il luy baille, comme s'il n'y auoit point d'autre voye, ny d'autres moiens pour luy, comme effectiuemét il n'y en a point. L'Homme doit estre, comme sans connoissance & remarque volontaire, & sans goût de toutes les voyes que Dieu tient sur les autres, & de tous les moiens qu'il leur fournit, s'appliquant vniquement à la sienne, & en cette vnité d'application à cette voye se commence la liaison parfaite de l'ame auec Dieu, qui la conduit à l'vnité d'esprit auec luy: mais il faut que l'homme soit soigneux de se lier à Dieu dans la voye qu'il luy prescrit, & par le moyen qu'il luy donne, & non de se lier au moien ny à la voye, pour euiter le secret engagement, que l'amour propre negocie souuent entre l'ame & les voyes de Dieu & ses graces, ne les confiderant que comme des moïens, & ne s'en feruant que dans cette veüe, pour les prendre & les quitter quand, & comment Dieu le veut.

Nous deuons receuoir toutes les difpofitions que Dieu fait de nous, auec eftime, honneur & reuerence, comme des chofes fainctes & diuines; les regarder auec des yeux de refpect, & les toucher auec des mains religieufes, comme on fait les vafes facrez; les accepter auec vne abfoluë foûmiffion & vn abandon entier, comme les arrefts d'vne infinie fageffe, auec foy & les yeux clos comme des myfteres, des pratiques de foy, des fecrets celeftes, & des ouurages qui paffent noftre capacité.

A n'en mentir point, ce feroit vne chofe bien étrange & fort extrauagante, que l'efprit de Dieu eftant incomparablement plus releué par deffus les noftres, que ceux des plus eminés Cherubins ne le font par deffus les beftes les plus lourdes; Que Dieu eftant en fon effence la Sageffe mefme qui a fait tout ce grád Vniuers & qui le gouuerne auec vn ordre fi excellent & vne fi parfaite fymmetrie, & de qui *omnes viæ iudicia*, ainfi que dit Moyfe, toutes fes voyes & toutes fes conduites font confiderées & pefées comme des fentences & des Iugemens; eftant la Regle infaillible qui regle & aiufte tout, quand il veut difpofer & ordonner quelque chofe pour voftre falut, vous ofiez auec voftre petit efprit & voftre épaiffe ignorance

*Deut. 32. 4.*

ignorance l'improuuer, le condamner, & en defirer le changement.

Le secret de cette importante pratique consiste à ne faire point, ou fort peu, de reflexiõ sur les actions des Creatures quelles qu'elles soient, mais s'éleuer hautement là dessus à la consideration, à l'estime & à l'approbation de l'action de la Prouidence diuine, qui regit tout & qui par toutes ses operations & celles des Creatures tend toujours à ses fins, à la gloire de Dieu, & à nostre salut. Nous deuons regarder auec vn œil fort simple en tout ce qui nous arriue, seulement l'action & l'intention de cette Prouidence adorable, sans faire autrement de remarque ny de retour sur celles des Creatures, que nous ne deuons prendre que pour ses instrumens.

Voila ce que nous deuons faire; c'est pourtant ce que nous ne faisons point, mais plustost tout le cõtraire. Comme le chien qui se lance sur la pierre qu'on luy iette, & non sur le bras qui la luy a iettée, de mesme nous nous arrestons à la Creature, sans passer outre & porter nos yeux à celuy qui l'employe; delà vient qu'il a y si peu de vrays Sages parmy les hommes, parce qu'il y en a tres-peu, qui selon la definition, que donne Aristote de l'homme sage, considerent les choses *per altißimam causam*, dans leur principe & qui montent à leur source, tres-peu qui les regardent dans la cause premiere qui est Dieu & les iugent par ses regles, mais tous les enuisagent dans les cau-

1. Mataph. cap. 2.
D. Thom. 2.2. q. 45 a 1.

ses secondes & prochaines,& prennent d'elles les opinions & les affections qu'ils en conçoiuent.

Dieu dit par Isaie vne parole remarquable. *Assur virga furoris mei, & baculus ipse est; in manu eorum indignatio mea. Ad gentem fallacem mittam eum & contra populum furoris mei, mandabo illi vt auferat spolia, & diripiat prædam, & ponat illum in conculcationem quasi lutum platearum. Ipse autem non sic arbitrabitur, & cor eius non ita existimabit.* Ie me sers du Roy d'Assirie, comme d'vn instrument de ma fureur pour punir mon peuple des crimes qu'il a commis. Ie l'enuoieray pour faire le degat dans son païs, pour le dépoüiller de ses biens, prendre ses villes, ruiner ses maisons, & le rendre miserable par dessus toutes les autres nations de la terre: Il fera cela par mes ordres secrets, & par le pouuoir que ie luy en dóneray, que son orgueil toutefois n'attribuera qu'à son bras, croyant que c'est luy, qui sçait ainsi de luy mesme domter & abbatre les peuples; mais il se trompe, parce que c'est moy qui le fais ainsi seruir à mes desseins & qui l'employe comme l'executeur de ma iustice. Nous en vsons de mesme; car comme les Assiriens au chatiment des Iuifs, ne se tenoient pas pour les instrumens de Dieu, & les Iuifs ne les regardoiét pas comme les executeurs de ses volontez sur eux; ainsi nous prenons tout ce qui nous arriue d'vne façon purement naturelle & non diuine, & si nous receuons du deplaisir de quelqu'vn, nous le rapportons ou à son ignorance, ou à sa malice,

Isai.10.5.sept. nequam vertunt.

ou à son enuie, ou à quelque autre source bourbeuse, de laquelle apres découlent les eaux de nos troubles, & non à la source tres-claire & tres-nette de la Prouidence de Dieu qui trauaille à nostre salut; ce qui remedieroit à tous nos maux, & dans la tempeste nous feroit trouuer le calme. Il faut donc monter plus haut dans ces rencontres, & aller à Dieu qui donne le branle à tout, & auec vn esprit éclairé de la lumiere de la raison, & plus encore de celle de la Foy, croire que tout ce qui se fait par les choses creées, à l'exclusion du peché seul, se fait originairement par le bras de Dieu.

Certe quand le Chirurgien nous saigne, nous scarifie, nous brûle, ou nous couppe vn membre, nous ne luy sçauons pas mauuais gré du mal qu'il nous faict, ny de la douleur qu'il nous cause, parce que nous n'auons égard qu'au dessein qu'il a de nous guerir: & nous ne nous faschons point contre la lancette, ny contre le rasoir, ou le bouton de feu, encore qu'ils nous fassent souffrir, dautant que nous ne les considerons pas comme les instrumens de nos peines, mais de nostre santé, qui ne sçauroient nous faire aucun mal, ny mesme nous toucher, si le Chirurgien ne s'en sert, selon le maniment & l'application duquel ils agissent sur nous, pour nous faire douleur en telle partie & non en vn autre, & y entrer autant & pas plus. Voila comme nous deuons nous comporter dans les voyes

zz ij

de Dieu; voyons maintenant les fruits que la pratique nous apportera.

Il est certain que qui marche fidelement dans les Voyes de Dieu, marche infailliblement dans les voyes de son salut, & va à grand pas à sa perfection: vn pas, mesme petit, fait dans la voye, auance toujours dauantage au terme, que mille qui en sont dehors. *Erit ibi*, dit Dieu par Isaïe, *semita & via, & via sancta vocabitur; Non transibit per eam pollutus, & hæc erit vobis directa via, ita vt stulti non errent per eam; Non erit ibi leo, & mala bestia non ascendet per eam*, Le chemin que ie vous destineray, sera vn chemin sainct qui vous menera à la saincteté: par où il ne passera aucun homme impur, dautant que ceux qui le seront, viendront à s'y purifier; il sera si droit, que les Idiots mesmes ne pourront s'y égarer, si asseuré qu'on n'y récontrera ny Lion ny aucune autre beste mal-faisante.

Le Sage dit que le Patriarche Iacob suiuant le sentier que Dieu luy auoit marqué, *ostendit illi regnum Dei; dedit illi scientiam sanctorum, honestauit illum in laboribus & compleuit labores illius, custodiuit illum ab inimicis & à seductoribus tutauit illum.* Dieu luy decouurit son royaume, le faisant entrer dans celuy de la grace qui est en ce monde, & le disposant pour posseder aprés celuy de la gloire qui est en l'autre: Et a beni ses trauaux, & luy a rendu ses peines tres-vtiles: il l'a preserué de ses ennemis & l'a mis à couuert des embusches, que luy tendoient ceux qui abusans de son innocence le vouloient tromper: ce qui se doit entendre non seulement de Iacob, mais encore de tous ceux, qui se laissent conduire à Dieu.

Et le mesme vn peu plus bas racontant les biens, que receûrent les enfans d'Israël en leur passage de l'Egypte à la terre promise, image, comme nous auons remarqué, de celuy que nous faisons de la terre au ciel, dit, *fuit illis in velamento diei, & in luce stellarum per noctem; transtulit illos per mare rubrum, & transvexit illos per aquam nimiam; inimicos autem illorum demersit in mare, & ab altitudine inferorum eduxit illos.* Dieu les mena comme par la main au païs qu'il auoit promis à leurs Ancestres: pendant l'ardeur du iour il étendoit sur eux le parasol d'vne belle & épaisse nuée, laquelle durant l'obscurité de la nuit demeurant lumineuse, comme vne multitude d'étoilles amassées en vn gros, leur seruoit de flambeau pour les éclairer; son bras tout-puissant diuisa en leur faueur les eaux de la mer-rouge, qui s'éleuans de part & dautre comme deux murailles de bronze, leur donnerent passage, sans que pas vn deux se moüillat seulement le bout du pied: où les Egyptiens, qui les poursuiuoient à outrance, pensans ioüir du mesme priuilege, furent tous abysmez sous les eaux, lors que reprenans leur cours ordinaire, elles vinrent à se reünir: Ainsi ils perirent miserablement, où les Israëlites furent sauuez.

Mais ce que cette soûmission aux Voyes de

V. 17.

Dieu apporte principalement à l'ame, est la Paix du cœur, en faueur de laquelle nous auons particulierement parlé de cecy, dautant que la Paix est, ainsi que nous auons dit, l'effet de nostre soûmission, comme le trouble l'est necessairemét de nostre resistance, *acquiesce Deo, & habeto pacem*, dit Eliphaz à Iob, rendez-vous à Dieu sans capitulation & sans reserue, acquiescez à tout ce qu'il voudra faire de vous, & vous aurez la paix, car qui luy a iamais resisté, & n'en a eu de l'inquietude & de la peine? Et auparauant il auoit dit excellemment, *Non timebis calamitatem cùm venerit, in vastitate & fame ridebis, & bestias terræ non formidabis; sed cum lapidibus regionum pactum tuum, & bestiæ terræ pacificæ erunt tibi, & scies quod pacem habeat tabernaculum tuum*. Vous ne craindrez point les infortunes, & lors que la nouuelle d'vne calamité publique mettra tout le monde en allarme, vous serez assûré, vous rirez au milieu des desastres & de la famine, & les animaux les plus farouches ne vous feront point de peur; vous vous accorderez auec des cœurs de pierre, vous conseruerez la tranquillité de vostre esprit parmy les hommes brutaux, & dans toute l'inegalité, que porte cette vie inconstante, vous serez calme, & vous vous verrez ioüir d'vn profond repos ; à la façon du Soleil, à qui tous les nüages & toutes les tempestes ne dérobent point sa lumiere. *Israël si in via Dei ambulasses*, dit Baruc, *habitasses vtique in pace sempiterna; disce vbi virtus, vbi pax*. Israël, si tu eusses suiui la voye que Dieu t'auoit monstrée, tu eusses iouy d'vne paix inalterable; Appren de là, où est la vertu & la source de ton repos: Et parce que tu y manques, que tu te cabres contre la volonté de Dieu, & que tu te dépites contre les dispositions qu'il fait de toy, tu es triste, mécontent & miserable. *Numquid istud factum est tibi*, luy remonstre Ieremie, *quia dereliquisti Dominum Deum tuum eo tempore, quo ducebat te per viam? Et nunc quid tibi vis in via Ægypti, vt bibas aquam turbidam?* D'où penses-tu que tous ces maux te sont venus, & de ce que tant de choses te donnent peine & te fâchent, sinon de ce que tu as quitté Dieu en quittant le sentier où il t'auoit mis, & as voulu viure à ta phátaisie? Et bien qu'y a t'il en ce sentier d'Egypte, & que treuueras-tu en cette route de tes passions, que de la boüe, des obscuritez, des déplaisirs, & beaucoup d'autres maux?

Ierem. 2. 17.

*Omnes semitæ illius pacificæ*, dit Salomon, & comme traduit Vatable, *omnes semitæ eius pax: lignum vitæ est his qui apprehenderint eam, & qui tenuerint eam, beati.* Toutes les voyes de Dieu sur nous, toutes les dispositions qu'il fait de nos corps, de nos ames, de nos biens, de nostre honneur & de tout, soit fauorables ou contraires, sont pacifiques, & à vn tel poinct, qu'elles en portent mesme le nom, parce qu'elles en sont des moiens excellens; Celuy qui les suit, mange le fruit de vie, & possede le plus haut degré de bon-heur qui peut-estre en terre. Que si quelqu'vn treuue

Prou. 3. 17.

ces voyes raboteuses & mal aisées, murmurant de la pauureté, de la maladie, ou de quelque autre aduersité que Dieu luy enuoie, qu'il n'attribüe pas la cause de sa peine à la chose, mais à son esprit: Ne plus ne moins que si vn homme blessé à la iambe, ou qui en a l'os deboëtté, va à pied par vne belle prairie, fort vnie & fort agreable, il ne laisse pas de sentir de la douleur en marchant, qu'il ne doit pas rapporter au chemin, mais à l'infirmité de sa iambe & à son os demis; de mesme si quelqu'vn se fâche & se tourmente de ce que Dieu luy enuoye, il ne faut pas qu'il s'en prenne aux ordres de Dieu qui sont tres-sages & tres-salutaires, mais à sa volonté malade, & aux pieds de son ame disloquez, dont les os, pour ainsi parler, sont hors de leur lieu naturel, ie veux dire, à ses affections dereglées, qui ne peuuent estre tranquilles ny contentes, que par la soûmission qu'elles rendront à Dieu, & se tenant où elles doiuent estre.

C'est pourquoy soûmettons nous entierement à ce que Dieu ordonne de nous; tirons vn suc de salut de tout ce qu'il nous enuoye; n'empoisonnons point les remedes de nostre santé; ne forçons pas la clef, dont la Prouidence se sert pour nous ouurir la porte de nostre bon-heur; ne nous rendons point miserables de ce qui nous doit apporter le don precieux de la Paix; & appliquons nous absolûment à faire vn bon vsage de toutes les choses qui nous arriuent.

## La Pratique de la Paix.

Pour le bout, Voicy la Pratique de la Paix qui contient trois poincts.

Le I. Comme la paix interieure & le repos de l'esprit est, ainsi que nous auons dit, la meilleure disposition & la plus souhaitable assiete, où l'ame puisse estre pour auancer beaucoup à la perfection, & apres la grace de Dieu, le plus grand bien que nous pouuons posseder en cette vie, que le diable tasche de nous rauir par toutes les inuentions possibles, il faut souuent, le long du iour, en faire vn exercice particulier, & pour cet effet veiller soigneusement à ne nous point alterer, à ne point aigrir nostre esprit pour quoy que ce soit, entrer dans nostre interieur & ietter les yeux de costé & d'autre, pour voir s'il n'y a point quelque chose qui nous trouble, ou qui soit pour nous troubler, & y mettre ordre, nous affermissans de plus en plus dans l'état d'vne solide & inuiolable tranquillité.

Le II. est de nous lier & nous vnir intimément à la paix de Dieu qui reside en nous, l'honorant, l'adorant, l'aimant & l'imitant au plus prez qu'il nous sera possible; *Deus in medio eius, non commouebitur,* dit Dauid. Dieu est au milieu de luy, il est dans son cœur, il ne sera donc point emû. Psal. 45. 6.

C'est dans cette vnion que l'on rencontre la vraye paix, & qu'on acquiert vne parfaite fermeté. Ainsi l'Epouse dit que depuis qu'elle eut étably sa paix en Dieu, & se fut iointe à luy, elle se treuua stable comme vne muraille, & que ses mammelles, c'est à dire, ce qui en elle est plus tendre & plus foible, deuinrent fortes & immobiles, comme vne tour. *Ego murus & vbera mea sicut turris, ex quo facta sum coram eo quasi pacem reperiens.*

Cant. 8. 10.
Matth. 11. 29.

mais on ne doit pas s'en étonner beaucoup, parce que comme ce qui tient vne chose branlante, est necessairement secoüé, aussi ce qui est attaché à vne immobile, est sans agitation & sans mouuement.

Il faut aussi auoir toujours l'œil sur la tranquillité, sur la douceur & la mansuetude de nostre Seigneur qui dit de soy, apprenez de moy que ie suis doux & benin, pour en prendre le trait & en animer toute nostre conduite.

Le III. Puisque la source de toute nostre paix consiste, selon ce que nous auons declaré, en la conformité de nostre volonté à celle de Dieu, & que toutes les choses qui se font au monde, excepté le peché seul, s'y font par ses ordres, il faut les vouloir comme elles se font, & les receuoir auec vn esprit de soumission, de respect, & d'amour; pour ce sujet il sera bon de faire souuent de doux & amoureux acquiescemens de nostre volonté à celle de Dieu pour toutes les choses qui se passent dans l'vniuers, tant à nostre égard, qu'à celuy des autres creatures, disant auec nostre Seigneur, *Ita Pater, quoniam sic fuit placitū ante te.*

Matth. 11. 26.

& auec le sainct homme Gregoire Lopes, qui repetoit mille & mille fois le iour, *fiat voluntas tua, sicut in cœlo & in terra, Amen Iesu.* Mon pere, que la chose s'execute de cette sorte, puis qu'elle vous plait; que vostre volonté se fasse au ciel & en la terre; ô Iesus, qu'il soit ainsi, i'en suis tres-content.

En sa vie chap. 3.

Voila l'exercice des Sages & des Iustes, qui veulent acquerir, conseruer, & accroistre le riche & inestimable thresor de la paix de leur cœur & du repos de leur esprit, pour mieux honorer & seruir Dieu; Dieu le Pere, qui est vn Dieu de paix; Dieu le Fils, qui est le prince de la paix; & Dieu le sainct Esprit, qui donne pour vn de ses principaux fruits, la paix. Ausquels soit gloire, honneur, loüange, benediction, adoration, & amour par toutes les creatures maintenant & à iamais, Amen.

Rom. 15. 32.
Isai 9. 6.
Galat. 5. 22.

*Fin de la seconde Partie.*

aaa ij

# TABLE GENERALE
DES MATIERES PLVS REMARQVABLES qui se rencontrent en la lecture de cette seconde Partie de L'HOMME SPIRITVEL.

### A

*Abraham.*

OMBIEN excellente fut la foy de ce Patriarche. page 198.
Comment la promesse de Dieu faite à Abraham, touschant sa longue prosterité, se pouuoit accorder auec la sterilité de la femme d'Isaac. p. 222.

*Achimelech.*
Pourquoy cruellement assassiné & massacré par le commandement de Saül auec touts ses prestres. p. 345

*Actions.*
Quel est le veritable principe de toutes nos Actions. p. 24
Comment & où nous deuons faire toutes nos actions interieures & exterieures. p. 125
Commét les Actions viles de soy, peuuent deuenir nobles & honorables. p. 137
Quelles doiuent estre les circonstances de nos Actions. p. 183
Quelles considerations nous deuons auoir sur les actions des creatures. p. 361. 362

*Adoration.*
De quelle façon se doit faire la vraye Adoration. p. 141

*Aduersitez.*
Comment les aduersitez sont des moyens de nostre salut. p. 60

*Affaire*
De consequence que nous auons seule en ce monde, quelle. p. 18

*Affection.*
Quelle auantage nostre priere reçoit de l'Affection. p. 256
*Saincte Agnes & Saincte Agathe.*
Qui leur a donné tant de courage pour mespriser les plaisirs, & pour souffrir les douleurs. p. 16
*S. Alexis.*
Pourquoy il abandonna son Espouse. p. 16

*Amalec*
Comment vaincu par Iosué. p. 218

*Ame.*
D'où procede la saincteté & la perfection de nostre Ame. p. 72. 73

aaa iij

# TABLE

Quelle est la beauté de l'ame qui est arriuée à cet estat. p. 74. 75

Quelle la laideur de celle qui est separée de son Dieu. *la mesme*. & p. 76.

L'Ame de l'homme de qu'elle estenduë. p. 45. 46

Combien il y a de choses à remarquer en nostre Ame. p. 145

Quelle est la meilleure disposition d'vne ame dans la vie spirituelle, pour y faire vn grand progrez. p. 269. 270

Comment les Ames sont issuës de Dieu, & comment elles retournent à luy. p. 319

### Amour.

Quel doit estre nostre Amour enuers le fils de Dieu, & par quels motifs nous nous y deuons porter p. 113. 114.

### B. Angele de Foligny.

Quelle grace elle receut du S. Esprit. p. 132.

### Anne

Femme d'Elcana, comment consolée par luy mesme. p. 94

Anne mere de Samuel, auec quelle ardeur se portoit en l'oraison. p. 260. 261

### Antioche.

Comment ceste ville fut asseurée contre les frequents tremble-terres dont elle estoit secoüées soubs l'Empire de Iustinian. p. 310

### Antistene

Princes des Sybarites combien superbe en ses habits. p. 43. 44

### Apostres.

Comment les Apostres ont procedé à la conuersion du monde. 188

Pourquoy tous les Apostres manquerent en la passion de nostre Seigneur. p. 259

Pourquoy les Apostres n'entendoient pas la plus-part des choses que nostre Seigneur leur disoit. p. 330.

### Armes.

Quelles sont les armes de nostre milice, & quels en sont les effets. p. 190.

### Aspirations.

Ce que c'est proprement que les aspirations. p. 228. 230

### Assirie.

Comment Dieu se seruit du Roy d'Assirie, pour punir le peuple d'Israel. p. 362

### Athenes

Pour quelle raison cette ville a esté appellée Babylone. p. 169

### Attention

Combien necessaire à l'efficacité de la priere. p. 255

### Auaricieux

Combien difficile à contenter. p. 46

### Aueuglements

Mysterieux en la vie spirituelle, quels, & en quel nombre. p. 205

Comment tenebreux ensemble & lumineux. p. 206

### P. Auila.

Pourquoy ce Pere ne vouloit point demeurer en Cour. p. 295. 296

## B

### Babylone.

Qui rendit la fournaise de Babylone semblable à vn lict de roses, aux trois ieunes hommes, qui y furent iettez. p. 218

Que signifie ce mot, & à quelle ville ce nom a esté donné. p. 169

## DES MATIERES.

### Beniamin.
Comment reüssit le dessein que les autres tribus auoient fait de punir celle-cy. p. 351. 352

### S. Bernard.
Comment il reüssit en la predication de la croisade. p. 348. 349 & suiu.

### Biens.
Quels sont les deux plus grands biens de cette vie. p. 272

### Bon-heur.
Quel est le souuerain bon-heur d'vn Royaume. p. 272

### S. Brigitte.
En quoy cette saincte auoit vn pouuoir admirable. p. 132

## C

### Saincte Catherine.
Qui luy a donné tant de courage, pour mépriser les plaisirs, & pour souffrir les tourments. p. 16

### Charité.
Quand & comment l'Ame est faite participante de la charité. p. 146
Combien vtile à la perfection de l'Ame. p. 253

### Charles le Hardy.
Pourquoy estimé malheureux en sa vie. p. 304

### Chemin.
Quel est le chemin par où nous deuons paruenir à la perfection. p. 358. 364.

### Chirurgien.
Comparaison du Chirurgien auec la prouidence diuine. p. 363

### Chrestiens.
D'où vient que les Chrestiens ressemblent si fort aux Payens & infideles. p. 180. 181
Quelle est la grande maxime du Chrestien, & le vray secret de l'affaire de son salut. p. 191

### Clameur.
Pourquoy la priere est appellée clameur. p. 256

### Cœur
De nostre Seigneur comment doit estre le lieu des operations de la vie Purgatiue, de l'Illuminatiue, & de l'Vnitiue. p. 120. 121. 122. 123

### Colombe.
Que nous figure la Colombe qui sortit de l'Arche. p. 43

### Colomnes.
A quoy seruoient les Colomnes enuoyées de Dieu au peuple Israëlitite dans le desert, & quelles elles estoient. p. 326

### Communion.
Pourquoy le Sacrement de l'Eucharistie s'appelle Communion. p. 117

### Conduite.
A quels attributs se rapporte la conduite de Dieu sur les Ames. p. 325.

### Confiance.
Quelle confiance nous deuons auoir en Dieu. p. 112

### Connoissance.
Combien la connoissance des veritez chrestiennes est puissante pour nous acheminer à nostre salut. 19. 22
Quel est l'ordre de nos connoissances. 26
Difference de la connoissance de Dieu & de la nostre, quelle. p. 152
Sur quoy est establie toute la connoissance que nous pouuons auoir d'vne chose. p. 159

### Conrad.
III. Empereur par qui induit à se croiser pour le voyage de la terre saincte. p. 348

# TABLE

### Conseils
De Dieu combien eloignez des nostres. p. 338. 339

### Contentement.
Où se peut rencontrer le contentement de l'homme. p. 38. 39
Combien le contentement est rare aux hommes du monde. p. 90. 91
Quelle inclination ont les hommes à leur contentement. *la mesme.*

### Corps.
Comment nostre corps peut participer à l'vnion de l'Ame auec Dieu. p. 98

### Creance.
De combien de sortes sont les objets de nostre creance. p. 162.

### Creatures.
Ce qu'elles sont d'elles mesmes, au rapport de Hieremie. p. 49
Comment les creatures sont des moyens de nostre salut. p. 57. 58
Comment toutes les creatures de l'vniuers nous apprennent nostre leçon. p. 78
De quel biais nous deuons considerer les actions des creatures. p. 361

### Croisade.
Quel succez eust la Croisade prechée par S. Bernard. p. 348. 349 & suiu.

### Curiosité.
Combien nostre curiosité est insatiable. p. 47

## D

### Daniel.
Auec quelles instances ce prophete demandoit l'incarnation du Messie. p. 222. 223
Combien Daniel estoit actif à la priere. p. 231

### Dauid.
De quelle façon Dieu se conduisit dans le dessein qu'il auoit fait d'éleuer Dauid. p. 343

### Demandes.
D'où vient que nous n'obtenons point le plus souuent l'effet de nos demandes. p. 268. 269

### Democrite.
Quel estoit l'aduis le plus salutaire qu'ait donné Democrite. p. 288

### Demons.
Quelle oraison & quelle parole de la Saincte Escriture, donne le plus de frayeurs, aux demons. p. 231
Comment ils taschent d'empescher nos prieres. p. 234. 235

### Desirs.
Quelle doit estre la conduite de nos desirs. p. 291. 292

### Dessein.
Quel est le plus grand dessein que Dieu ait iamais eu. p. 32

### Discernement.
Quel discernement nous deuons apporter dans le chois des moyens que Dieu nous donne, de faire nostre salut. p. 63

### Dispositions.
Comment nous deuons receuoir toutes les dispositions que Dieu fait de nous. p. 360

### Diuertissements.
Pourquoy sont bien nommez ainsi. p. 48.

### Doctrine.
Quelles sont les compagnes ordinaires de la doctrine. p 81

### Domestiques.
Comment on doit traiter auec les Domestiques. p. 191

*Douleur.*

# TABLE DES MATIERES.

*Douleur.*

Combien l'homme apprehende la douleur. p. 12. 13.

## E

*Effets*

Que produit en nous l'acquisition de nostre fin. p. 72.

*Elûs.*

Coment predestinez au Royaume eternel. p. 221.

*Embléme.*

De Sebastien Brant, faisant voir la vanité du monde, proposé & expliqué. p. 50.

*Emploi.*

Quel est le plus digne emploi où nous puissiõs employer nos soins. p. 96.

*Empressement.*

Quel soin nous deuons apporter, pour éuiter l'empressement. p. 284. 285. 286.

*Encens.*

Pourquoi la priere est comparée à l'Encens dans les sainctes lettres. p. 256. 258.

*Entendement.*

Combien necessaire pour la connoissance des veritez fondamentales du Christianisme. p. 29.

*Entendement*

Humain en quel sens comparé à la chaude source. p. 147.

*Epée.*

Quelle estoit l'Epée que le Prophete Hieremie donna en vision, au vaillant Iudas Maccabée. p. 217.
Quelles victoires elle remporta. là même & suiu.

*Epictete.*

Quels auis Epictete donnoit à son II. Part.

disciple, au sujet du repos de l'esprit. p. 281.

*Esperance.*

D'où d'écoule nôtre Esperance p. 111.
Comment il en faut produire des actes p. 112.
Combien l'Esperance est necessaire en la priere. p. 249.
Paroles de Sainct Augustin, nous portant à vne grande Esperance. p. 251.

*Esprit.*

Quelle difference il y a entre l'Esprit de la vieille Loy, & celuy de la nouuelle. p. 257.

*Estre.*

Quel est proprement l'Estre de l'Homme. p. 108.
Estre de Dieu, auec quelle soûmission de nos Esprits doit estre creu. p. 200.

*Estude.*

Quelle est l'Estude principal que nous deuons entreprendre. p. 303.

*Euangile.*

Comment en fut obtenüe la publication. p. 224.

*Eucharistie.*

Comment Sainct Thomas appelloit l'Eucharistie. p. 117.

*Exterieur.*

Comment l'Exterieur mesme du corps peut se ressentir de l'vnion qu'a l'Ame auec Dieu. p. 98.

## F

*Facultez.*

Quel est l'ordre qui se rencontre entre les facultez de nostre Ame. 30.

*Feruear.*

Combien auātageuse à la perfection de la priere. p. 256.

bbb

# TABLE

**Fideles.**

Combien ce nom nous est auantageux par dessus tous les autres. p. 172. 173.

Quelle est la propre façon d'agir du fidele. p. 192.

Combien c'est vne chose rare qu'vn homme vrayement fidele. p. 208.

Quelles lumieres il acquiert par l'exercice frequent de la foy. *là même.*

**Fin.**

Pourquoy appellée le premier de tous les principes par Aristote. p. 30.

Pourquoy cause des causes. p. 31.

Quelle est proprement nostre fin, & quelle est la fin d vne chose. p. 32. & 36.

Pour quelle fin Dieu a creé l'homme. p. 33.

Ce que signifie le mot de fin. p. 35.

Quelle est l'essence & le propre effet de la fin. p. 47.

En quoy consiste nostre fin derniere. p. 195.

**Foiblesse.**

Quelle est la foiblesse de l'homme. p. 110. 111.

**Foy.**

Comme ce don est inestimable. 142.

Quelles raisons nous font voir que nous deuons agir par la Foy. p. 143.

Pourquoy appellée la science & la sapience de Dieu, & par qui. p. 153.

Quelles sont les qualitez de la foy.

Pourquoy appellée vne connoissance tres parfaite. p. 155. *et suiu.*

Autres appellations diuerses de la foy. p. 156.

Prerogatiues de la foy. p. 172. 173. *& suiu.*

Definition de la foy selon S. Augustin. p. 173.

Comment appellé dans les sainctes Escritures, *là même.*

Si l'habitude de la foy suffit à vn Chrestien, pour le faire bien viure. p. 92.

Comment se doit entédre ce commun dire, que les Chrestiens n'ont point de foy p. 193. 194.

Quelles & côbien de choses nous deuons faire, pour viuifier la foy, & la mettre en exercice. p. 194. 195. *& suiu.*

Ce que c'est qu'actüer la foy. 196.

Quels sont les effets de l'vsage frequent de la foy. p. 209. 210.

Combien la foy est necessaire à la priere. p. 46. 247.

Comment elle en est la source. p. 248.

**S. François.**

Auec quelle ardeur vn de ses Religieux le veit priant. p. 261.

## G

**Gentils.**

Comment obtenus pour heritage, par Nostre Seigneur. p. 223.

**S. Gertrude.**

En quoy paroissoit le pouuoir admirable de cette saincte. p. 132.

**Gloire.**

En combien grande recommandation nous doit estre la gloire de Dieu. p. 140. 141.

**Grace.**

Ce que c'est proprement que la grace. p. 146.

**Grecs.**

Pourquoy appellez des Enfans & par qui. p. 169. 170.

# DES MATIERES.

Comment les Grecs ont receu la nouuelle de la Croix. p. 345
*S. Gregoire*
Le grand, par quel moyen a esté sauué. p. 63.

## H

*Heure.*

Quel esgard nous deuons auoir à l'heure, en toutes nos actions. p. 284.

*Homme.*

Quel est le bon-heur d'vn homme qui est bien vny à Dieu. p. 89.
Combien il est difficile de traitter auec vn homme, & de le gouuerner, & pourquoy. p. 287.

*Humilité.*

Combien auantageuse pour l'acquisition de la paix. p. 313. 314.

## I

*Jacob.*

Par quel moyen deliuré d'entre les mains de son frere Esaü. p. 218.
Combien exacte à suiure le sentier que Dieu luy auoit marqué. 364.

*Jaculatoire.*

Ce que c'est que l'oraison Iaculatoire, & pourquoy ainsi appellée. p. 228.

*Jesus-Christ.*

Ce que nous est Iesus-Christ, & ce que nous auons en luy. 103. 104.

*Jeusne.*

Quelle est la necessité que nous auons au jeusne, au temps de Caresme. p. 224.

*Ignorance*

Des choses de Dieu, combien preiudiciable aux hommes p. 10.

*Illuminatiue.*

Où & comment se doiuent exercer les operations de la vie illuminatiue. p. 123.

*Incarnation*

De Nostre Seigneur comment obtenu par les Prophetes. p. 222.

*Innocent.*

Aduocat de Carthage comment guery par l'ardeur de l'Oraison. p. 264. 265. et suiu.

*Inquietudes.*

D'où viennent toutes nos iuquietudes. p. 315. 316.

*Intention.*

Quel rang la pureté d'intention tient dans le Christianisme. p. 134.

*Intentions*

Entre nos intentions bonnes lesquelles sont les plus parfaites. p. 139.

*Innocation.*

De Dieu, auec quelle ardeur se doit faire. p. 260.
Exemples des saincts à ce sujet p. 261.

*Jonas.*

Quelle chose deliura Ionas du ventre de la Baleine. p. 218.

*Iosaphat.*

Qui luy a persuadé de quitter le Royaume des Indes p. 16.
Exclamation du S. Prince Iosaphat dans la solitude. p. 116.

*Ioseph.*

Quelle fut la conduite de la Prouidence Diuine en l'eleuation de ce Patriarche p. 241. 242.
Combien apprehendé par ses freres, à cause des offenses qu'ils auoient commises contre luy. 243.

*Isaac.*

Par quel moyen ce Patriarche rendit sa femme Rebecca feconde. p. 222.

bbb ij

TABLE

*Ifraelites.*
Pourquoy les Ifraëlites furent fauuez où les Egyptiens perirent. p. 365. 366.

*Iuifs.*
Comment ont receu la nouuelle de la Croix. p. 345.

*Iuftice.*
Quels font les deuoirs de Iuftice que nous deuons rendre à Dieu. p. 311.

L

*Lions.*
Par quel moyen les Lions de Daniel furent appriuoifez & adoucis. p. 218.

S. *Louys*
Par quels moyens a efté fauué. p. 63.

B. *Louys de Gonzagues,*
Combien ennemy de toutes fortes de defirs. p. 294.

*Louys*
Le ieune, par qui porté à fe croifer pour le voyage de la Terre Sainte. p. 348.

*Lucius*
Abbé de quelle façon paffoit fon temps. p. 229. 230.

*Lumieres.*
Quelles font les lumieres, que l'vnió auec Dieu, communique à l'entendement. p. 80. 81. *et fuiu.*

S. *Lutgarde.*
En quoy fon pouuoir eftoit admirable. p. 132.

M

*Mal.*
Par qui & comment eft produit le mal. p. 204.

*Manicheens.*
Quelles eftoient les promeffes que ces heretiques faifoient à ceux qui embrafferoient leur fecte. p. 182

S. *Martin.*
Combien affidu en l'oraifon. p. 227

*Maux.*
Quelle eft la caufe la plus vniuerfelle de touts les maux du monde. p. 0. 11
Quels font les deux plus grands maux qui foient en ce monde. p. 272

*Mépris.*
Combien nous eft anantageux le mépris des chofes d'icy bas. p. 92. 93

*Meffe.*
Quelle eft la neceffité de l'obligation que nous auons à la meffe, aux iours de fefte. p. 224

*Moyens.*
Combien de fortes de moyens Dieu nous a donnez, pour arriuer à noftre fin. p. 53. 54. *et fuiu.*
Ce que fignifie proprement le mot de moyen. p. 54. 55
En quoy confifte l'excellence du moyen. p. 55

*Moyfe.*
S'il s'eft trompé fe promettant la poffeffion de la terre de promiffion, où il ne mit pas le pied. p. 350. 351

*Myfteres.*
Comment nous deuons confiderer les myfteres de la loy ancienne & ceux de la nouuelle. p. 329
Quelle difference fe trouue dans les myfteres. 332

DES MATIERES.

## N

### Naas

Roy des Ammonites, comment traita les habitans de Iabes-Galaad. p. 137

### Neant.

Combien nous sommes obligez de reconnoistre nostre neant, & en combien de façons nous ne sommes qu'vn pur neant. p. 200. 201

### Necessaire.

En combien de sortes vne chose peut estre necessaire, selon les Theologiens. p. 224

### Noë.

Quelle est la signification de ce nom, & que represente ce personnage. p. 43.

### Nom.

Ce que signifie ce passage où nostre Seigneur dit; si vous demandez quelque chose à mon pere, en mon nom. p. 241. 242

## O

### Operation.

En quel endroit nous deuons faire toutes nos operations. p. 112
Quelle est la cause principale des operations de l'Ame. p. 145

### Opinions.

Quels sont les effets des opinions en nos esprits. p. 308

### Oraisons.

Quelle foy nous deuons apporter à nos oraisons tant mentales que vocales. p. 203
Combien la continuation en l'oraison nous est recommandée. p. 213. 214
Par combien de voyes l'oraison nous est necessaire. p. 225. 226
Auec quel soin, nous nous y deuons porter. p. 227
Exemples des saincts, à ce suiet. p. 228. 229

## P

### Pain.

Que signifie le nom de pain dans l'Escriture. p. 178

### Paix.

D'où nous peut venir la veritable paix. p. 183
Diuerses definitions de la paix. p. 170
Ce que c'est que la paix du corps, & de toutes ses parties. p. 271
Quels sont les auātages de la paix. p. 275. 276. 277.
Pourquoy plustost le partage des Chrestiens, que des autres. p. 280
En quoy nous deuons pratiquer la paix. p. 282
Comment nous la deuons conseruer dans nos actions particulieres, & auec nostre prochain. p. 282. 286
Par quels moyens nous deuons conseruer la paix de nostre Ame. p. 305

### S. Pantalemon.

Quelle response rendit ce S. Martyr à l'Empereur Maximian, qui l'accusoit de magie. p. 122

### S. Paphnuce.

Effets admirables de l'ardeur que ce sainct apportoit en ses prieres p. 161

bbb iij

# TABLE

### Parfait.
Comment vn homme peut deuenir parfaict. p. 37. 38

### Parole.
Quelle impression les paroles des sages, font sur les esprits. p. 184

### Patience.
Belle description de ceste vertu. p. 311
Quels sont les biens qu'elle nous apporte. p. 312

### S. Paul.
Pourquoy sainct Paul demeura trois iours aueugle, apres l'instant de sa conuersion, & ce qu'il entendit pendant son aueuglement. p. 207
Quelle fut la cause de la conuersion de S. Paul. p. 223

### Pecheur.
Si l'oraison du pecheur peut quelque chose aupres de Dieu. p 254

### Pechez.
Comment nous nous deuons conduire dans la veuë de nos pechez. p. 298. 299

### Perfection.
De laquelle nous deuons auoir le plus de soin, de la nostre ou de celle de nostre prochain. p. 95

### Perseuerance.
Combien necessaire en la priere. p. 243. 244

### Pertes.
De quelle façon nous deuons souffrir toutes nos pertes. p. 297

### Philistins.
Soubs quelle condition permirent au peuple de Dieu, d'auoir des armes en leurs maisons, apres l'auoir vaincu. p 259

### S. Pierre.
Comment il fut tiré de la prison, où Herode l'auoit coffré. p. 223

### Pieté.
Quelle pieté doit accompagner l'oraison. p. 246

### Porphyre.
Quelle opinion ce Philosophe auoit de la force de l'entendement humain. p. 182

### Porte
Du Sauueur combien facile à tout le monde. p. 252. 253

### Possession.
Quelle possession nous peut rendre contents & bien-heureux. p. 355

### Precipitation.
Auec quel soin nous deuons euiter la precipitation. p. 285. 286

### Presence.
Comment nous deuons faire regner la presence de Dieu, en touts nos exercices spirituels. p. 202

### Priere.
Quelle est la necessité de la priere continuelle. p. 213
Combien elle nous est recommandée. p. 214
Comment se peuuent entendre les paroles qui empeschent ceste necessité de tousiours prier. p. 114 215
Quels biens elle nous apporte. p. 217
Quelle est la necessité de la priere contre les Heretiques Pelagiens. p. 218. 219. & suiu.
Et à quoy principalement elle est necessaire. là mesme.
De quelle necessité la priere est necessaire. p. 224. 225
Le mauuais estat de ceux qui ne prient point. p. 232. 233. et suiu.
Quelles sont les forces de l'oraison & de combien de sortes. p. 237.

Combien elle a de proprietez &
& quelles. *la mesme.*
*& suiu.*
Quelles sont les conditions necessaires pour rendre la priere efficace. p. 241. 242. *& suiu.*
### Principe.
Quels sont les principes generaux de la vie spirituelle, & en quel nombre. p. 3. 4. *& suiu.*
Definition du terme de principe, selon Aristote. p. 4
### Prochain.
Pourquoy nous aimons si peu nostre stre prochain. p. 124
### Promesse
De Dieu combien inuiolable. p. 240
### Prouidence.
Quelles sont les principales choses que nous deuons considerer au suiet de la prouidence diuine. p. 203. 204
Quel est le principal moyen dont la prouidence de Dieu, se sert pour executer ses desseins. p. 221. 222.
Quel est le procedé de la prouidence de Dieu. p. 226
Combien nous deuons auoir de confiance en la prouidence de Dieu. p. 359. 361
### Prudence.
Quelle est l'action principale de la prudence. p. 64
### Purgatiue.
Où & comment se doiuent exercer les operations de la vie purgatiue. p. 121. 122
### Pythagore.
Quel premier pas il enseignoit pour arriuer au faiste de la sagesse. p. 307.

## R

### Raison
Combien preferable au sentiment, dans la conduite spirituelle. p. 9
### Raisonnements
Humains combien preiudiciables à la foy. p. 198. 199
### Religion.
Combien les veritez de nostre Religion sont puissantes pour domter les esprits les plus rebelles. p. 14.
### Repos.
Auec quel trauail les hommes cherchent le repos. p. 91
Combien de sortes de repos furent données aux Iuifs. p. 278. 279
### Reuerence
Combien necessaire pour rendre la priere efficace. p. 255
### Robbe
d'Antistene Prince des Sybarites combien magnifique. p. 43. 44
Combien elle fut acheptée & par qui. P. 44.
### Royaume.
En quel endroit est le Royaume des pauures. p. 101

## S

### Sabbat.
Pourquoy Dieu commanda à Moyse de faire obseruer le Sabbat. p. 278
### Sage.
Quelle est la definition que donne Aristote de l'homme Sage. p. 361.

# TABLE

### Sagesse.
Quelle est la vraye sagesse des Chrestiens. p. 157
Quand c'est que s'acquiert la sagesse. p. 174
En quoy l'on voit particulierement reluire la sagesse de Dieu. p. 357

### Salut.
Combien la pensée des choses du salut est puissante, pour acquerir le ciel. p. 16. 17
Combien nostre salut est precieux, & ce que c'est demander à Dieu, quand nous luy demandons nostre salut. p. 262. 263. 264
De l'homme en quelle recommandation à Dieu. p. 321
Combien admirable est le moyen de ce salut. p. 322

### Saül
A quel excez d'enuie se porta contre Dauid. p. 344

### Sciences
Naturelles de combien peu d'effet pour la confirmation de la foy. p. 199

### Scrupule.
Ce que c'est proprement que le scrupule. p. 300
Si ceste maladie se peut guerir. p. 301

### Seneque.
Quelle estoit l'égalité d'Esprit de ce Philosophe. p. 280

### Serarius.
Recommandation honorable du Pere Nicolas Serarius, sur quoy fondée. p. 140. 141

### Sainct Simeon Salus.
Auec quelle chaleur interieure ce sainct faisoit ses prieres, & comment elle paroissoient à l'exterieur. p. 261

### Socrate
pourquoy s'auisa d'apprendre la musique, à l'âge de soixante & dix ans. p. 180

### Soleil
Pourquoy precisement a esté crée. p. 58

### Soumission.
Quel est le fruit de la soumission que nous apportons aux voyes de Dieu. p. 365. 366

### Sunamite.
Comment le fils de la Sunamite fut ressuscité. p. 218

### Susanne.
Quel expedient elle trouua pour se deliurer de la mort. p. 218

## T

### Teleta.
Ce que c'estoit que les Gentils appelloient de ce nom. p. 183

### Temps.
Combien nous deuons auoir égard au Temps en toutes nos actions. p. 284

### Theologie
Mystique de quels eloges honorée par sainct Denys. p. 160

### Tentations.
Auec quelles armes elles doiuent estre combattuës. p. 7. & 8

### Thaulere
Colloque excellent que ce Docteur eut autrefois auec vn pauure mendiant. p. 99. 100. et suiu.

### Tranquillité
De l'Ame combien precieuse. p. 275
En quoy nous deuons garder la Tranquillité. p. 302

### Trouble
Combien dangereux à nos Ames. p. 303

Combien

# DES MATIERES.

Combien de persones se plaisent aux troubles. p. 304

## V

### Vacuité

Ou moderation de nos desirs combien vtile à l'acquisition de la paix. p. 314.

### Veritez.

Quelles sont les veritez fondamentales du Christianisme. p. 4. & 5. 15

Auec quel soin elles doiuent estre estudiées. p. 5. & 6

Quelle force elles ont entre les tentations. p. 6. 7. & 15. 16

A quel poinct elles doiuent estre cognuës. p. 25

### Versets

De Dauid combien frequents en la bouche des Peres du Desert, & quels. p. 228. 229

### Vertus.

Quelle est la beauté & l'excellence de la vertu. p. 75. 76

Comment les vertus sont les recompenses des vertus mesmes. p. 209

### Victoire.

Quelle est la victoire du monde & comment cette appellation se doit entendre. p. 191

### Vie

Differences de la vie presente & de la future p. 328. et suiu.

### Vnion

De l'homme auec Dieu, comment se peut faire, & en combien de façons. p. 34

Ce qu'elle produit en l'homme. Effets de l'vnion de l'Ame auec Dieu, quels. p. 82. 83. II. Part.

et suiu.

Où se doit faire l'vnion auec Dieu. p. 119. 120

Quelle est la preeminence de l'vnion auec nostre Seigneur, sur touts les autres actes de deuotion. p. 126. 127

### Vnir.

Pourquoy nous deuons nous vnir à Dieu. p. 102

Comment nous nous pourrons vnir à nostre Seigneur. p. 107

Par quels moyens & en quel lieu. p. 118. 119

### Vnitiue.

En quel lieu & de quelle façon se doiuent faire toutes les actions de la vie vnitiue. p. 125. 126

### Vie.

Quel genre de vie est le meilleur pour viure content. p. 315

### Vocation

A la vie Religieuse combien diuerse & merueilleuse. p. 327

### Volonté.

Par quel moyen se peut acquerir la paix de nostre volonté. p. 85. 86

### Voyes.

Quelles sont les voyes de Dieu sur les hommes, & de quelques-vnes de leurs qualitez. p. 317. 318 combien elles sont cachées. p. 323 & suiu.

Pourquoy les voyes de Dieu sont ainsi cachées. p. 333

Comment il se peut faire que les voyes de Dieu sur les Ames, semblent souuent contraires à leurs p. 337. 338. & suiu.

Et à nos desirs. p. 347. 348. 349

Pourquoy les voyes de Dieu sont si contraires. p. 353. 354. et suiu.

# TABLE DES MATIERES.

*Vsage.*

Combien le bon vsage est considerable au fait des moyens de nostre salut.  p. 66. 67

En quoy consiste le mauuais vsage d'vn moyen.  p. 70

Comment il faut faire que tous ces moyens, nous soient veritablement des moyens.  p. 71

## Y

*Yeux.*

Quels sont les yeux de la foy. p. 180

## Z

*Zara*

Lieutenant du Roy d'Ethiopie, comment défait auec vn million d'hommes & par qui. p. 218

*Zele.*

Comment on se doit conduire dans le zele des Ames.  p. 294

FIN.

# EXTRAICT DV PRIVILEGE du Roy.

Ar grace & Priuilege du Roy, il est permis à SEBASTIEN CRAMOISY, Marchand Libraire Imprimeur ordinaire du Roy, & de la Reyne Regente, d'imprimer ou faire imprimer vn liure intitulé, *l'Homme Spirituel*, par le R. Pere Iean Baptiste de S. Iure: Et ce pendant le temps & espace de vingt années consecutiues, Auec deffenses à tous Libraires & Imprimeurs d'imprimer ou faire imprimer ledit Liure, soubs pretexte de déguisement ou changement qu'ils y pourroient faire, à peine de confiscation, & de l'amende portée par ledit Priuilege. Donné à Paris le 30. iour d'Auril, l'an de grace mil six cens quarante six.

Par le Roy en son Conseil,

CRAMOISY.

## Permission du R. P. Vice-Prouincial.

IE Estienne Noel Vice-Prouincial de la Compagnie de IESVS en la Prouince de France, permets au P. IEAN BAPTISTE DE S. IVRE, de faire imprimer vn Liure qu'il a fait, & qui porte pour tiltre, *l'Homme Spirituel*, qui a esté veu & approuué par trois Theologiens de nostre Compagnie. En foy & témoignage dequoy i'ay signé la presente. A Paris le 21. de Septembre, mil six cens quarante cinq.

ESTIENNE NOEL.

www.ingramcontent.com/pod-product-compliance
Lightning Source LLC
Chambersburg PA
CBHW050426170426
43201CB00008B/564